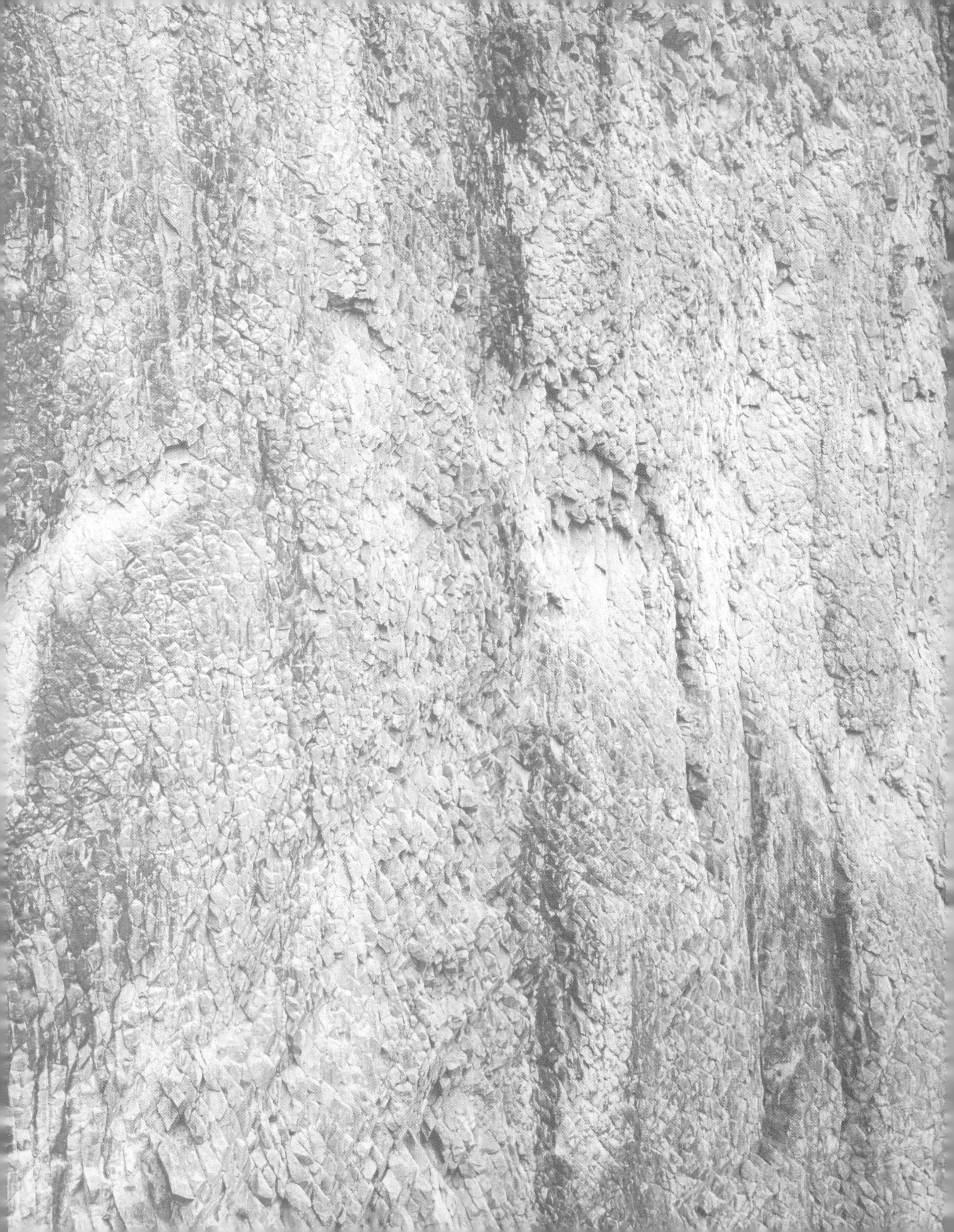

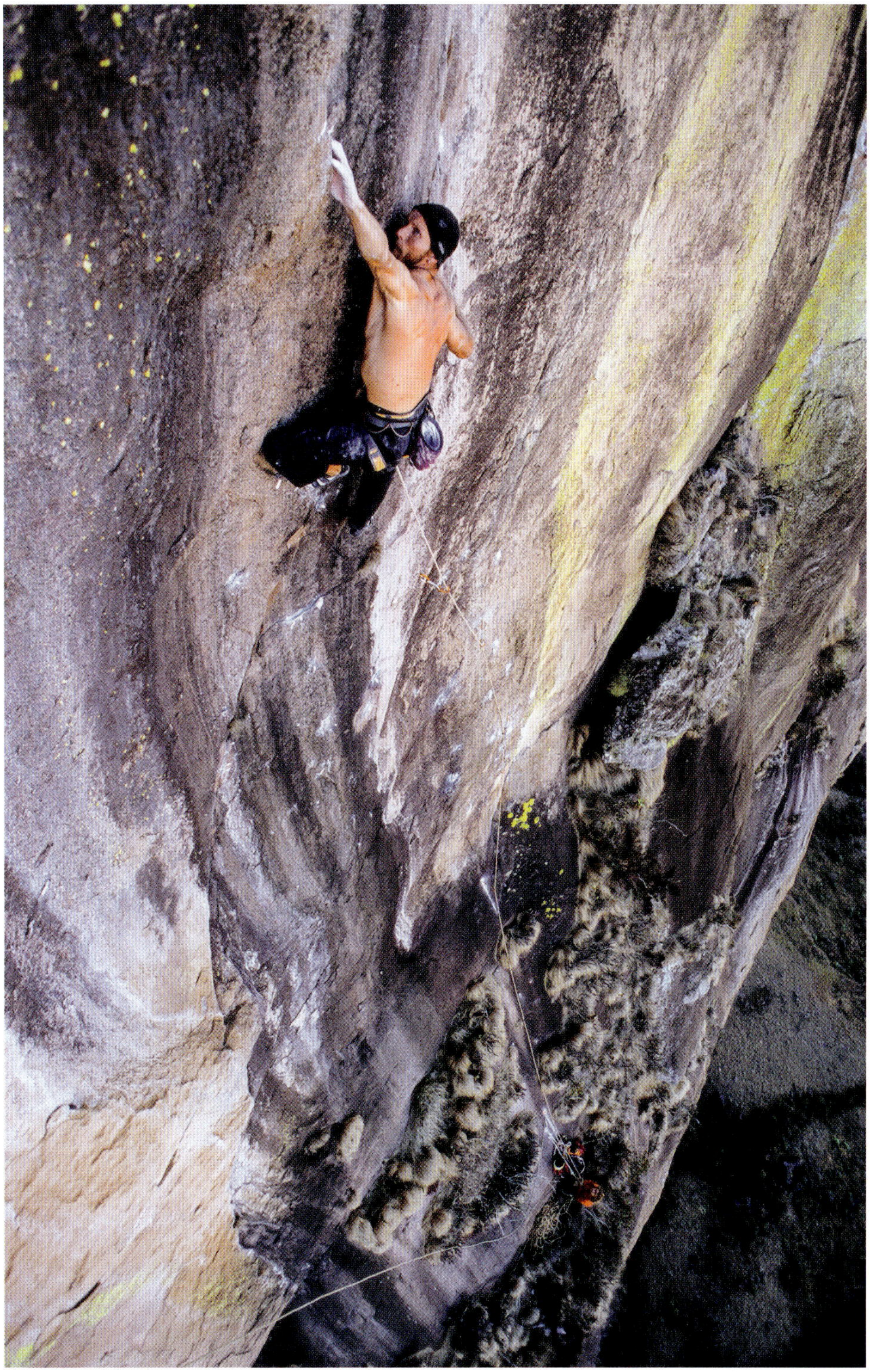

DK

Simon Carter

KLETTERN

an den besten Felsen der Welt

Vorwort von Alexander Huber

229 Abbildungen

Mit Beiträgen von Steve McClure, Greg Child, Alison Osius, Amity Warme, Liv Sansoz, Daila Ojeda, Adam Ondra und Tim Emmett

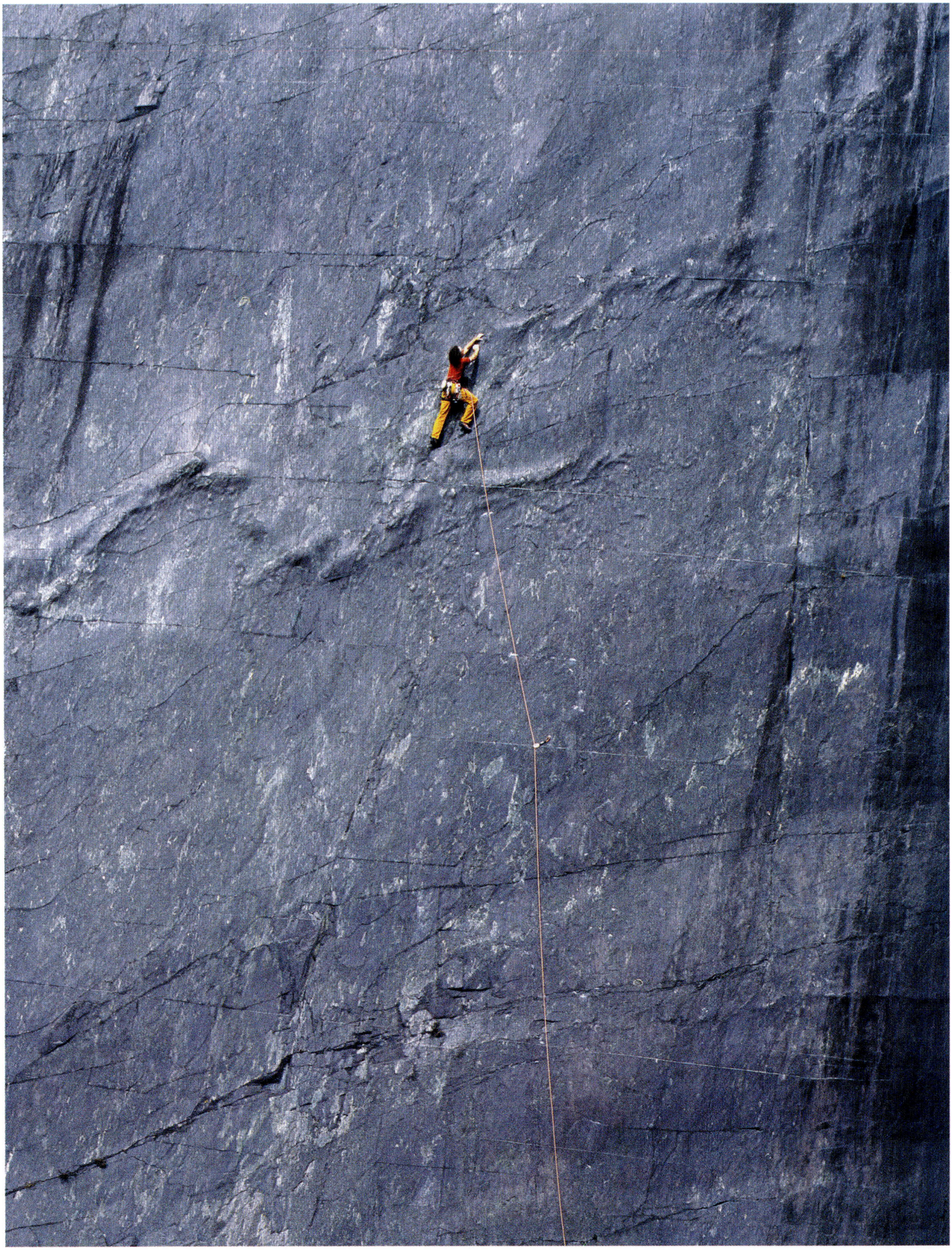

8	Vorwort
12	Einleitung
18	Formationen
44	Intensität
68	Umgebung
96	Linien
118	Kanten
142	Wände
168	Im Flow
190	Überhänge
212	Über Wasser
234	Kletterfotografie
239	Glossar
241	Bewertungsskalen
242	Ausgewählte Routen
252	Biografien
253	Register
254	Verzeichnis der Klettergebiete und ausgewählten Routen
255	Dank

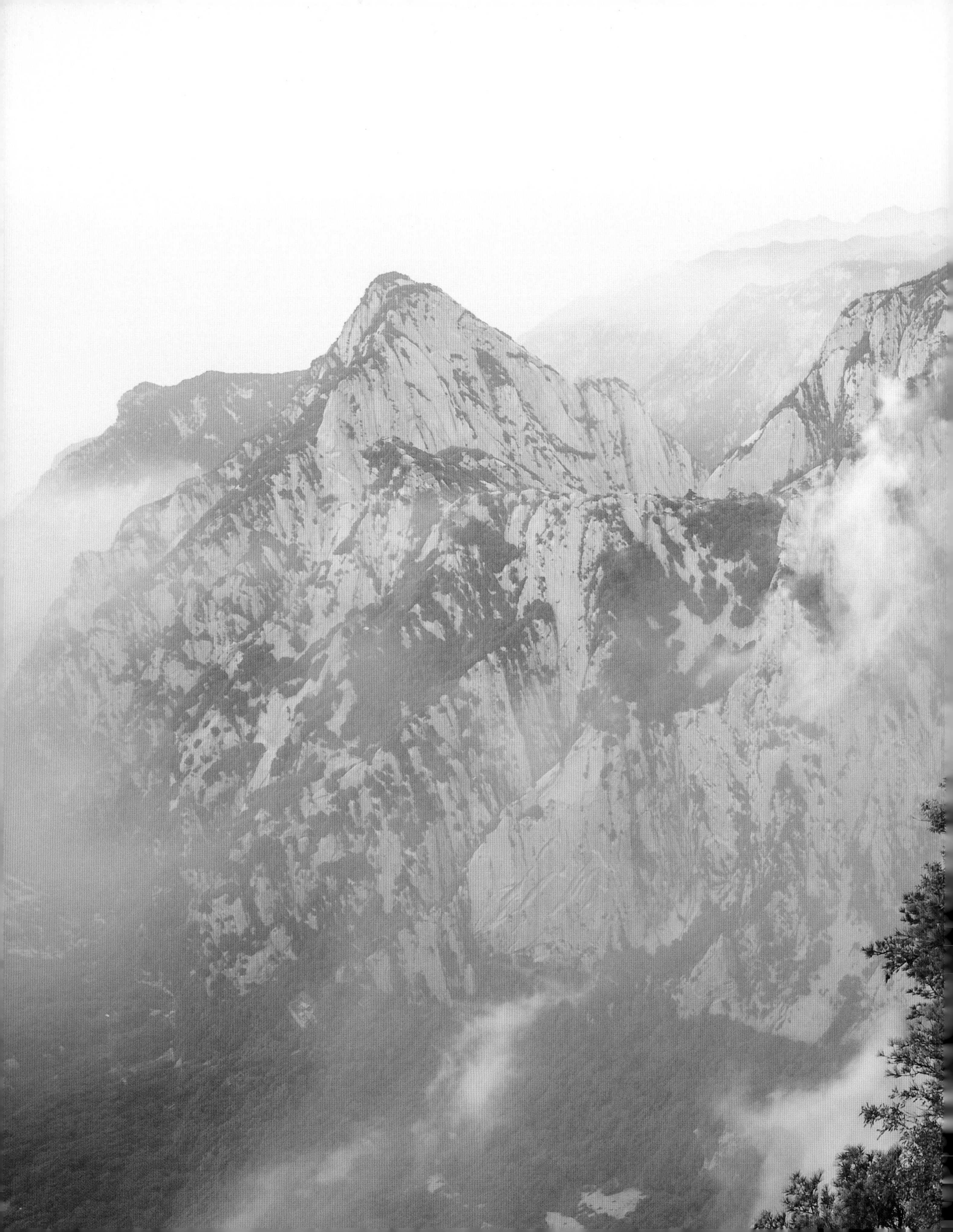

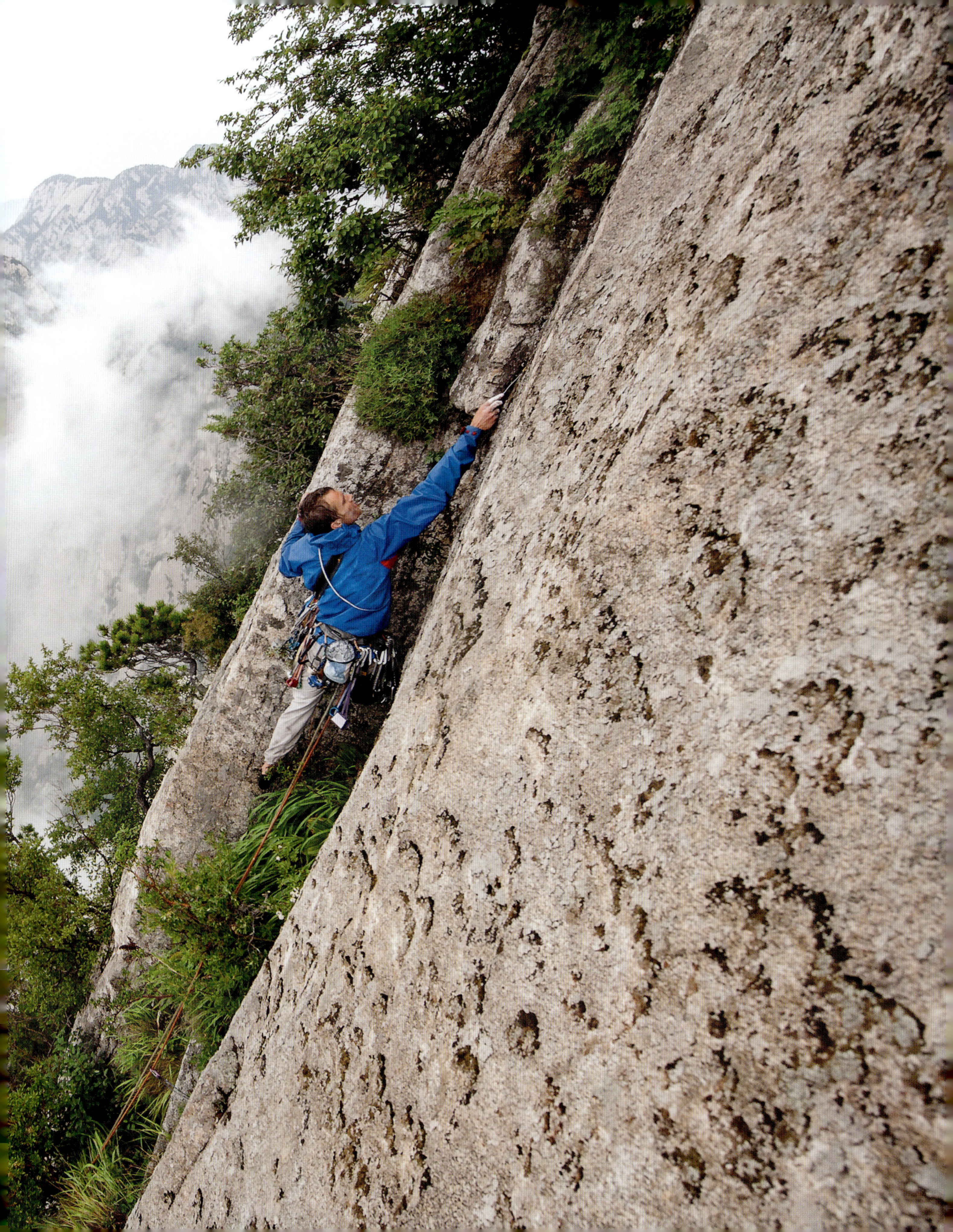

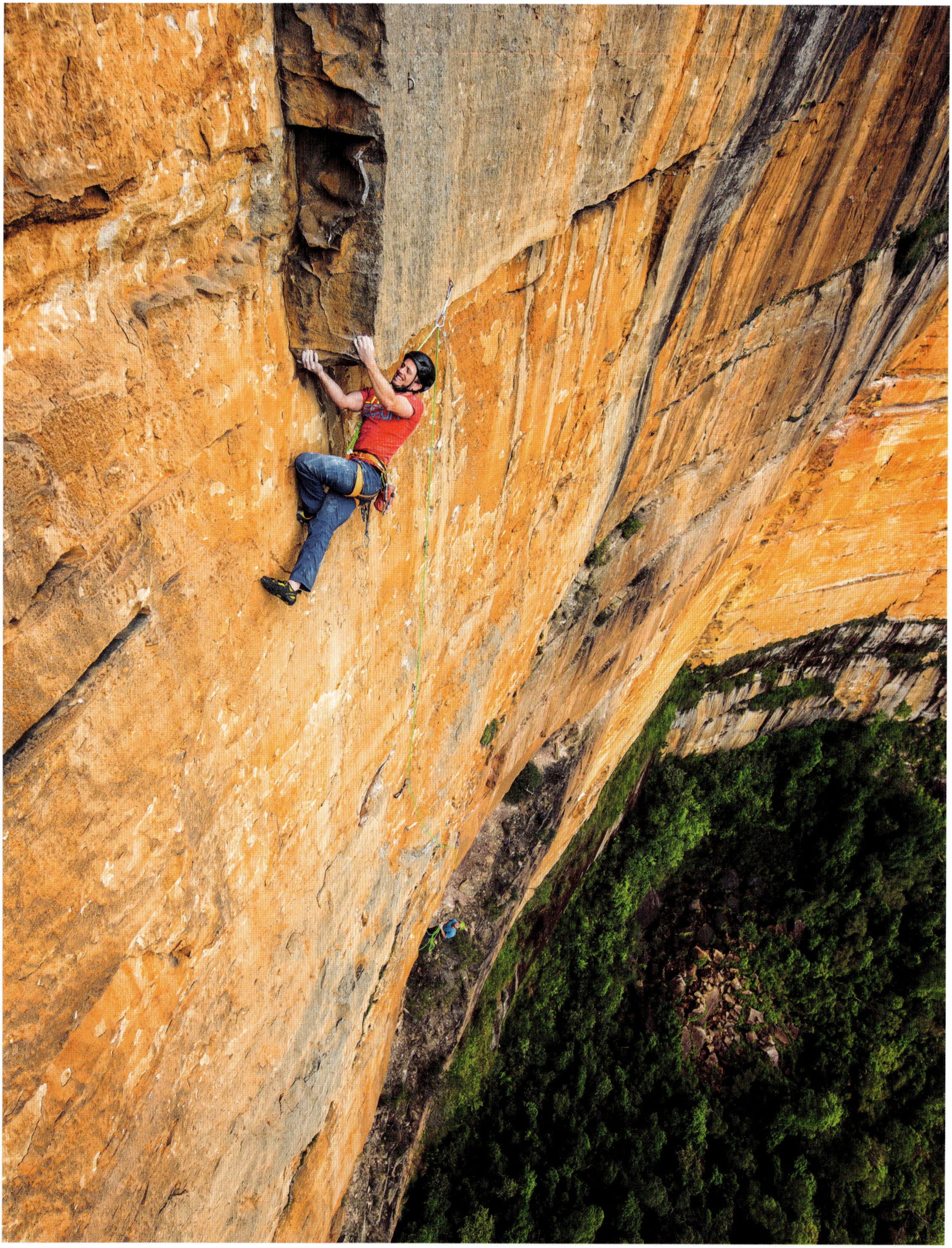

VORWORT
von Alexander Huber

Vor 50 Jahren haben mir meine Eltern zum ersten Mal die faszinierende Welt der Berge gezeigt. Meine Leidenschaft war geweckt, und es zog mich früh auf die hohen Gipfel der Westalpen. Die kalte, dünne Luft der Viertausender und die vergletscherte Hochgebirgswüste waren und sind eine starke Erfahrung, und schon bald wollte ich auch die senkrechte Welt des Kletterns erfahren. Damals war das Klettern vor allem ein steiles Abenteuer, während man inzwischen von echtem Spitzensport sprechen kann. Die Grenzen des Machbaren verschoben sich in rasantem Tempo, und heute ist im Sportklettern der zwölfte Grad Realität geworden. Aber nicht nur dort, sondern auch in den Bergen hat sich das Klettern entwickelt – die Bigwalls am El Capitan sind heute Freikletterziele, und in allen großen Gebirgen unserer Erde werden die steilsten Wände erklettert.

Simon Carter hat diese Entwicklung ins neue Jahrtausend dokumentiert. Über Jahrzehnte hinweg besuchte Simon die wichtigsten Hotspots des Kletterns überall auf der Welt und fing den jeweiligen State of the Art dieses Sports mit seinen Bildern ein. 2003 dokumentierte er den Speed-Rekord an der Zodiac: Vor Ort hielt er den Moment fest, als Thomas und ich uns die schnellste Zeit an einer der Routen des El Capitan im Yosemite-Nationalpark sicherten.

Klettern ist eine faszinierende Zeitreise durch die Welt des Kletterns und zudem das Lebenswerk Simon Carters, einer der führenden Kletterfotografen weltweit. Die großartigen Bilder in diesem Buch geben eine Vorstellung davon, warum wir klettern. Klettern ist einfach einzigartig – es ist Sport, Abenteuer und pure Lebensfreude zugleich.

Alexander Huber

← **Let Freedom Ring (25)**
Lucas Corroto erholt sich in der vierten Seillänge von den kleinen Leisten am Pierce's Pass in den Blue Mountains (Australien). Die Schwierigkeitsgrade der Seillängen: 21, 25, 22, 24, 20, 25. Jason McCarthy sichert.

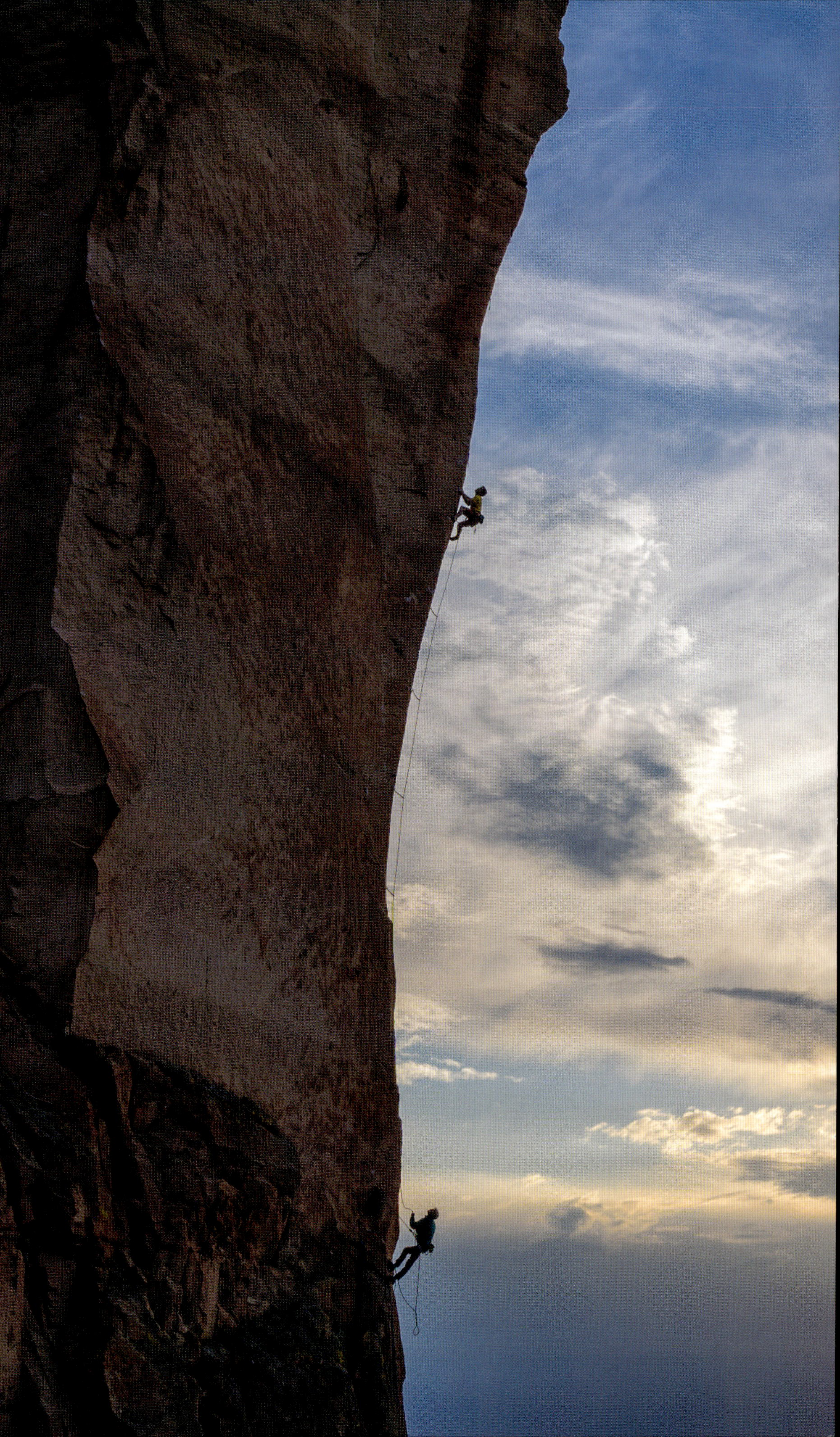

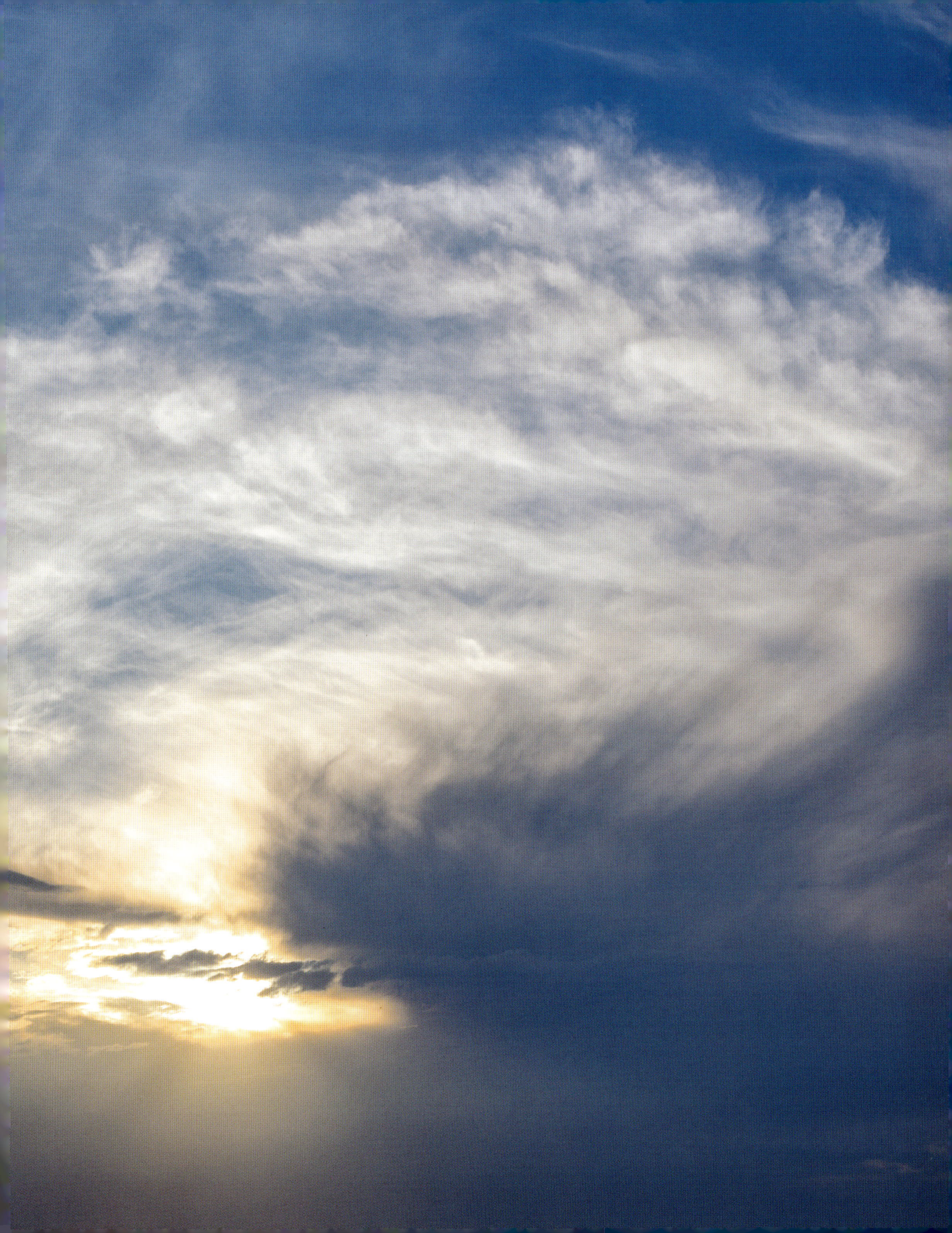

EINLEITUNG
von Simon Carter

Klettern zelebriert einen Sport, in dem sich die Schönheit der Natur und einige der besten Seiten des menschlichen Geistes verbinden: Vorstellungskraft, Entschlossenheit und Risikobereitschaft.

Meinen frühesten Leidenschaften gibt dieses Buch ebenfalls eine Bühne: Fotografie und Felsklettern. Aufgewachsen in Canberra, Australien, bekam ich mit 15 eine Kamera in die Finger. Ich experimentierte unzählige Stunden mit ihr herum. Meine Eltern halfen mir dabei, das Fenster in der Waschküche lichtdicht zu verhängen und mir eine Dunkelkammer einzurichten.

Ich war auch gern draußen in der Natur. Meine Freunde und ich erkundeten Höhlen, gingen wandern und unternahmen Skitouren. Mit 17 war ich ganz aufs Klettern fixiert und trainierte bei jeder Gelegenheit. Ich verbrachte meine Freizeit in der Kletterwand an der Außenseite der Sporthalle der Schule und kletterte an Gebäuden überall in der Stadt. Als ich die Highschool abschloss, war ich vom Klettervirus infiziert.

In meinem ersten Job, an unserer Universität, stand ich die meiste Zeit in einer winzigen Dunkelkammer und erstellte Abzüge für die Wissenschaftler. Die Arbeit war öde und unkreativ. Nach zwei Jahren hielt ich es nicht mehr aus, kündigte und reiste zum Klettern ins südfranzösische Buoux und in die Verdunschlucht – das damalige Zentrum der Kletterwelt. Diese zwei Monate im Jahr 1987 waren ein Wendepunkt. Ich kehrte noch kletterbegeisterter nach Hause zurück und veröffentlichte meinen ersten Zeitschriftenartikel mit Fotos von der Reise. Mir war klar: Die Kletterfotografie war die ultimative Kombination meiner Leidenschaften, auch wenn damals noch nicht der richtige Zeitpunkt dafür war.

Ich wollte meine Liebe zum Klettern mit anderen teilen und studierte drei Jahre Erlebnispädagogik. Mit Kindern zu arbeiten und sie durch das Klettern und andere Aktivitäten an die Natur heranzuführen, war mein Plan. Klettern ist mehr als nur eine Flucht von unserer materiellen Welt – es verbindet uns mit der Natur. Und auch wenn mein Berufsweg anders verlief: Die Bedeutung und Schönheit der Natur sind mir nah geblieben und mit der Zeit zu zentralen Elementen meiner Fotografie geworden.

1993 zog ich an den weiter westlich gelegenen Mount Arapiles, schlug mein Zelt auf und wurde Vollzeitkletterer. An Pausentagen fotografierte ich meine Freunde, die zu den besten Kletterern Australiens zählten und sich an spektakulärste Routen wagten. Die Filme für die Kamera waren teuer. Ich verkaufte daher Bilder an Zeitschriften, um mich zu finanzieren. Ausgelöst dadurch machte ich mich mit der Kletterfotografie selbstständig – ich hatte nun die Erfahrung, das Wissen und einen *Grund*. Auch der Zeitpunkt war günstig, denn das Klettern begann zu boomen.

↑ Simon Carter mit einer geliehenen Kamera bei einer Campingtour mit Freunden (um 1983) und in der Wand eines Einkaufszentrums in Canberra (Australien, um 1985).

→ **Our Terminal World (25)**
Simon Carter im Vorstieg bei der Erstbegehung dieser Kante am Point Perpendicular (Australien) 1992. John Fantini sichert.

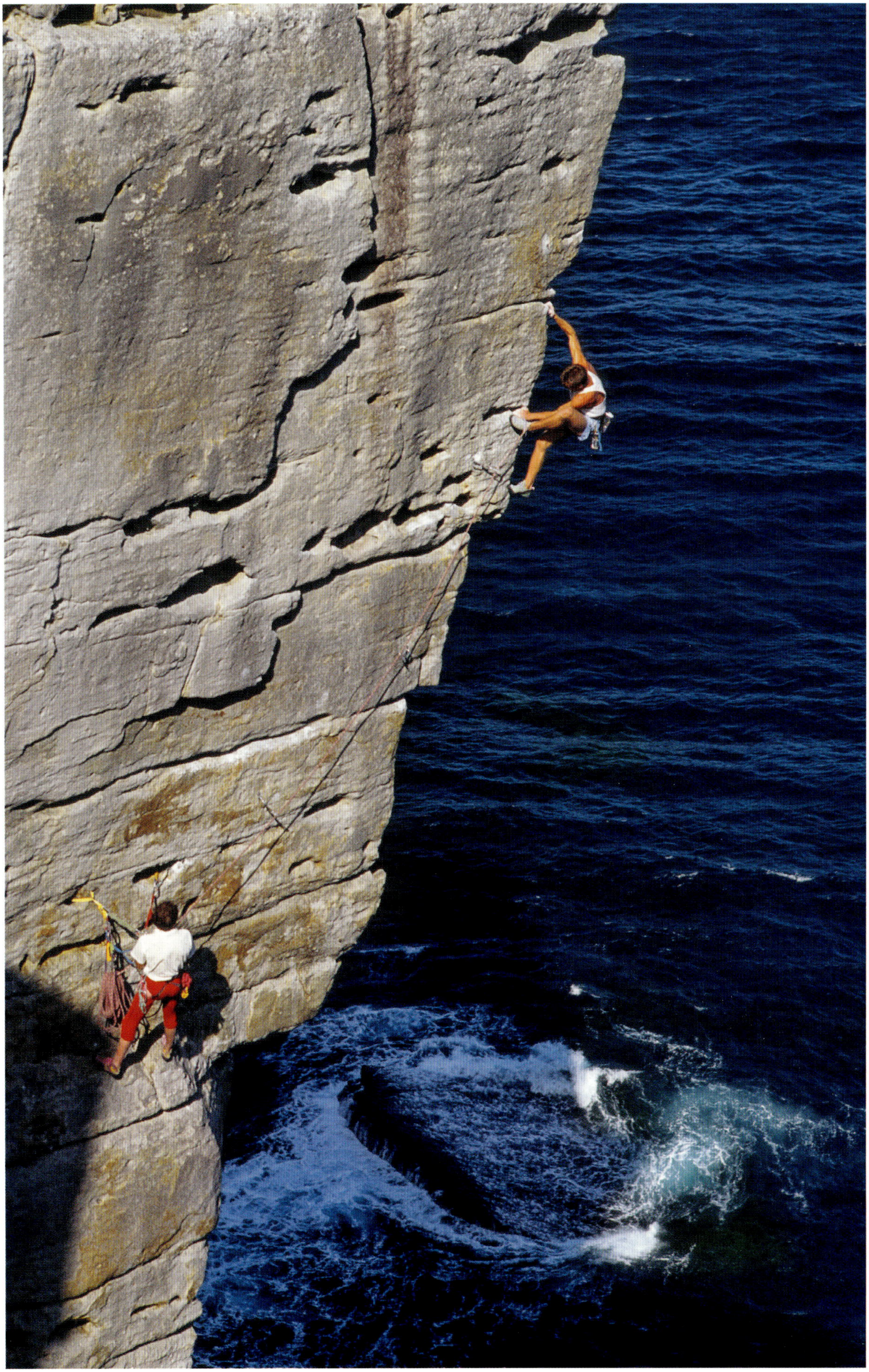

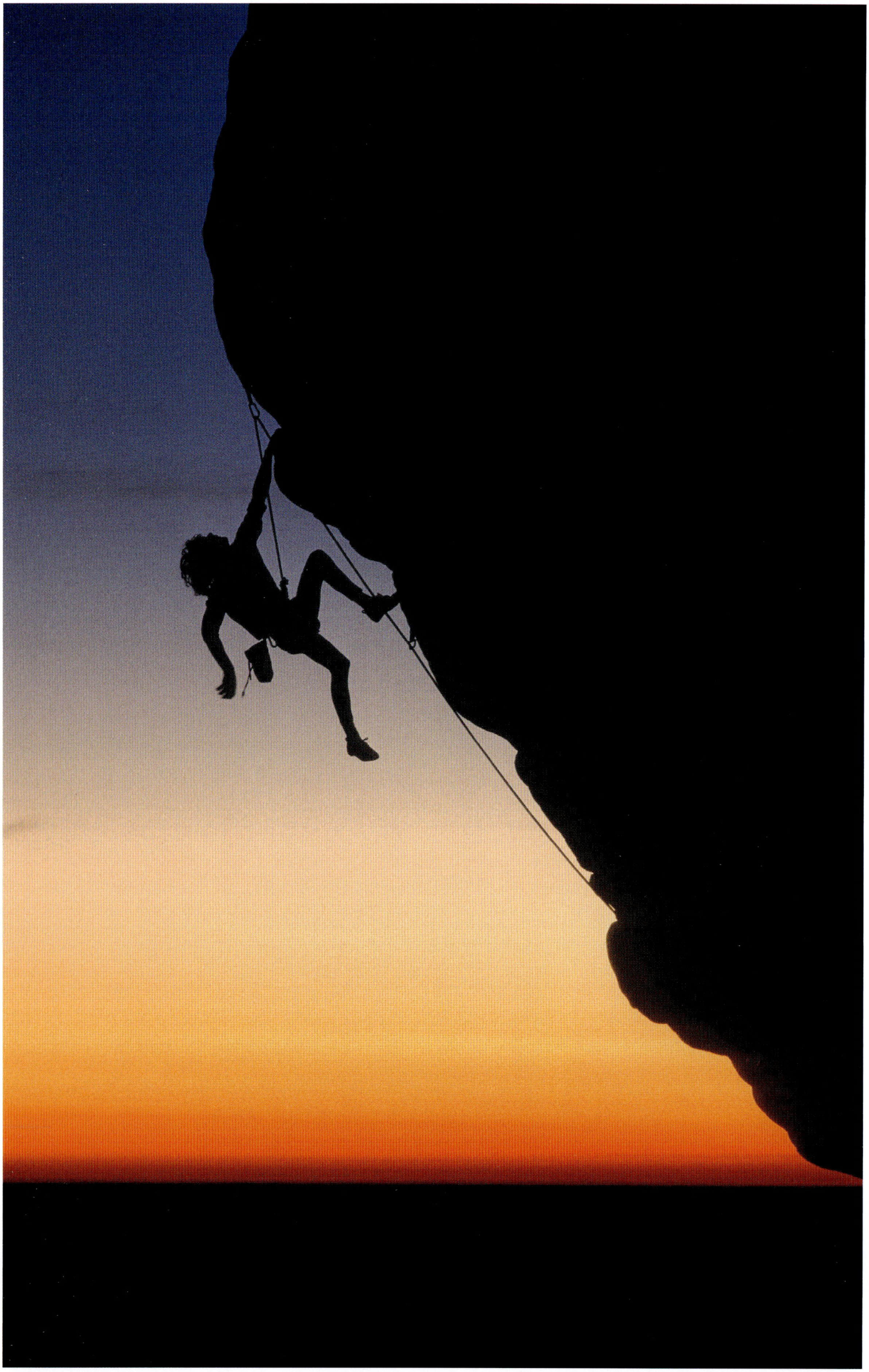

Seitdem hing ich in einigen der schönsten Momente meines Lebens an einem Seil und ließ voller Vorfreude beim Warten auf die Kletteraction oder das richtige Licht, bei der Auswahl des Bildausschnitts die majestätische Landschaft auf mich wirken.

Sich für eine Fotosession in Position zu bringen, kann – wie für die Kletterer – aufwändig sein: Man trägt vielleicht schweres Gepäck über lange Strecken, klettert selbst eine Route oder legt Seile, seilt sich ab und hängt in unbequemen Stellungen. Es ist unter Umständen beängstigend, ungesichert am Fels herumzukraxeln, und inzwischen bin ich vorsichtiger als früher. Ich fühle mich beim Fotografieren an einem gut verankerten Seil am wohlsten, das nicht an scharfem oder losem Gestein liegt.

Selbst der beste Plan geht manchmal schief, und man muss auch Glück haben. Das Licht, das Klettern und die eigene Position müssen alle auf den Punkt zusammenpassen. Oft habe ich am gleichen Ort immer wieder fotografiert und jedes Mal dazu gelernt, bevor ich mit dem Ergebnis zufrieden war. Manchmal geht es um den einen unwiederbringlichen Augenblick, der mir nur eine einzige Chance lässt, ihn einzufangen. Das beste Fotolicht finde ich oft morgens, abends oder im Winter – oder bei einer bestimmten Wolkenformation. Schlechtwetter oder ein Gewitter können einer Aufnahme zusätzlich Stimmung verleihen.

Beim Klettern ist man in spektakulärster Natur unterwegs, daher würde ich meinen Fotografiestil als recht »unverfälscht« bezeichnen. Wenn ich mich an künstlerischen Techniken wie Nahaufnahmen, Unschärfe oder Ausleuchtung versuchte, wirkten die Bilder oft zu konstruiert. Unverfälschte Aufnahmen geben der Situation Raum. Ich will das Interessante, Einzigartige einfangen. Manchmal liegt es an der Person, die klettert, oder an dem, was sie macht, aber oft auch am Fels, der Route oder dem Ort.

Die Natur im Fokus lässt in meinen Arbeiten regelmäßig etwas unerwartet »Künstlerisches« aufkommen. Angesichts meines bewusst »unverfälschten« Stils mag das seltsam klingen – mir ist klar geworden, dass die Natur das macht. Die Einzigartigkeit im Blick zu haben, lässt die Kunst der Natur zu. Je unglaublicher die natürliche Struktur, je schöner die Arbeitsfläche, desto besser.

In *Klettern* sind erstmals meine besten Arbeiten versammelt, die menschliche Spitzenleistungen an den majestätischsten Abenteuerschauplätzen der Natur festhalten. Zusammen mit meinen Gedanken und denen anderer Kletterinnen und Kletterer ergründen die Bilder das Klettern als Sport wie auch als Kunst: Die Kapitel widmen sich jeweils einem einzigartigen Aspekt im Schnittpunkt von Natur und menschlichem Willen. Unwiderstehliche Formationen, Linien und Wände, die Konzentration und Intensität, die es für das anvisierte Ziel braucht – *Klettern* zeigt die Inspiration, Leidenschaft und Anziehungskraft einiger der spektakulärsten und abenteuerlichsten Gebiete der Erde.

← **Nati Dread (30)**
Andy Pollitt in einer von ihm eröffneten schweren Route am Mount Arapiles (Australien) um 1991.

⇈ **Anaconda (28)**
Malcolm Matheson am harten Sandstein der Taipan Wall, Grampians (Australien), um 1993.

↑ **Bard (12)**
Jo Whitford bei ihrer morgendlichen Soloroutine in diesem Klassiker am Mount Arapiles (Australien) um 1991.

EINLEITUNG

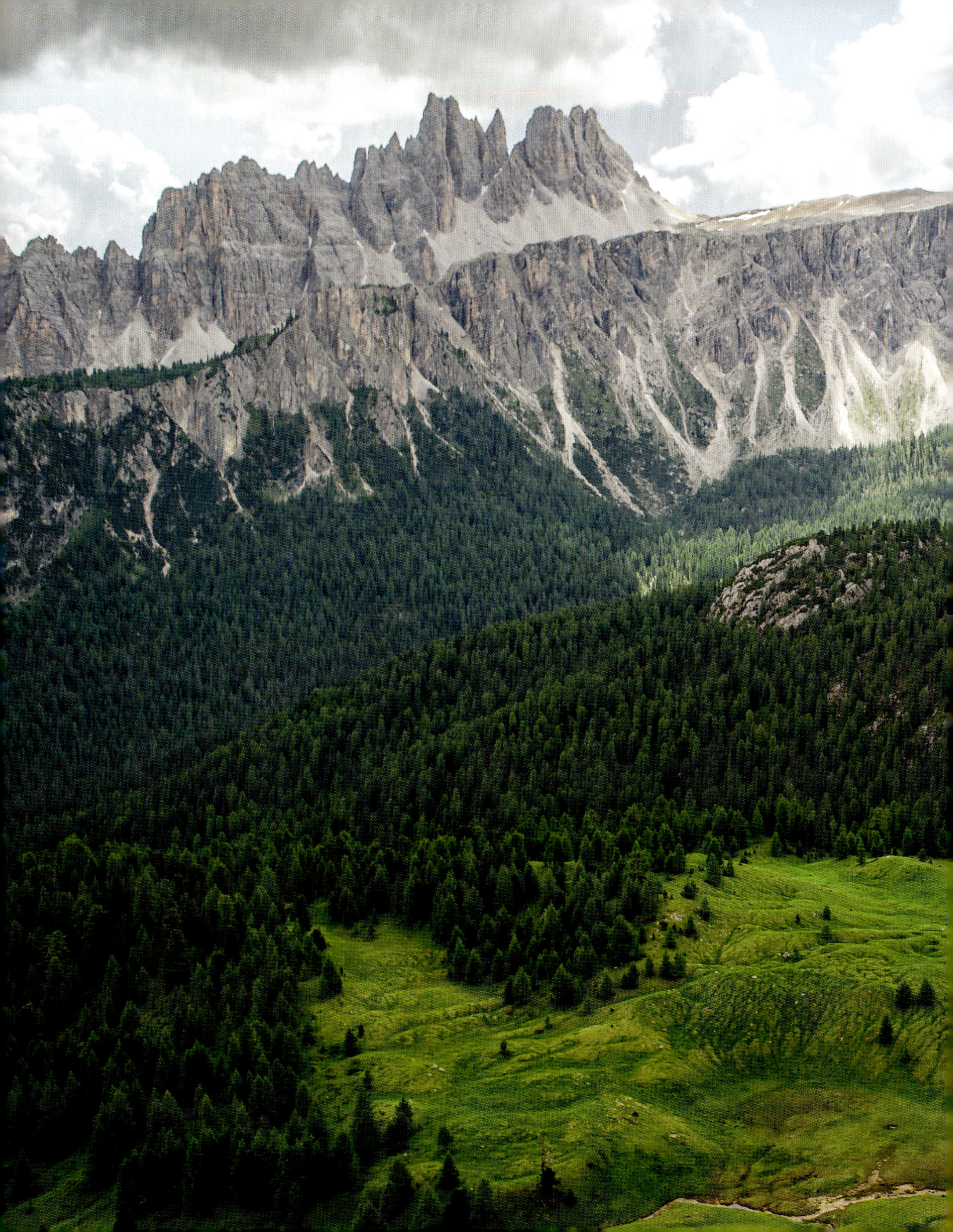

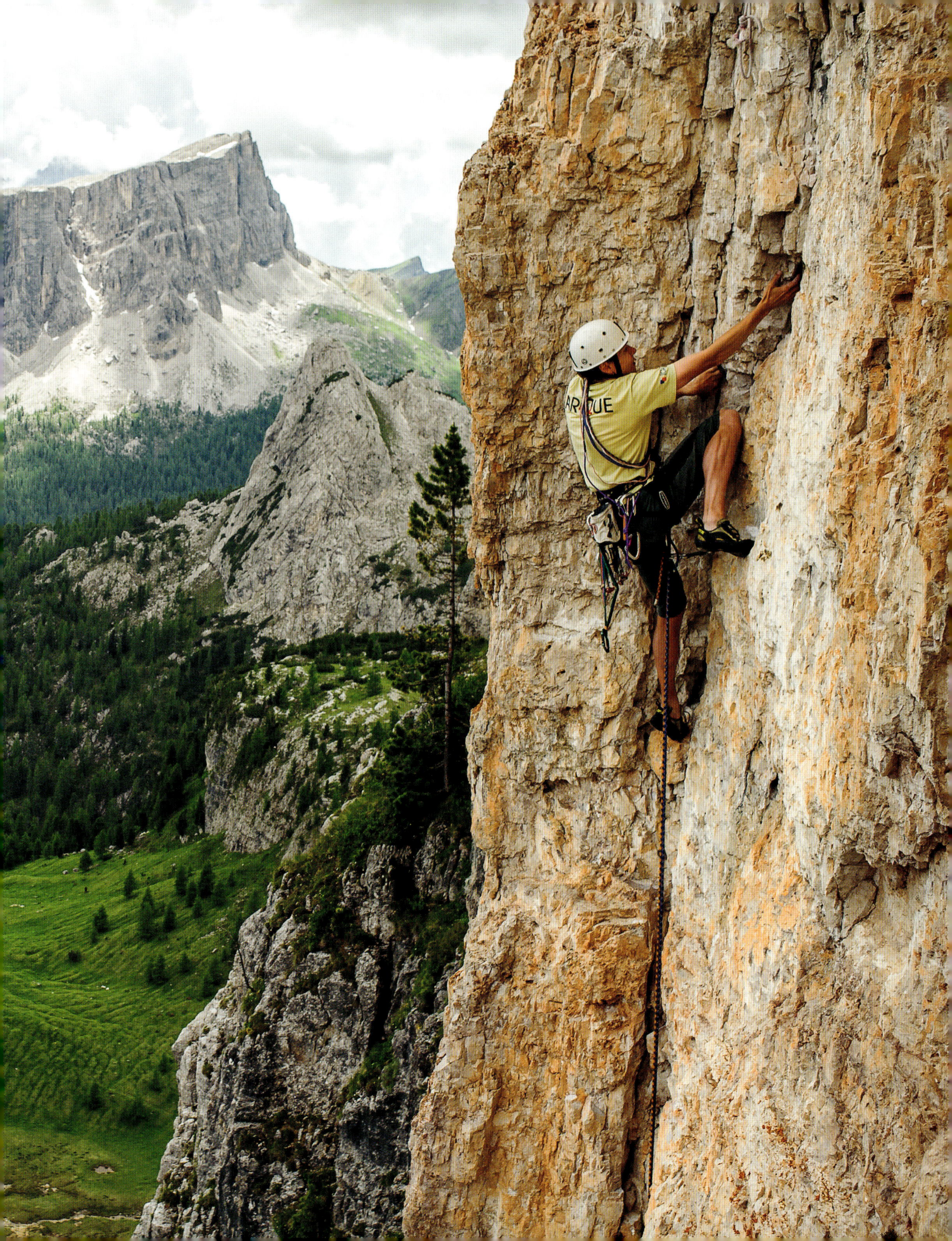

FORMATIONEN

Außergewöhnliche Felsformationen faszinieren und begeistern: Für sie nehmen wir Kletterer Anstrengungen in Kauf wie für wohl kaum etwas anderes. Je spektakulärer eine Formation, desto größer ist ihre Anziehungskraft. Für wirklich beeindruckende Felsen nehmen wir lange Zustiege mit schwerem Gepäck und zahlreiche Hindernisse auf uns. Bietet eine ausgefallene Formation auch noch eine erstklassige Kletterei und ist mehr als einfach nur ein Gipfel, dann könnte es kaum besser sein.

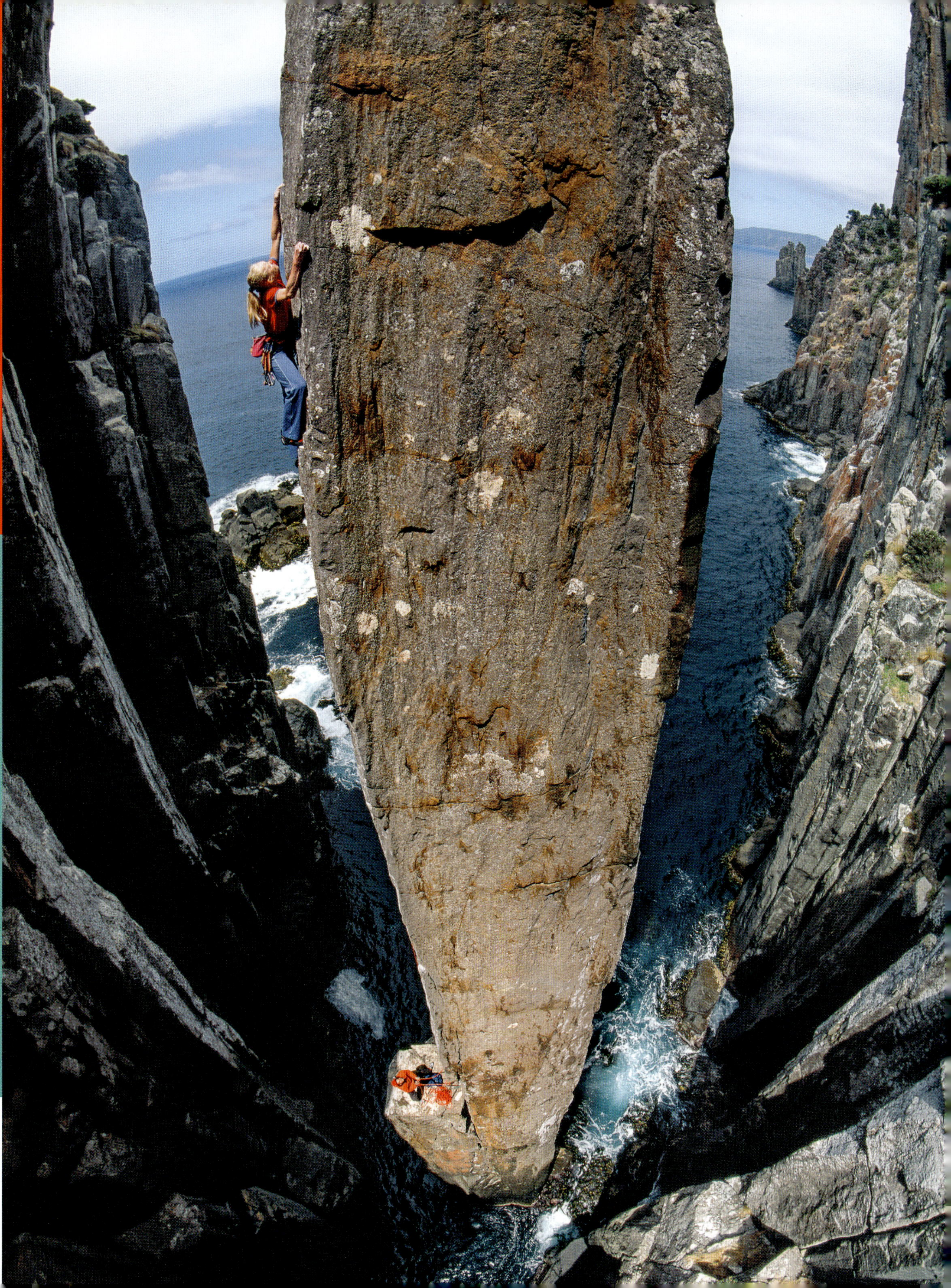

Außergewöhnliche Felsformationen beflügeln nicht nur die Fantasie. Felsnadeln zu erklettern kann auch besonders und lange im Gedächtnis haften bleiben. Sie hinterlassen kleine – hoffentlich positive – Spuren in unseren Gehirnen, die Teil von uns werden. Nie hat das mehr auf mich zugetroffen als bei meinem ersten Erlebnis mit dem Totem Pole in Tasmanien vor fast 30 Jahren.

Ich wusste beim ersten Anblick, dass ich da hoch musste. Es war der unfassbarste Fels, den ich je gesehen hatte. 65 m hoch, an der Basis aber nur 4 bis 5 m breit, ragte diese einsame Säule aus Vulkangestein aus der Brandung auf und schien jeder Wahrscheinlichkeit zu trotzen: eine echte Laune der Natur.

Von der Klippe von Cape Hauy aus sah ich den Totem Pole (oder »The Tote«) an der Ostküste Tasmaniens. Wie mussten sich die Erstbesteiger John Ewbank und Alan Kellar 1968 gefühlt haben? An einem einzigen Tag hatten sie eine schwere »technische« Route an The Tote eingerichtet, mussten anschließend eine stürmische Nacht auf der Spitze verbringen – und spürten, wie The Tote im Wind schwankte.

27 Jahre nach dieser Erstbesteigung war ich mit Simon »Simey« Mentz, Steve Monks und Jane Wilkinson dort. Simey hatte sich einige Jahre zuvor bereits an The Tote versucht, und seine Begeisterung war ansteckend. Er träumte nicht nur davon, die bestehende technische Route zu klettern – bei der Keile, Ketten und Haken ihn als Kletterer halten –, sondern wenn möglich auch eine neue, »freie« Route einzurichten, bei der die Ausrüstung nur dazu dient, einen Sturz abzufangen. Auch Steve war Feuer und Flamme. Er war einer der besten Allroundkletterer Australiens und äußerst versiert an allen Arten von Fels sowie in Schnee und Eis. Ich bezweifelte, dass es irgendetwas an The Tote gäbe, womit er nicht zurechtkäme. Jane hatte sich im Jahr zuvor vom tasmanischen Abenteuerklettern inspirieren lassen, als sie auf einer zehntägigen Tour in die Wildnis des Südwestens die härteste Route am Precipitous Bluff erstbeging.

Und ich? Ich blickte auf diese unwahrscheinliche Struktur und spürte die Anziehungskraft ihres Gipfels. Ich wollte den Fels auf jeden Fall besteigen. Seine beeindruckende Ästhetik aber war so stark, dass ich zwischen zwei Stühlen saß: Klettern oder Fotografieren? Konnte ich beides haben?

Eine kurze Kletterei die Klippe hinunter, und wir legten auf einem Felsvorsprung unsere Ausrüstung an, seilten dann 60 m ab und sprangen über wellenumspülte Felsen zum Fuß von The Tote. Steve und Simey kletterten die technische Route überschlagend, während ich meine Seile einrichtete und mich mit der Kamera an die Arbeit machte.

Das ganze Sichern, Einschlagen der Haken und Vertrauen in die kleinen Cliffhanger machen das technische Klettern langsam. Wir

»Ich wusste beim ersten Anblick, dass ich da hoch musste. Es war der unfassbarste Fels, den ich je gesehen hatte. 65 m hoch, an der Basis aber nur 4 bis 5 m breit, ragte diese einsame Säule aus Vulkangestein aus der Brandung auf und schien jeder Wahrscheinlichkeit zu trotzen: eine echte Laune der Natur.«

←← **The Free Route (25)**
Der Totem Pole ist eine außergewöhnliche, freistehende, 65 m hohe Säule aus Vulkangestein am Kap Hauy in Tasmanien (Australien). Monique Forestier steigt die zweite Seillänge zur Spitze vor, Fred Moix sichert.

→ **The Free Route (25)**
Roxanne Wells in der zweiten Seillänge der ursprünglichen freien Route am Totem Pole, Chris Peisker sichert.

FORMATIONEN

FORMATIONEN

> »Uns selbst und die Ausrüstung anzulanden, war anstrengend; trotz relativ flachen Wellengangs wurde das Boot auf und ab geworfen, und die Gefahr, an den Klippen zu kentern, schien groß.«

mussten am nächsten Tag zurückkehren, damit Steve und Simey die Spitze von The Tote erreichten. Der Ausstieg wurde durch das geschickte Abspannen des Seils horizontal zwischen der Spitze und dem Felsvorsprung auf dem Festland gelöst. Einmal aufgebaut, musste man sich bei dieser Seilrutsche nur noch ins Seil einklinken und über die Kluft zurück zum Festland gleiten.

Nach erfolgreicher Kletterei standen wir wieder auf dem Felsvorsprung, Steve und Jane machten sich auf den Rückweg zum Lager. Es waren anstrengende Tage; kalt, windig, ermüdend. Bevor ich die Seilrutsche abbaute, plauderte ich noch ein wenig mit Simey. So sehr wir ebenfalls ins Lager zurückkehren wollten – es war klar, dass die installierte Seilrutsche wahrscheinlich Simeys einzige Chance war festzustellen, ob The Tote die Möglichkeit einer freien Route bot. Also rutschte er hinüber und seilte sich auf der abgewandten Seite zu einer Erkundung ab. Er brauchte eigentlich nichts zu sagen, als er einige Zeit später zurückkam – sein Grinsen sagte alles. Es sei schwierig, aber nicht zu schwierig. Wir würden Spaß haben.

Am nächsten Tag mieteten wir in Hobart ein Metallboot und schleppten es zum Camp – es sollte unsere Ausrüstung zu The Tote transportieren. Unser Plan funktionierte, bis wir einen Landeplatz für das Boot finden mussten. Uns selbst und die Ausrüstung anzulanden, war anstrengend; trotz relativ flachen Wellengangs wurde das Boot auf und ab geworfen, und die Gefahr, an den Klippen zu kentern, schien groß. Doch wir hatten Glück. Mit etwas mehr Erfahrung im Umgang mit der See hätten wir es vermutlich gar nicht erst versucht.

Steve und Simey nahmen die Seilrutsche zur Spitze von The Tote, seilten sich ab und machten sich daran, die neue Route einzubohren. Die erste Seillänge war außergewöhnlich: Sie verlief spiralförmig über drei Seiten der Felsnadel und endete nach 25 m an der abgewandten Seite auf einem perfekten Felsvorsprung. Die zweite stieß über 40 m Wand und Kantenklettereı zur Spitze vor.

Der nächste Tag, an dem die freie Route auf dem Plan stand, war kalt und bewölkt. Der Wind blies stetig durch die Lücke zwischen The Tote und dem Festland. Der Einstieg war knapp über der Wasseroberfläche auf einem Felsblock, auf dem man kaum trocken bleiben konnte; warmhalten war hier die Devise. Jane sicherte freiwillig, sodass die anderen nicht nass werden mussten. Gerade als Steve anfing zu klettern, brach unvermittelt eine riesige Welle, überspülte den Einstieg und durchweichte Jane. Das Meer war aufgewühlt. Steve konnte es sich nicht leisten, die erste Seillänge mehrfach zu versuchen. Der Druck war hoch.

Die Kletterei sah schwierig und glatt aus. Steve kämpfte hart. Beharrlich tüftelte er an den entscheidenden Zügen und querte dann auf die abgewandte Seite des Pfeilers. Irgendwann reckte er seinen

↖ **Seilrutsche**
Nachdem Simon Mentz zuvor die bestehende »technische« Route geklettert ist, gelangt er mit einer Seilrutsche wieder zur Spitze des Totem Pole, sodass er sich abseilen und die Möglichkeiten einer freien Begehung beurteilen kann.

← **Platsch!**
Kein guter Start. Als Steve Monks seinen Versuch einer freien Begehung am Totem Pole startet, wird Jane Wilkinson, die ihn sichert, von einer Welle durchnässt. Steve blieb zum Glück trocken und konnte weitermachen.

»Die Kletterei war großartig. Einzigartig wäre sie überall gewesen, doch zusammen mit der Lage, dem Zustieg und dem Gefühl, die Spitze einer so außergewöhnlichen Formation zu erreichen, war uns klar: Das hier war anders. Die Rückfahrt mit dem Boot am Nachmittag war problemlos.«

Kopf um die Kante und stand auf halber Strecke auf dem Vorsprung. Er stieß einen freudigen Jubelschrei aus. Was für eine Erleichterung! Jetzt war es egal, was der Ozean gegen uns in petto hatte.

Auch die zweite Seillänge war alles andere als ein Selbstläufer. Die Kletterei blieb heikel und knifflig. Als Simey virtuos die Spitze erreichte, nutzte ich nochmals die Seilrutsche für einige Gipfelbilder. Um nicht zu kurz zu kommen, seilte ich mich ab, nachdem auch die anderen die Seillänge geklettert hatten, und konnte die zweite Seillänge im Toprope gehen. Jetzt verstand ich, wovon sie schwärmten! Die Kletterei war fantastisch. Einzigartig wäre sie überall gewesen, doch zusammen mit der Lage, dem Zustieg und dem Gefühl, die Spitze einer so außergewöhnlichen Formation zu erreichen, war uns klar: Das hier war anders. Die Rückfahrt mit dem Boot am Nachmittag verlief problemlos.

Jetzt mussten nur noch Simey und Steve überredet werden, am nächsten Tag zurückzukommen, um ein paar Fotos bei Sonnenschein machen zu können. Damals, mit analogem Film, hatte ich Sorge, wie die Bilder werden würden bei der starken Bewölkung, die wir gehabt hatten. Aber unsere Tote-Mission war abgeschlossen, als ich die Bilder im Kasten hatte. Ich habe etwa 20 weitere Tage mit Klettern, Fotografieren und Filmen am The Tote verbracht, doch diese ersten Tage zählen immer noch zu den besten.

Ich bin mir sicher, dass die Zeit, die Kletterer damit verbringen, sich mit ungewöhnlichen Formationen auseinanderzusetzen, gut investiert ist. Felsformationen können wirklich beeindruckend sein. Als Kletterer haben wir das Glück, Zugang zu einigen der fantastischsten Spielereien der Welt zu haben. Sie nehmen in unserer Vorstellung großen Raum ein – und manchmal auch in unseren Erinnerungen.

→ **The Free Route (25)**
Steve Monks 1995 im Vorstieg bei der erfolgreichen Erstbegehung der ersten Seillänge der ersten freien Route am Totem Pole.

FORMATIONEN

↑   **The Free Route (25)**
Simon Mentz 1995 im Vorstieg bei der Erstbegehung in der zweiten Seillänge der Free Route am Totem Pole. Steve Monks (sichert) und Jane Wilkinson stehen auf dem Vorsprung.

→   **The Free Route (25)**
Fotos bei Sonnenschein: Am Tag nach der ersten freien Begehung steigt Simon Mentz erneut die zweite Seillänge der Route vor. Steve Monks sichert.

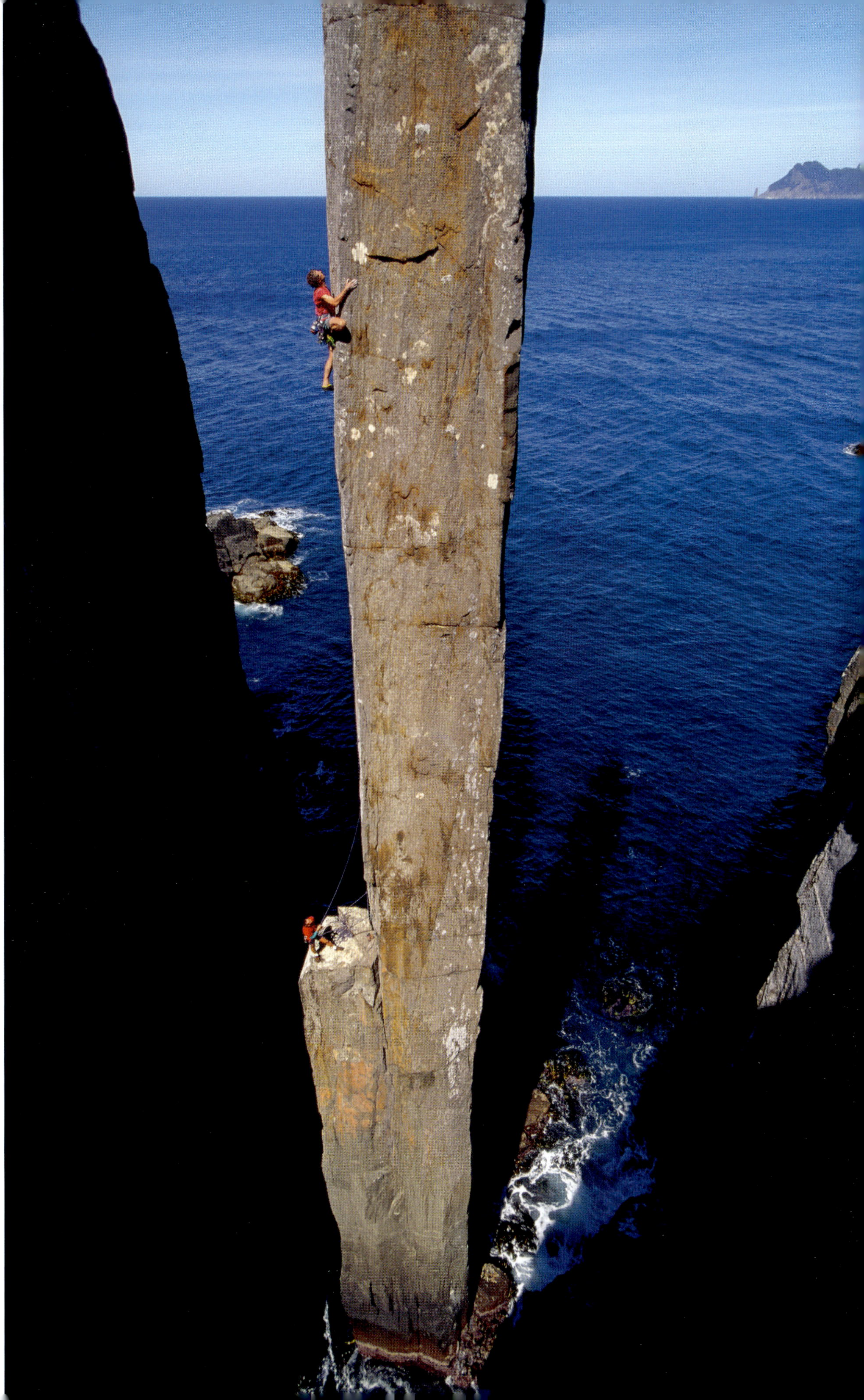

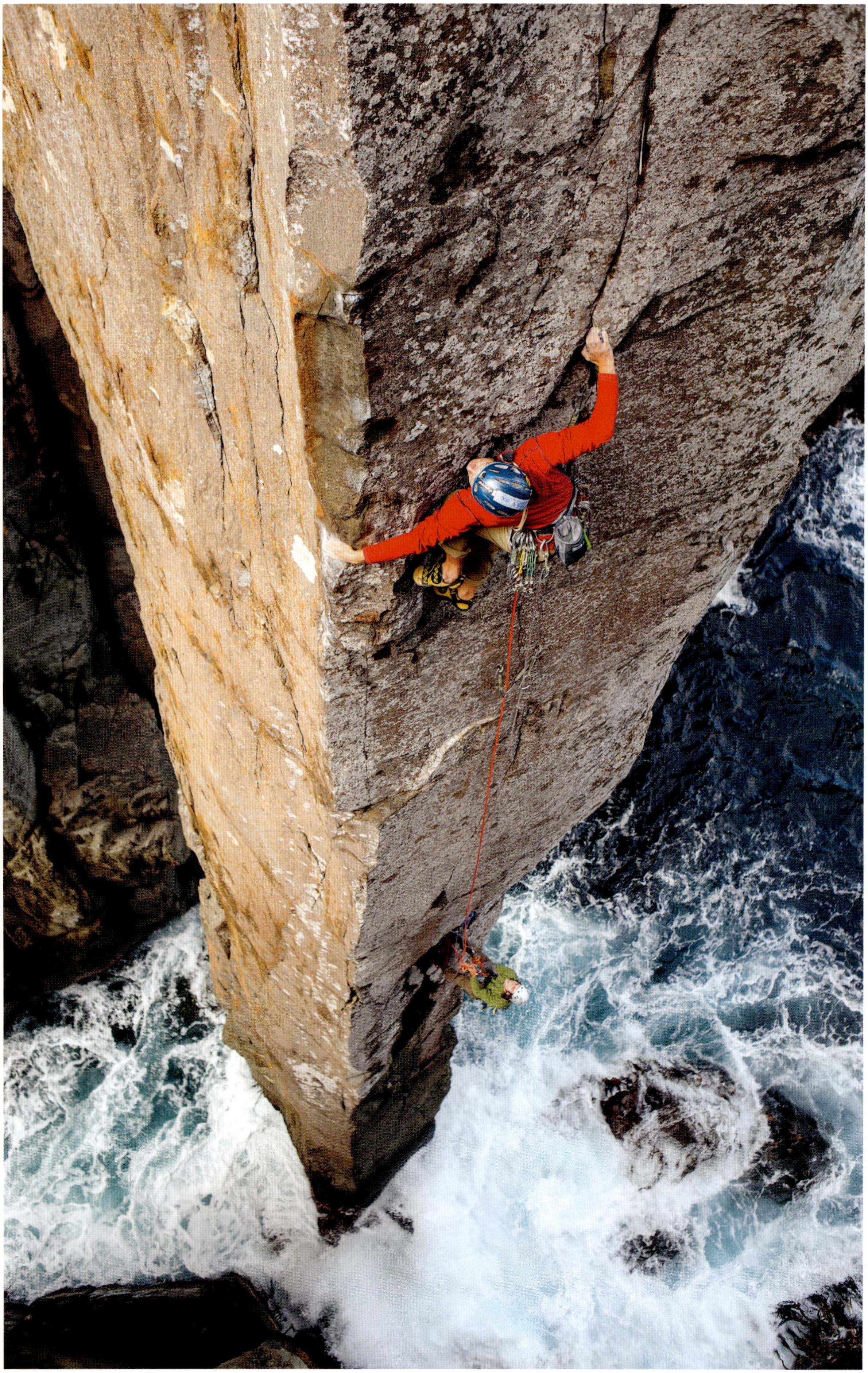

← **The Ewbank Route (27)**
Nach Einrichtung der Free Route am Totem Pole wurde die technische Route von 1968 weitgehend vernachlässigt, bis Doug McConnell und Dean Rollins sie 2009 in drei Seillängen frei kletterten. Hier steigt Doug die zweite Seillänge vor, Dean sichert vom Standplatz aus.

↑ **The Sorcerer (27)**
Chris Coppard und Garry Phillips richteten am Totem Pole eine neue Route mit drei Seillängen ein, die mit einer weiteren Traverse um die Basis des Pfeilers beginnt. Hier nähert sich Chris der Schlüsselstelle in der dritten Seillänge, Garry sichert.

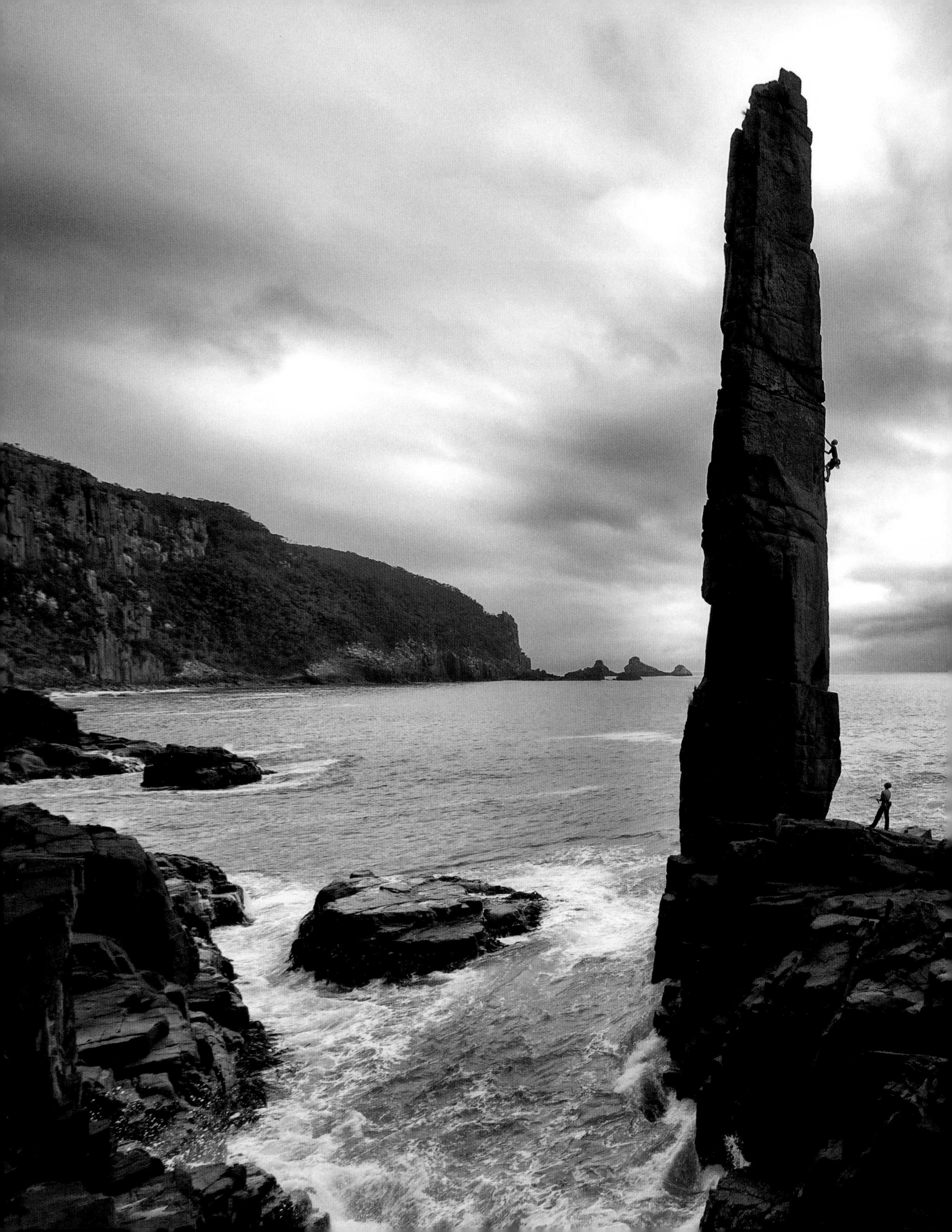

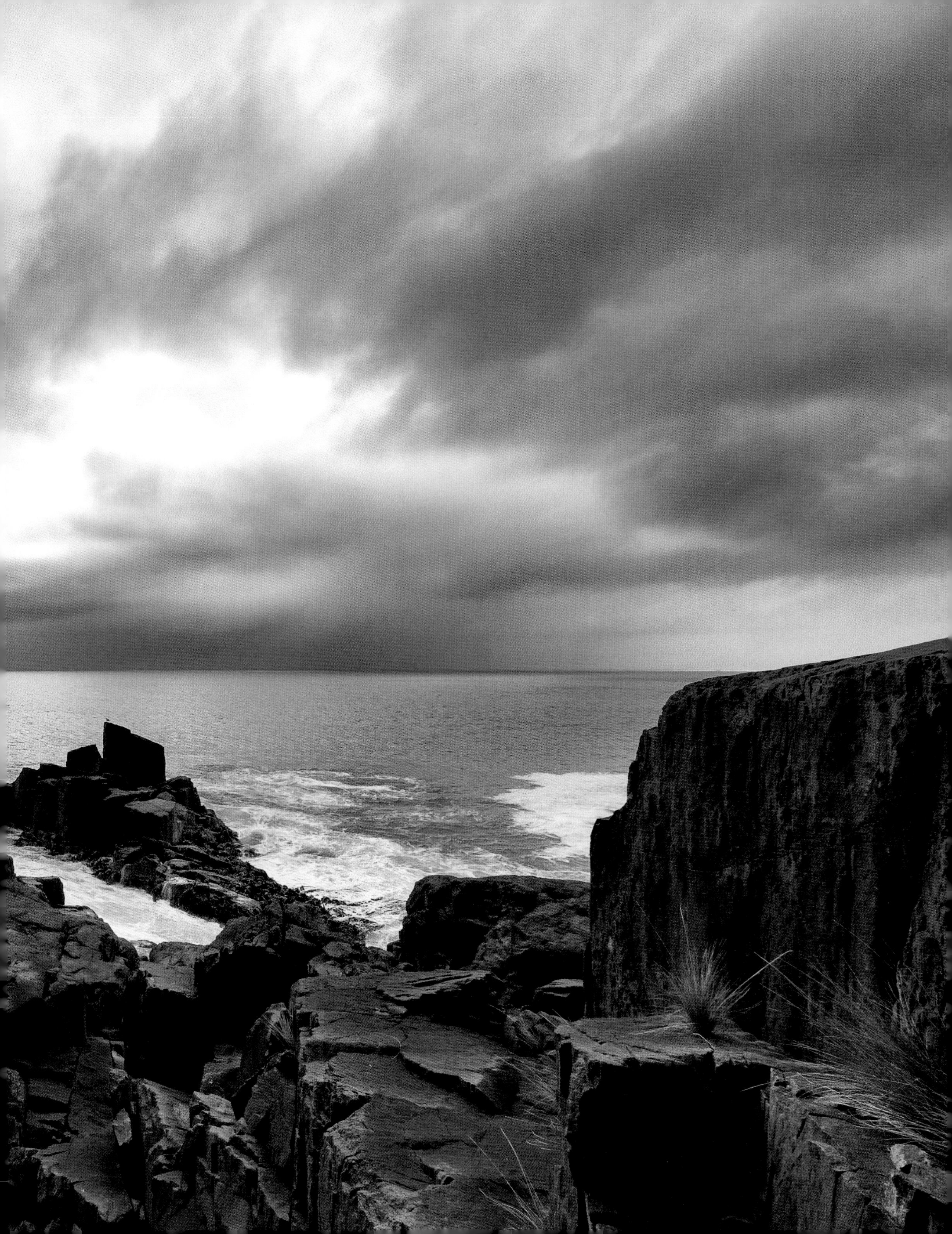

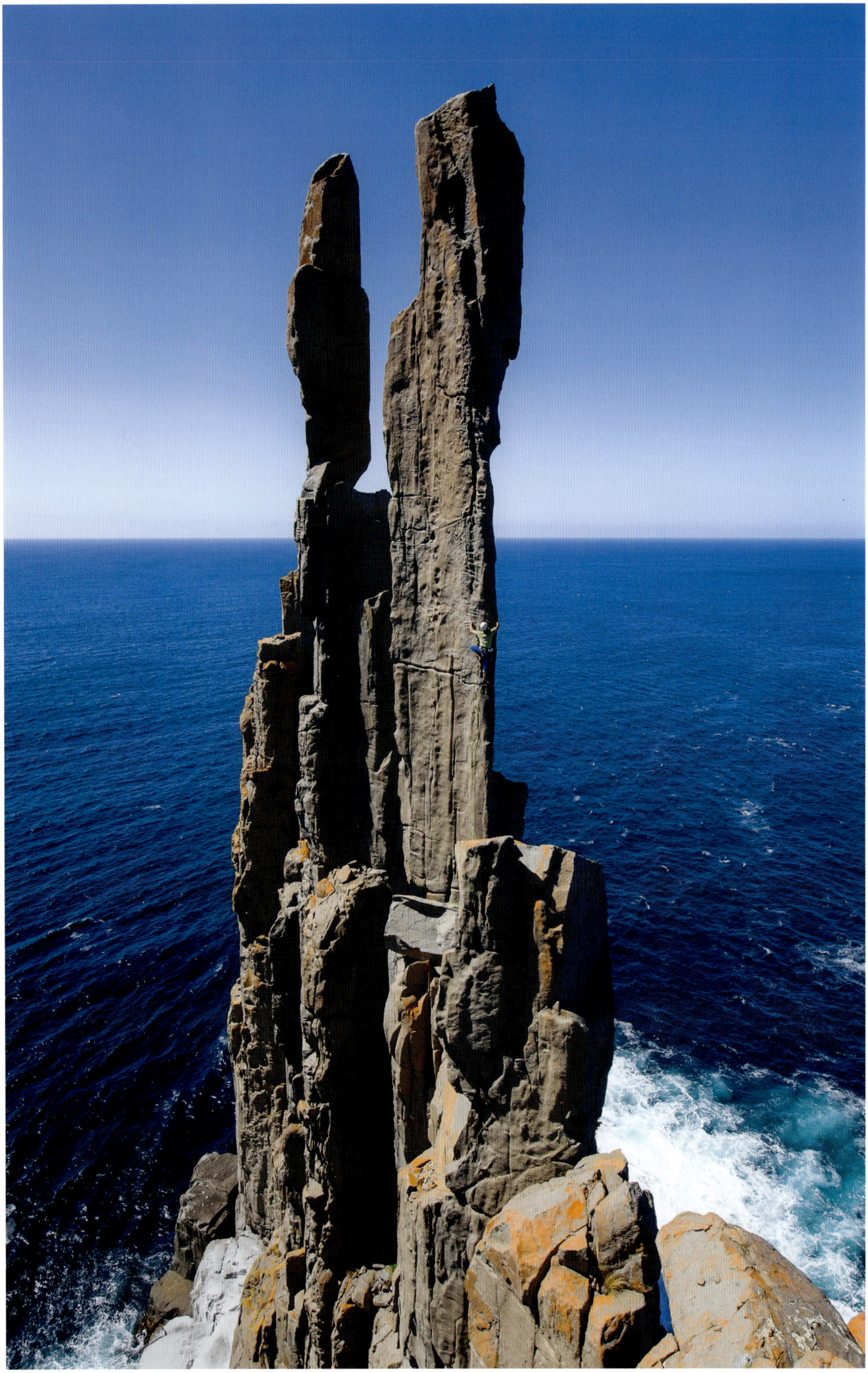

←← **Ancient Astronaught (24)**
Der Moai ist eine weitere bedeutende Formation in Tasmanien (Australien). Der 30 m hohe Pfeiler bietet einige leichtere Routen in einer entspannteren Umgebung als der Totem Pole. Chris Hampton im Vorstieg, Andy Kuylaars sichert.

← **Pole Dancer (22)**
Diese Route vervollständigt (mit Totem Pole und Moai) die Trilogie klassischer Pfeiler auf der Tasmanischen Halbinsel. Der Zustieg zu dieser erstklassigen Route in den Pillars of Hercules am äußersten Ende des Cape Raoul ist abenteuerlich und umfasst mehrere Stunden, mehrere Seillängen Kletterei, Abseilen und Kraxeln. Steve Moon klettert.

→ **Freedom (30)**
Jake Bresnehan in einer schweren Route, die er an den Basaltsäulen des Mount Wellington in Tasmanien (Australien) eingerichtet hat.

FORMATIONEN

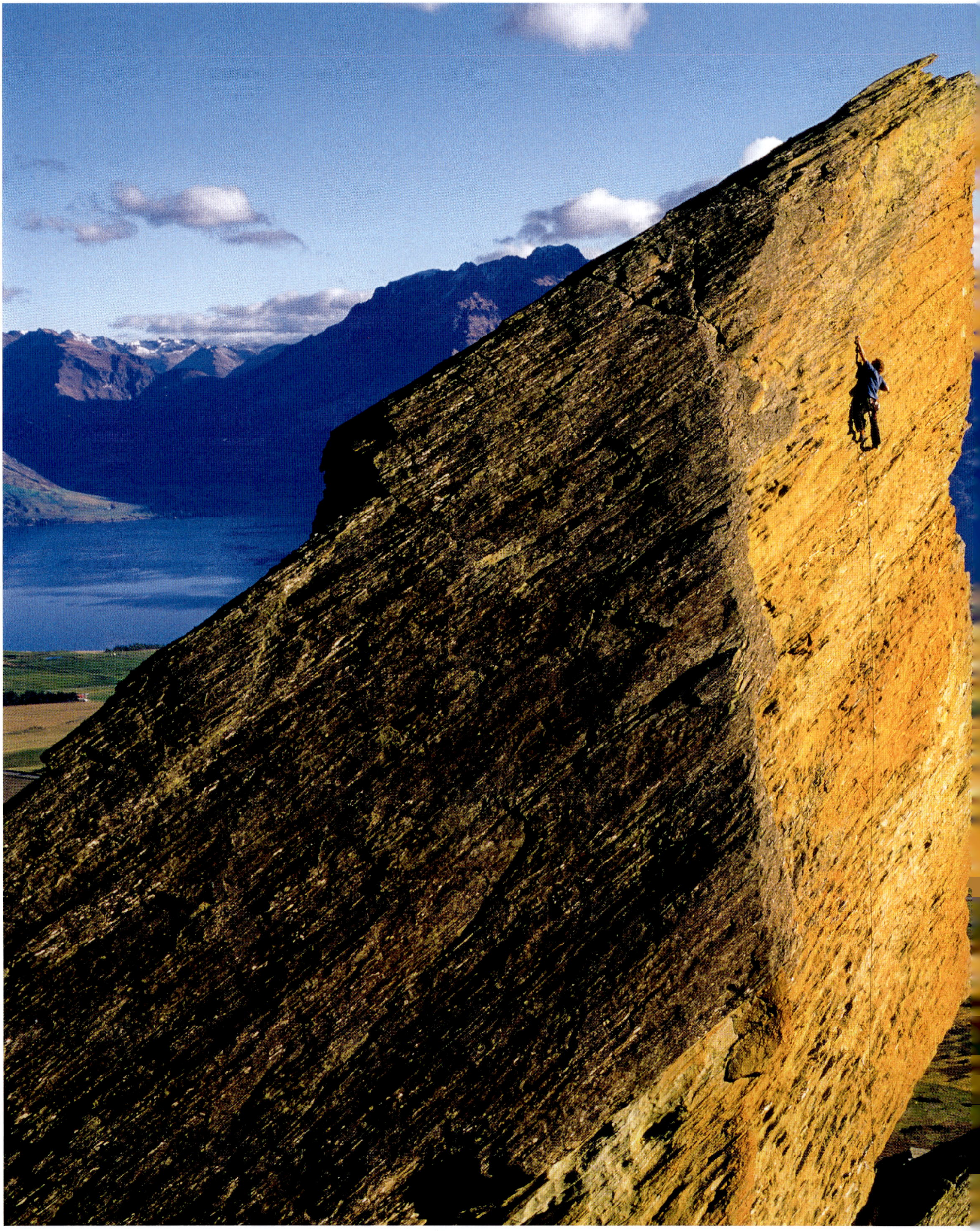

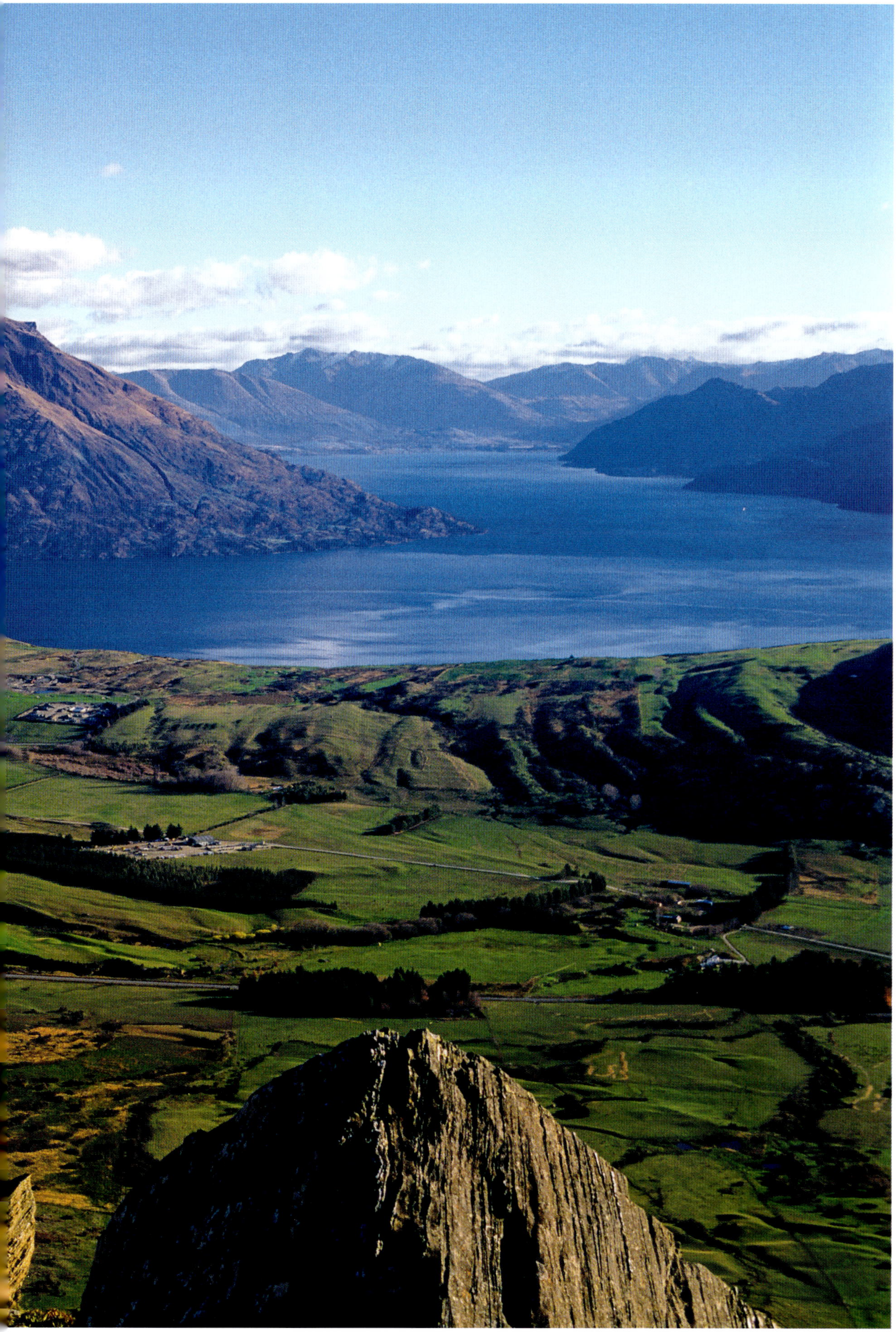

←← **Memory Lapse (20)**
The Sundial ist eine schicke Formation, versteckt hoch oben am Hang der Remarkables Range bei Queenstown (Neuseeland). Ronny Birchler klettert.

→ **Saigon Wall (7a)**
Lee Cujes klettert an einer der vielen tausend Kalksteininseln in der Halong-Bucht (Vietnam). Die meisten Karstfelsen sind zum Klettern uninteressant, doch dieser bot feinste Kletterei.

FORMATIONEN

↑   **Stolen Chimney (5.11a)**
Monique Forestier steht nach der fünften Seillänge dieser Route stolz auf dem Corkscrew Summit der Formation Ancient Art in den Fisher Towers nahe Moab, Utah (USA).

→   **The Cobra (5.11R)**
Chris Donharl bereit zum Abseilen vom Gipfel dieser einst prächtigen Formation. Leider gibt es sie nicht mehr: Ihr »Hals« brach 2014 bei einem heftigen Sturm. Auch diese Formation liegt in den Fisher Towers nahe Moab, Utah (USA).

FORMATIONEN

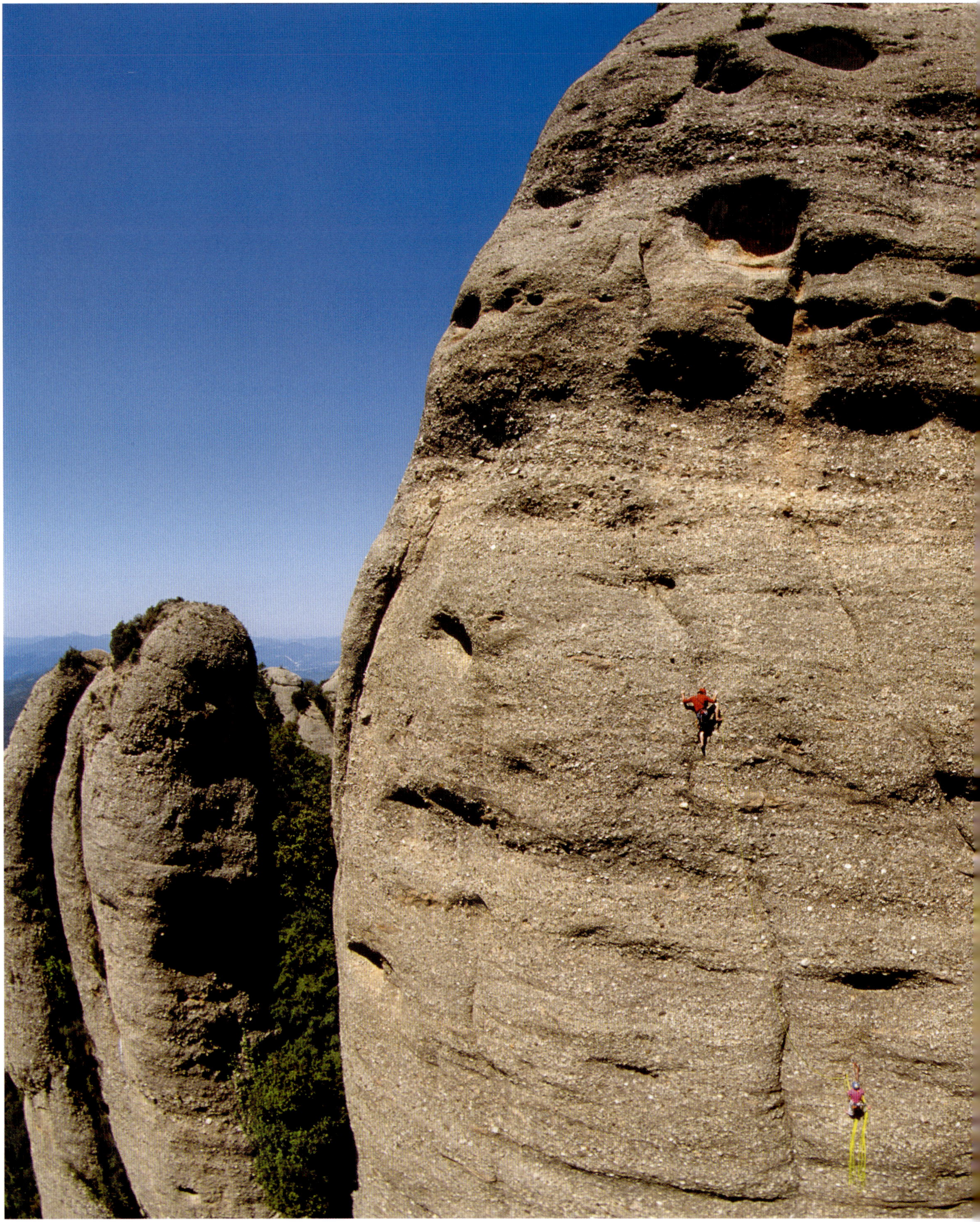

← **Baby (7a+)**
Das vorherrschende Konglomeratgestein hat im Montserrat-Massiv (Spanien) wohl für Hunderte kuriose Formationen gesorgt. Xavier Garcia steigt die zweite Seillänge dieser Vier-Seillängen-Route in der Formation Bessona Inferior im Agulles-Gebiet vor, Monique Forestier sichert.

↓ **Number Two (5.12b)**
John Durr balanciert sich in Joshua Tree, Kalifornien (USA), weit von der Straße entfernt am Lost-Pencil-Block hoch.

→ **Norte (6b)**
Acht Seillängen führen zur Spitze des El-Puro-Pfeilers in Riglos (Spanien). Simon Tappin steigt vor und Nina Leonfellner sichert.

FORMATIONEN

INTENSITÄT

von Steve McClure

Wir klettern aus vielen Gründen: die spektakuläre Aussicht, die frische Luft, die Freundschaften, die Herausforderung. Wen dieser Sport gepackt hat, für den ist es oft eine lebenslange Beziehung, die sich über die Zeit verändert und entwickelt. Vielleicht ist das das Schöne daran; die Bandbreite und Tiefe dessen, was uns anzieht. Für mich aber liegt der größte Reiz des Kletterns vorerst in seiner Intensität.

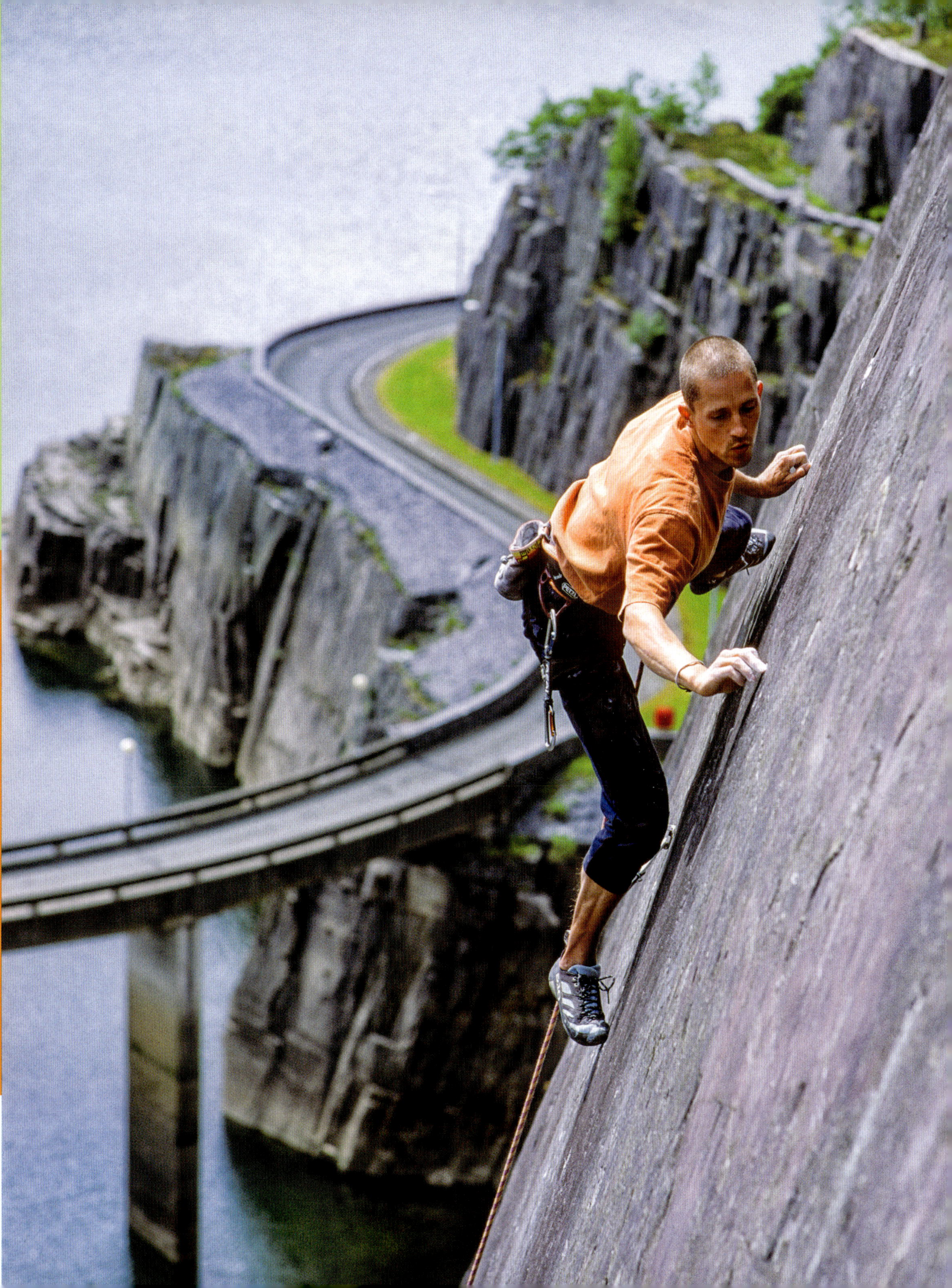

INTENSITÄT

Es gibt Menschen, die an Grenzen gehen – ihre eigenen Grenzen. Das muss nicht die Topspitze sein. In wenigen Sportarten sind die Besten der Welt Seite an Seite mit allen anderen unterwegs und erleben das Gleiche: die gleichen Emotionen, die gleichen Belohnungen. Bei mir begann die Leidenschaft für das Klettern mit der einfachen Liebe für die Natur und die Schönheit der Bewegung, auch für das Spüren der Felsstruktur, entwickelte sich aber allmählich in Richtung Performance. An die Grenzen gehen zu wollen und zu müssen sowie der Rausch, in Bestform zu sein, sind von unwichtig zu einer unheilbaren Sucht geworden: die intensive Mischung aus körperlicher Leistung, technischem Können und mentaler Stärke, die alle für sich enorme Tiefe erfordern. Es gibt nichts Besseres, als wenn am Fels alles zusammenkommt – ein Erlebnis von unglaublicher Intensität.

Der Wunsch, Leistung zu erbringen, ist eine natürliche Entwicklung. Wenn der erste Reiz der Entdeckung des Kletterns vorbei ist, zeigt sich oft das Bedürfnis, die eigenen physischen und psychischen Grenzen auszuloten. Die meisten Menschen brauchen keine besondere Leistung. Sie sind glücklich beim Klettern, ohne sich zu überfordern, und genießen es einfach, wie es ist. Aber für manche wird das Klettern anders. »Ich klettere, weil ich der Beste sein kann.« Nicht *der* Beste, sondern *dein* Bestes. Beim Klettern wachsen wir über uns hinaus, aber es ist nicht elitär. Deine Zahlen im Vergleich zu anderen sind egal – deine Spitzenleistung ist das Niveau, das dich an die Grenzen bringt. Vielleicht klettere ich, weil es das Beste in mir zum Vorschein bringt, ich härter trainiere, einen klaren Kopf behalte, gesund bleibe.

Ich bin ganz unbemerkt in den »Leistungsmodus« gerutscht. War ich gerade noch glücklich, mit Bier und Pizza die Klassiker abzuhaken, ging es auf einmal nur noch um winzige Griffe, explodierende Unterarme und Durchhalten bis zum bitteren Ende, mit vielen Stürzen, um das Klettern von Routen, die so extrem schwer sind, dass ich sie nie für möglich gehalten hätte.

Meine ersten Sportkletterjahre waren von der großen Liebe zum Peak Limestone geprägt (den Naturfelsen im Peak District in Großbritannien), der scheinbar perfekt zu mir passte: nah an meinem Zuhause, jobfreundlich, kleine Leisten, kraftvoll, technisch und voller Routen, die ich meine gesamte Kindheit lang auf den Hochglanzseiten der Magazine angestarrt hatte. Große Routen mit hohen Zahlen reihten sich in einem unvorstellbaren Entwicklungsverlauf aneinander: *Zeke* (8b), *Mekka* (8b+), *Make-it-funky* (8c), *Evolution* (8c+). Die mächtige Felswand von Raven Tor – mit einigen der schwierigsten Routen der Welt und einer hohen Dichte an Testpieces – wurde mein Basislager. Wenn es auch nicht das größte Felsmassiv ist, so stellt jede Route hohe Anforderungen. Wer in Raven Tor gut klettern kann, kann

> »Die meisten Menschen brauchen keine besondere Leistung. Sie sind glücklich beim Klettern, ohne sich zu überfordern, und genießen es einfach, wie es ist. Aber für manche wird das Klettern anders. ›Ich klettere, weil ich der Beste sein kann.‹ Nicht *der* Beste, sondern *dein* Bestes.«

←← **The Very Big and the Very Small (8c)**
Steve McClure an Griffen, die kaum kleiner sein könnten, am Rainbow Slab, Llanberis Slate Quarries (Wales).

← **Super Duper Goo (29)**
Steve McClure bei einer Onsight-Begehung an den Diamond Falls in den Blue Mountains (Australien).

INTENSITÄT

»Am Ende hing alles von den Bedingungen ab, denn diese winzigen Leisten erforderten trockene, kalte Tage – aber nicht zu kalt und nicht zu trocken! Der eigentliche Schlüssel war jedoch, im Fluss zu bleiben. Kraft und Vermögen waren einfach nicht genug.«

wahrscheinlich überall gut klettern. Als ich den großen Bogen seitwärts zum Standplatz von Jerry Moffats unglaublicher *Evolution* machte, fiel mein Blick auf den scheinbar glatten Felsen, wo die Route wirklich hätte verlaufen sollen.

Bei näherem Hinsehen ließen sich vielleicht ausreichend kletterbare Strukturen erkennen. Eigentlich war mir sofort klar, dass es möglich war, wenn auch extrem und nah am Unmöglichen. Aber dieser Hauch von Potenzial war einer der aufregendsten Momente meines Lebens. Mit den Jahren habe ich gelernt, selbst die kleinsten Anzeichen auf Erfolg – die vielen Kletterern für einen Versuch bei Weitem nicht ausreichen würden – als Möglichkeit zu erkennen, dass ich es schaffen könnte. In der Tat waren gerade die schlechten Karten der Nervenkitzel. Die Erweiterung der *Evolution* würde hart werden und wahrscheinlich Tage, Wochen, Monate oder gar Jahre dauern. Das konnte ich sofort sehen. Wäre es einfacher gewesen, hätte ich sie natürlich trotzdem gemacht. Aber das wäre nicht so besonders gewesen – weil nicht wirklich hart.

Es sollte mein erstes richtiges Projekt werden. Und ich definiere »richtig« als eines, das sich über Jahre erstreckt und Zeit zum Nachdenken, Verbessern und zur Leistungssteigerung lässt. Kein kurzfristiges Projekt, das man nach ein paar Versuchen oder auch einer Saison durchsteigt, wo man von Anfang an schon gut genug ist und sich nur vertraut machen muss oder mehr Geschick und Tempo braucht. Ein echtes Projekt wird Teil von dir und der Grund, warum du trainierst und das zweite Stück Kuchen nicht isst. Es ist da, wenn du nachts die Augen schließt oder kurz auf die Bahn wartest. Wie ich über den Zügen brütete. Bis ins kleinste Detail analysierte, wie jede Leiste genommen werden sollte oder ob vielleicht anders. Wie sich das auf den nächsten Zug auswirkte und den übernächsten … Die letzten Züge führten über Leisten so klein, dass sie sich kaum greifen ließen und kaum als Tritte durchgingen. Sie funktionierten nur, wenn der Körper richtig positioniert war, die Hüfte eingedreht, der unbelastete Fuß angedrückt, das Kinn am Fels.

Am Ende hing alles von den Bedingungen ab, denn diese winzigen Leisten erforderten trockene, kalte Tage – aber nicht zu kalt und nicht zu trocken! Der eigentliche Schlüssel war jedoch, im Fluss zu bleiben. Kraft und Vermögen waren einfach nicht genug. Der Zweitbegeher und andere, die es versucht haben, sind sich – auch wenn sie mehr Körperkraft haben als ich – einig: Diese Route ist nicht einfach durch kraftorientiertes Klettern zu schaffen. Während meiner Vorbereitungen blieb ich am Raven Tor, auch an heißen, feuchten, nebligen oder frostigen Tagen und oft nicht einmal an *meiner* Route, sondern übte das, was ich für sie brauchte. So viele Tage fühlten sich an wie vergeudete Zeit und Energie. Aber alle waren wertvoll. Und als die Gelegenheit günstig war, war ich bereit.

↗ **Mutation (9a)**
→ **Mecca (8b+)**
Steve McClure an zwei der Testpieces – darunter *Mutation*, die er eingerichtet hat – am Raven Tor im Peak District (Großbritannien).

INTENSITÄT

INTENSITÄT

»Es zeigt die Macht der Hingabe: Einen Zug zu machen, von dem man weiß, dass man nur eine einprozentige Erfolgschance hat, ist toll. Aber ihn zu machen, obwohl man gar keine Chance zu haben glaubt, und ihn trotzdem zu schaffen, ist etwas ganz Besonderes; dafür braucht man Magie.«

Meine Verliebtheit in diese Linie fand ein schönes Ende; ich nannte die Route anschließend *Mutation*. Ich erinnere mich noch gut – die Finger meiner rechten Hand beißen sich fest in die 2 mm dünne Kante, mein linker Fuß steht genau auf dem richtigen Punkt, mein rechter Fuß stützt ausgespreizt an der perfekt ausgebboulderten Stelle. Die Hüfte eingedreht und dynamisch nach oben mit präzisem Krafteinsatz; gerade so viel, um die Zuglänge zu schaffen, aber nicht so viel, dass die Fingerspitzen abreißen. Das Ziel: ein flaches Drei-Finger-Loch. Bei meiner Rotpunktbegehung war dieser letzte extreme Zug so an der Grenze, dass ich sicher bin, den Griff mit Unterstützung einer Windböe getroffen zu haben. Vor dem Zug war ich fest davon überzeugt, dass ich ihn ganz knapp nicht erreichen würde. Doch irgendwie habe ich ihn gehalten! Das zeigt die Macht der Hingabe: Einen Zug zu machen, von dem man weiß, dass man nur eine einprozentige Erfolgschance hat, ist toll. Aber ihn zu machen, obwohl man gar keine Chance zu haben glaubt, und ihn trotzdem zu schaffen, ist etwas ganz Besonderes; dafür braucht man Magie. Sich auf eine Windböe zu verlassen, wäre ein gewaltiges Wagnis und vor allem ein unglaublich glückliches Timing.

An nur wenige Momente in meinem Leben kann ich mich so detailliert erinnern. Alle zusammengenommen wären es vielleicht gerade einmal 60 Sekunden. Doch es sind diese intensiven Momente, auf die ich zurückblicke, und es sind diese Momente, in denen ich mich wirklich lebendig fühle.

↖ **Ring of Fire (8b+)**
Steve McClure bei der Erstbegehung des damals wahrscheinlich schwersten »Deep-Water-Solos«. Ein Sturz von dieser 12 m hohen Route, und der Name ergibt vielleicht mehr Sinn. Sie liegt an der Holy Grail Wall auf der Kornateninsel Mana (Kroatien).

← **Ride the Wild Surf (E4, 6a)**
Steve McClure in einem Klassiker in den Llanberis Slate Quarries (Wales).

↑ **Devil Sticks (5.12b)**
Olivia Hsu lässt am White Mountain bei Yangshuo
(China) die Muskeln spielen.

↗ **Le Voile de Maya (8c+)**
Didier Berthod gibt es sich hart in dieser Route in
Rawyl bei Sion (Schweiz).

→ **Reini's Vibos (8c)**
Cristian Brenna hat die Kraft, sich mit dieser brutalen Nummer in Massone, Arco (Italien), zu messen.

INTENSITÄT

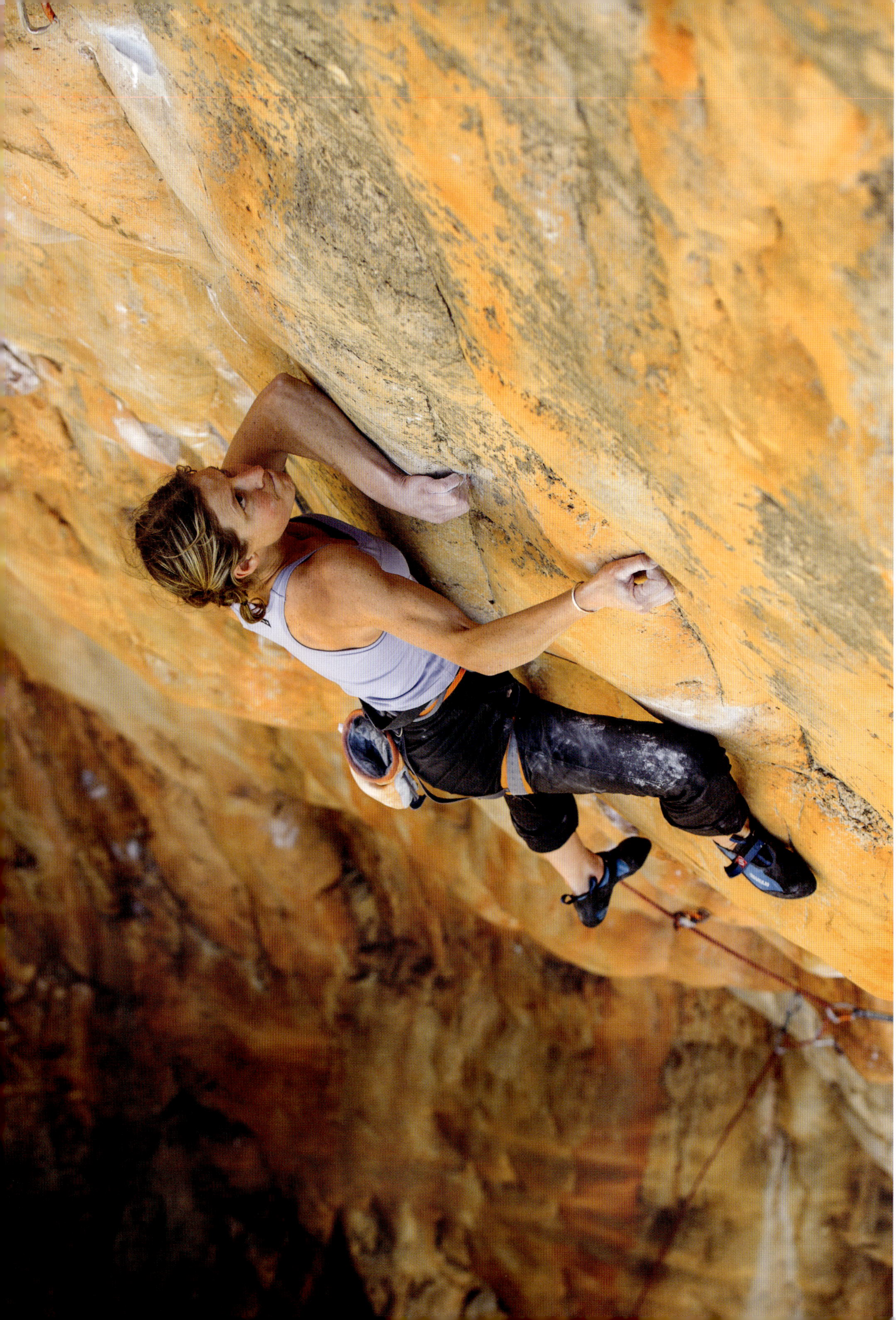

← **Punks in the Gym (32)**
Mayan Smith-Gobat findet eine ausgefallene Sequenz und löst die Crux dieses Testpieces am Mount Arapiles (Australien). Die 1985 von Wolfgang Güllich erstbegangene Route gilt weithin als die erste Konsensroute 32 (5.14a oder 8b+) der Welt.

→ **To Bolt or Not to Be (14a)**
Jasna Hodžić steuert durch die endlose Flut von Leisten am Smith Rock, Oregon (USA). Die Route wurde 1986 von Jean-Baptiste Tribout erstmals geklettert und gilt als die dritte Konsensroute 32 der Welt (5.14a oder 8b+).

INTENSITÄT

→ **A Gaze Blank and Pitiless as the Sun (30)**
Lee Cujes in seinem steilen Projekt in den Summit Caves, hoch oben auf dem Mount Tibrogargan in den Glasshouse Mountains (Australien). John J O'Brien sichert.

INTENSITÄT

↑ **Le Blond Project**
Chris Sharma versucht ein Projekt gleich rechts von
La Dura Dura mit einem Grad von vermutlich 9b+
oder 9c in Oliana (Spanien).

→ **La Dura Dura (9b+)**
Chris Sharma arbeitete fast ein Jahr an seinem
Projekt *La Dura Dura*, bis er es erstmals durchstieg.
Die Route war damals eine von nur zwei mit 9b+
(5.15c oder 38) bewerteten Routen. Die 50-m-Route
liegt in Oliana (Spanien).

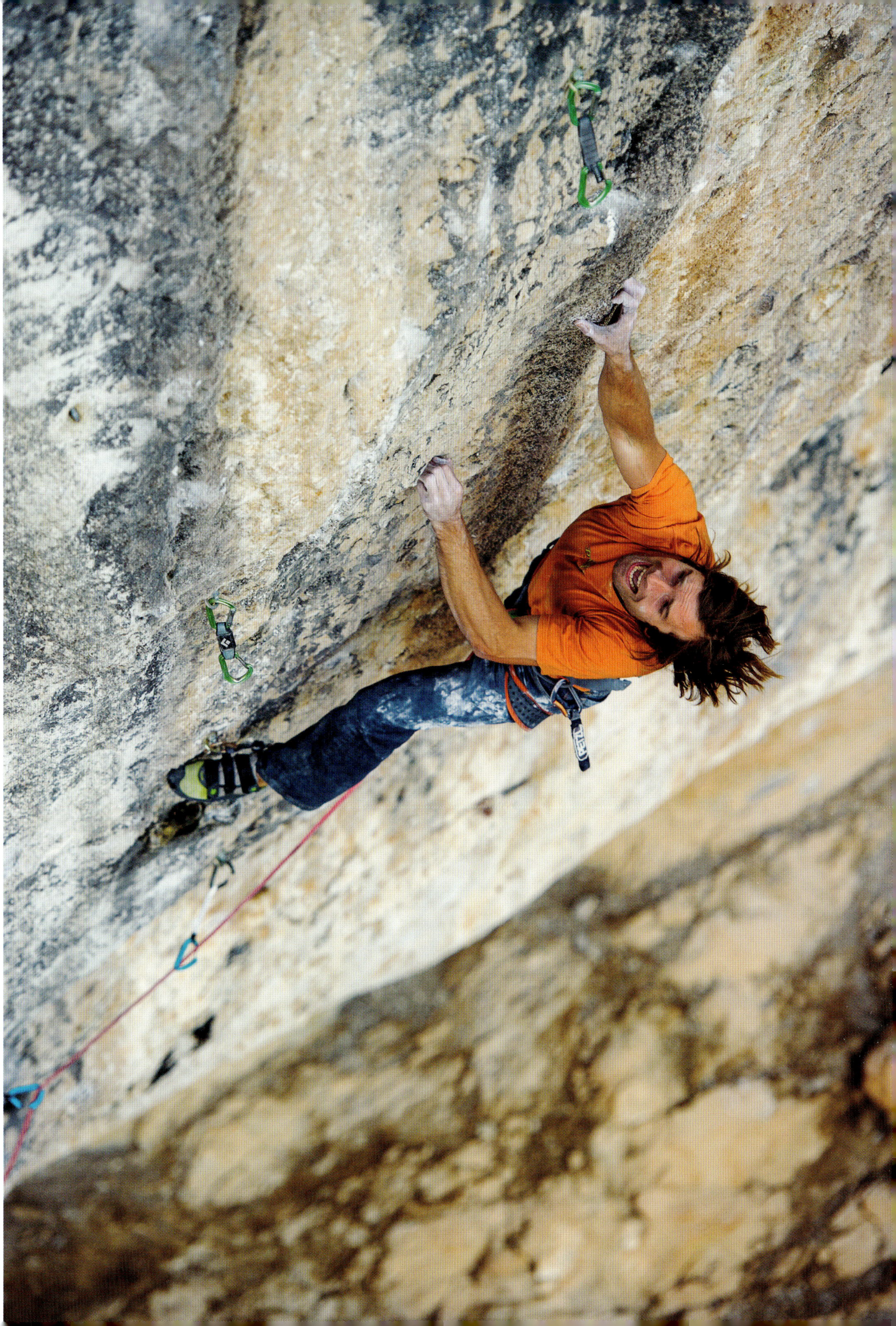

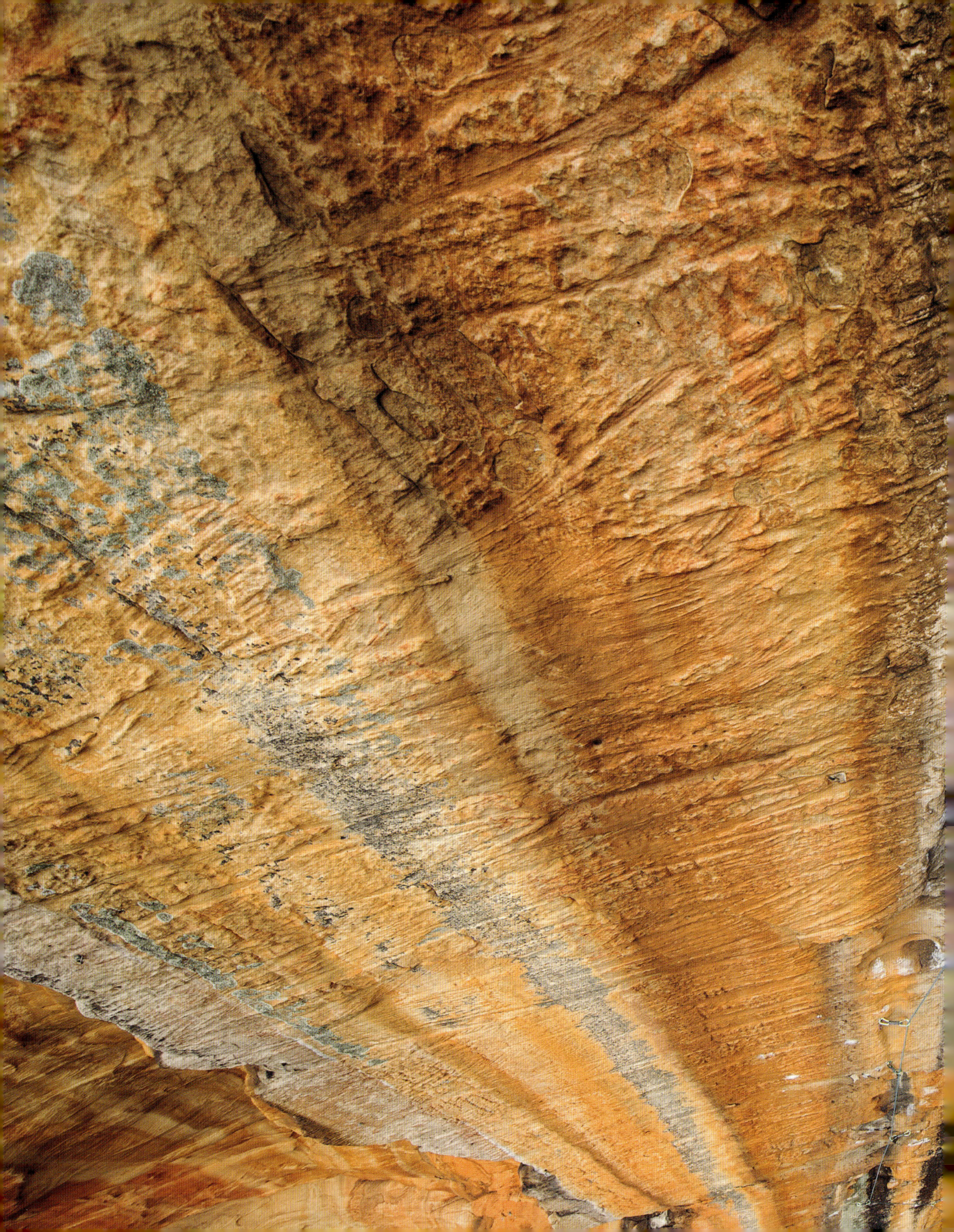

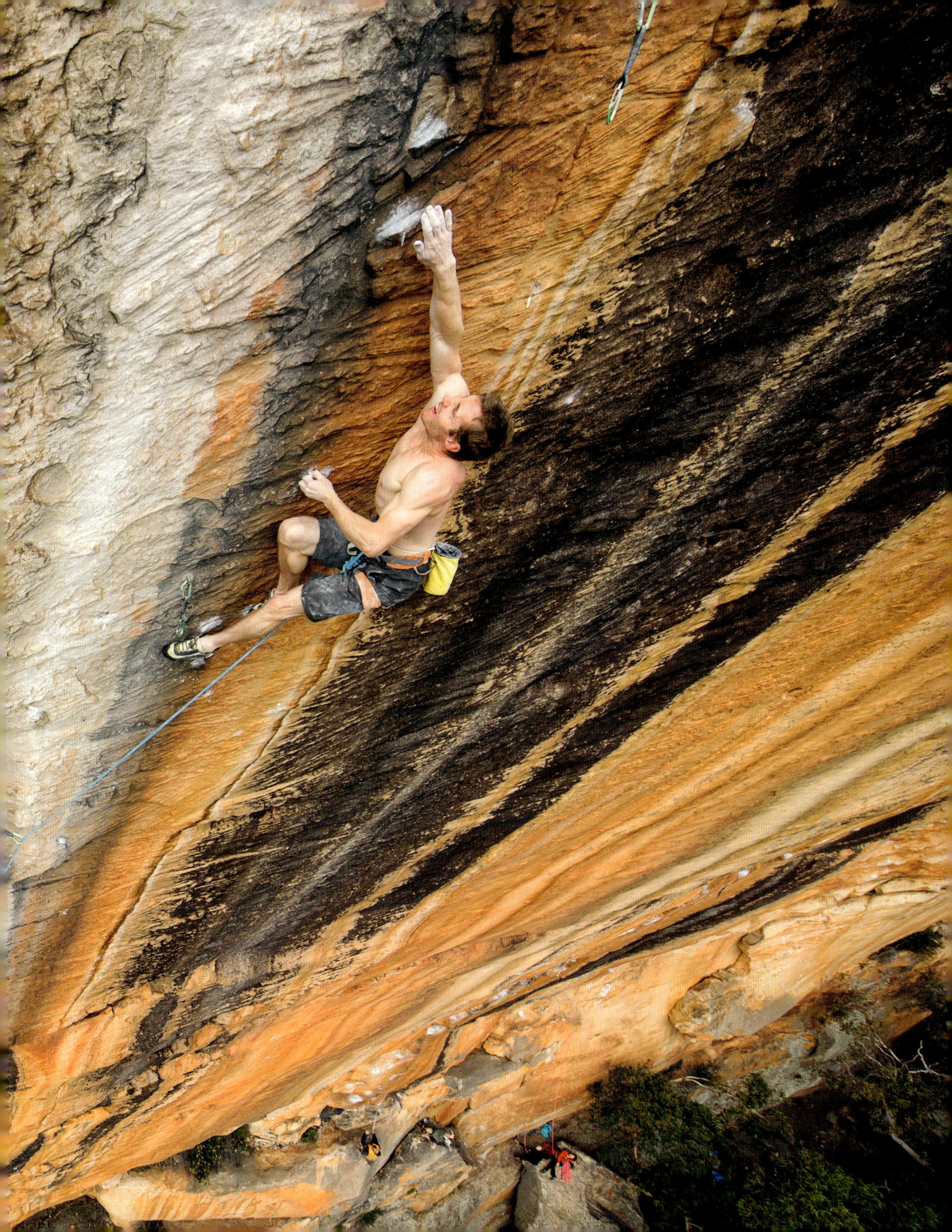

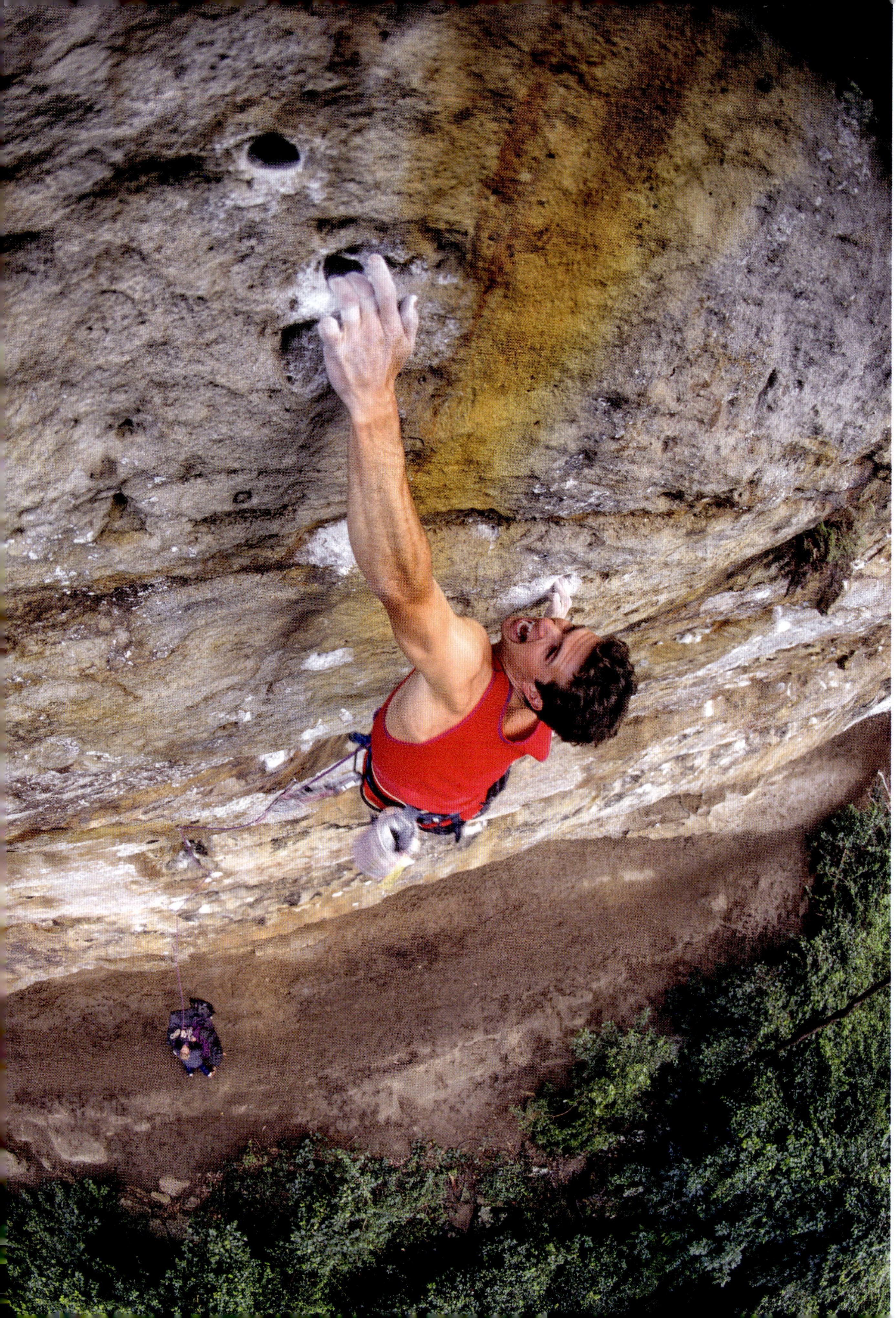

←← **Sneaky Snake (33)**
Lee Cossey kann die Crux seines 55-m-Projekts – das er im nächsten Versuch durchkletterte – an der Taipan Wall, Grampians (Australien), nicht ganz packen.

← **Hard Candy (27)**
Andrew Bull locht im steilen Sandstein von Nowra (Australien) ein.

↘ **Pleasant Screams (26)**
Sam Edwards mit wenig Griff in der Route, die er am Mount Wellington in Tasmanien (Australien) eingerichtet hat.

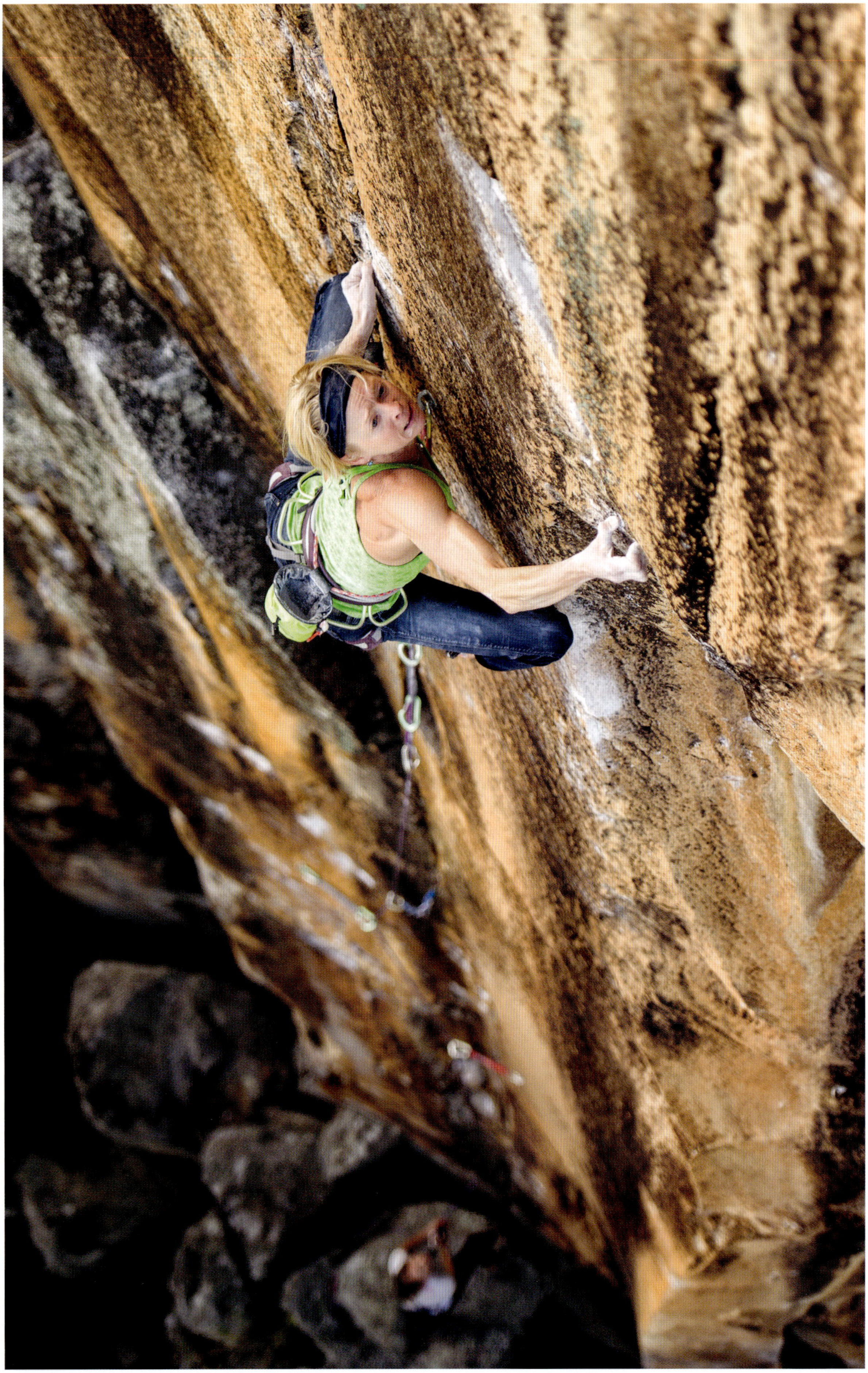

← **Whistling Kite (32)**
Monique Forestier an winzigen Leisten in diesem technischen Testpiece am Frog Buttress (Australien).

→ **Il Lungo dei Comanches (7c)**
Das Valle dell'Orco ist ein norditalienisches Clean-Climbing-Gebiet. Einige der Granitrouten sind recht lang, wie auch diese am Caporal. Didier Berthod gibt sich die zweite der sechs Seillängen der Route.

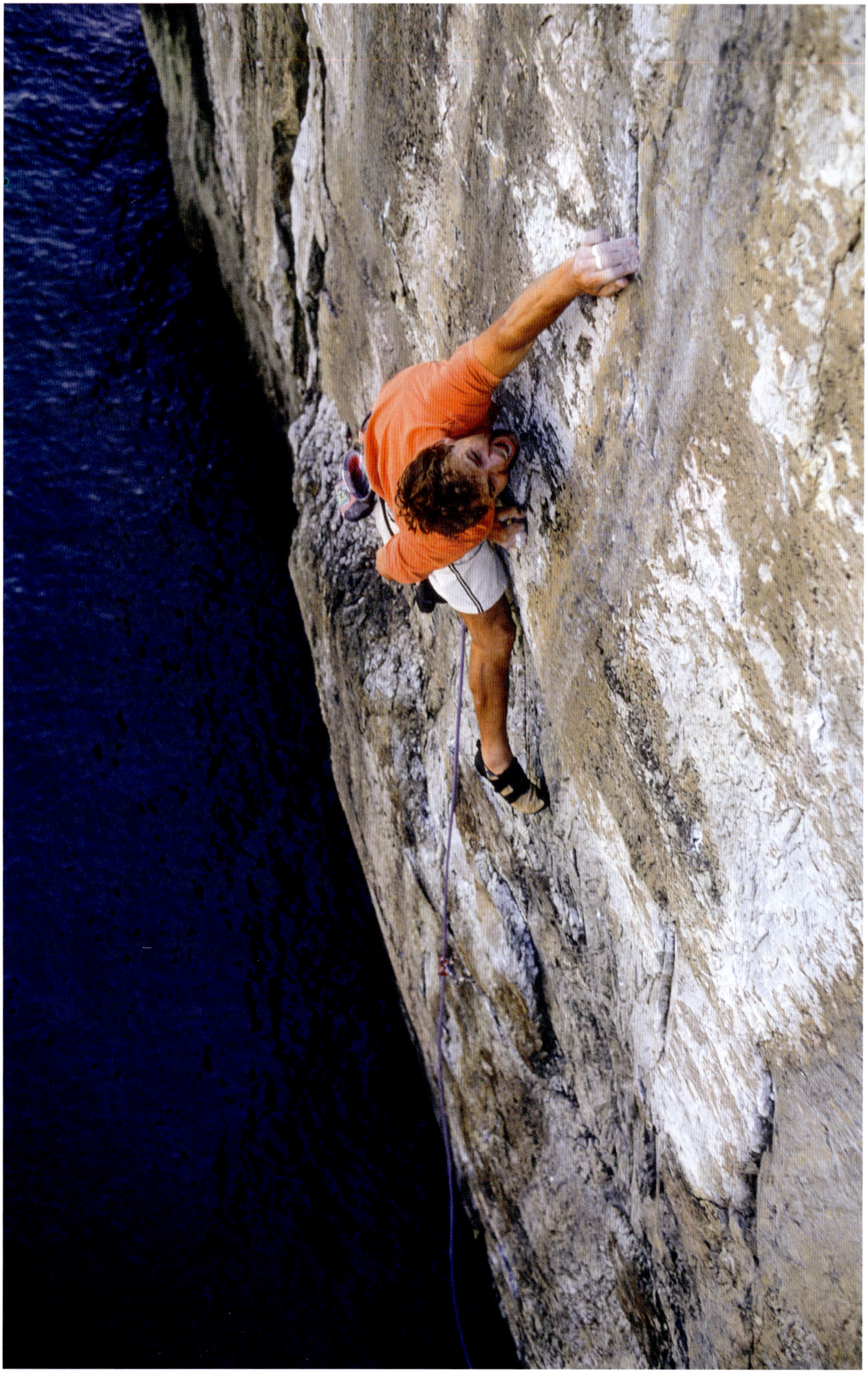

← **Living on Air (E8 6c)**
Mikey Robertson mit vollem Einsatz weit oberhalb seiner letzten und einzigen Sicherung bei der Erstbegehung dieser außergewöhnlich kühnen Route in Stennis Ford, Pembrokeshire (Wales).

→ **Wraith (E5 6a)**
Tim Emmett hoch konzentriert in einer klassischen Kletterei an den ungewöhnlichen Felsplatten von Sharpnose in Cornwall (Großbritannien).

↓ **Saturday Night Palsy (29)**
Tracey Hua gibt in einer der schwersten Routen am Mount Ninderry (Australien) alles.

UMGEBUNG

von Greg Child

Beim Klettern lassen sich die Wunder der Umgebung auf einzigartige Weise erleben. Sich in die speziellen Anforderungen einer konkreten Route zu vertiefen, ist leicht, doch es ist unmöglich, die beeindruckende Umgebung nicht wahrzunehmen. Unsere Verbindung zur Natur kann zu einer der größten Freuden beim Klettern werden.

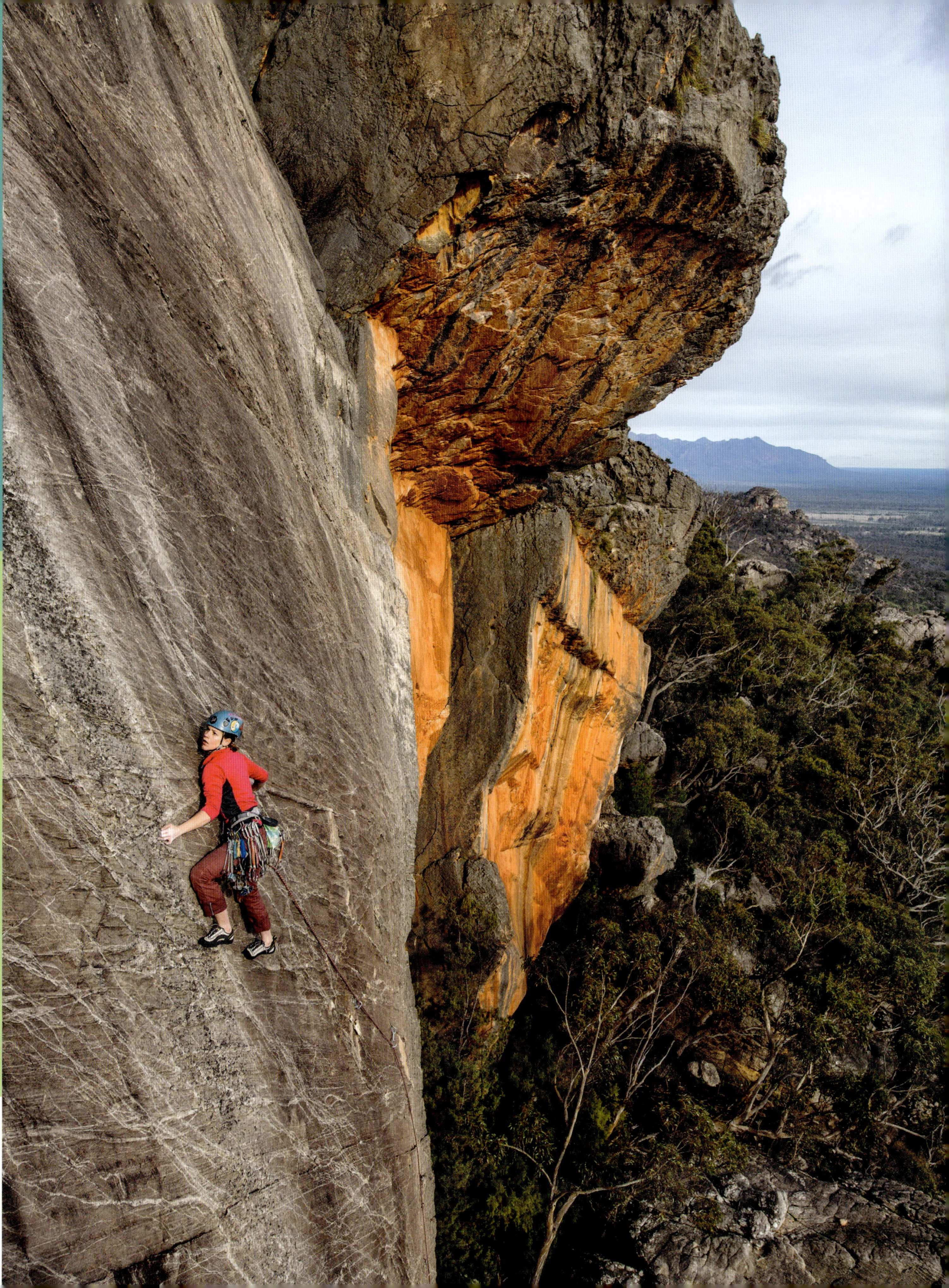

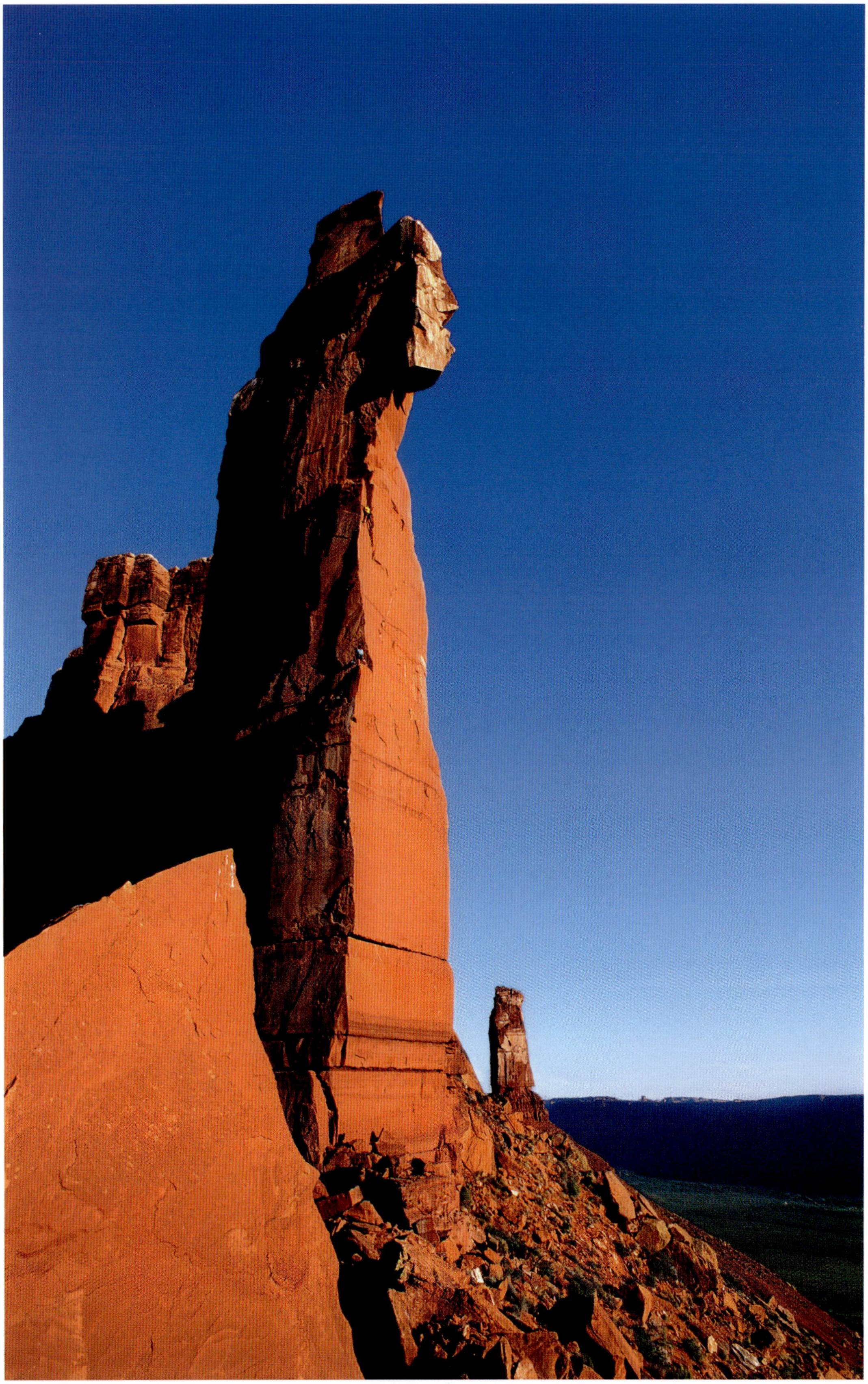

»Eines Tages stoßen wir unterhalb eines Leuchtturms auf eine Klippe, überzogen von Beton, der vor Jahrzehnten ins Meer gekippt worden ist. Wir versuchen, sie zu klettern, und kommen halbwegs hoch. Die Kletterei ist furchtbar, aber die Sonne, das Meer und die Lächerlichkeit von alldem machen es zu einem der schönsten Tage überhaupt.«

Bei Tagesanbruch im November 2006 kampierte ich an der Felswand des Roraima, einem Tafelberg in Guyana (Südamerika). Dieser 300 m hohe, schiffsähnliche Tepui liegt mitten im Regenwald, umgeben von Flüssen, die den Amazonas speisen. Lichtstrahlen ließen durch die aufgetürmten Regenwolken hindurch den harten roten Sandstein um mich herum leuchten, und mir ging durch den Kopf, wie zutiefst vertraut sich der Fels in den vergangenen Klettertagen angefühlt hatte. Mit den Augen und den Fingerspitzen nahm ich die australische Grampians Range und die Felsen rund um Kapstadt in Südafrika wahr – beides Orte mit besonderer Bedeutung für meine Kletterseele. Plötzlich wurde mir klar: Dieses Déjà-vu-Gefühl war der Beweis dafür, dass der Fels, an dem ich hing, vor Jahrmillionen mit Australien und Afrika eine gemeinsame Landmasse gebildet hatte. Die Vorstellung von Pangäa hatte immer einen Beigeschmack Tolkien'scher Fantasie: Die Theorie der Plattentektonik und ihre Darstellung des Auseinanderdriftens riesiger Landmassen hatten auf mich wie Fabeln aus Mittelerde gewirkt. Doch da war er, ein weiterer Aha-Moment, den mir das Klettern schenkte – die Erinnerung daran, dass ich nicht mehr als ein Sandkorn im großen Ganzen bin.

Apropos Sand: Nostalgisch denke ich an 1980 zurück, als ich mit dem australischen Kletterer Mikl Law auf seiner Ducati in den Küstenvororten von Sydney unterwegs war. Die Seile und Ausrüstung auf das Motorrad geschnallt, sind wir auf der Suche nach neuen Kletterrouten im salzigen Sandstein der städtischen Wildnis. Erinnerungen an die Zeit kehren zurück. Am Übergang vom Land zum Meer steige ich in eine Route ein, als der aufgewühlte Ozean uns mit tonnenweise Wasser übergießt. Ich klammere mich an den nassen Fels, während Mikl sich auf die Felsplattform hinaufzieht. Das Seil zwischen uns ist straff – es hat verhindert, dass er ins Meer gespült wird. Weitere Klettererinnerungen: fliegende Golfbälle über unseren Köpfen unterhalb eines Übungsplatzes; das Knurren verwilderter Katzen, die sich neben einem alten Autochassis sonnen, das wie eine schmelzende Dalí-Uhr in den Fels hineinrostet; eine Kanone aus einem längst vergangenen Krieg auf halber Höhe an einem Betonbunker. Eines Tages stoßen wir unterhalb eines Leuchtturms auf eine Klippe, überzogen von Beton, der vor Jahrzehnten ins Meer gekippt worden ist. Wir versuchen, sie zu klettern, und kommen halbwegs hoch. Die Kletterei ist furchtbar, aber die Sonne, das Meer und die Lächerlichkeit von alldem machen es zu einem der schönsten Tage überhaupt.

Die Umgebung spielt in vielen dieser Erinnerungen eine große Rolle und macht Routen so lebendig, dass ich sie an den Fingern regelrecht spüre. Die Route *Excommunication* habe ich erstbegangen.

←← **Twentieth Century Fox (20)**
Nach dem Riss kann Catherine de Vaus die Platte und die Szenerie in dieser klassischen 50-m-Seillänge am Mount Fox, Grampians (Australien), genießen.

← **Excommunication (5.13a)**
Greg Child wird von Renee Globis in der zweiten Seillänge der von ihm eingerichteten Route in der treffend benannten »Priest«-Formation oberhalb des Castle Valley nahe Moab, Utah (USA), gesichert. Die Seillängen: 5.12b, 5.12a, 5.13a, 5.11b, 5.10d.

UMGEBUNG

»Als ich 2002 unter der Nordwand von The Priest stand, glitzerte das Sonnenlicht auf einer weißen Blende aus verkalktem Stein und machte eine gewellte Oberfläche sichtbar, die an Griffe erinnerten. Hatte ich eine Route gefunden, die andere übersehen hatten? Es war Spekulation, aber ich trug meine Ausrüstung hinauf und begann mit einer langen Kletterpartie, bei der ich Bohrhaken anbrachte und den neuen Weg erkundete. Einen Monat oder mehr lebte und träumte ich diese Route.«

↗ **Excommunication**
Greg Child steigt die erste Seillänge (5.12b) seiner Route an The Priest, Castle Valley nahe Moab, Utah (USA), vor.

→ Greg Child interagiert mit der Umwelt in der Nähe seines Hauses in Castle Valley, Utah (USA).

→→ **The Prozac Years (25)**
Greg Child in der Schlüsselstelle der zweiten von drei Seillängen einer Route, die er in Shipley Lower in den Blue Mountains (Australien) eingerichtet hat.

Sie schlängelt sich in der Wüste von Utah einen Turm namens »The Priest« hinauf, der oberhalb von Castle Valley, wo ich wohne, am Ende eines zackigen Gebirgskamms aus Tafelbergen und Türmen steht. Es ist das »Land der roten Felsen«, wo Wind und Wasser fantastische Canyons und Türme formen. The Priest ist eine sonderbare, menschenartige Formation. Immer, wenn ich auf sie zugehe, scheint sie sich über mich zu beugen wie ein hutzeliger Lehrer, der mich tadelt. The Priest wurde erstmals 1961 von Layton Kor, Harvey Carter und Annie Carter über einen breiten Riss begangen, den sie »Honeymoon Chimney« nannten. Als ich 2002 unter der Nordwand von The Priest stand, glitzerte das Sonnenlicht auf einer weißen Blende aus verkalktem Stein und machte eine gewellte Oberfläche sichtbar, die an Griffe erinnerten. Hatte ich eine Route gefunden, die andere übersehen hatten? Es war Spekulation, aber ich trug meine Ausrüstung hinauf und begann mit einer langen Kletterpartie, bei der ich Bohrhaken anbrachte und den neuen Weg erkundete. Einen Monat oder mehr lebte und träumte ich diese Route.

In der Wüste ist das meiste Gestein weich. Kletterer in dieser Region nennen diesen bröckeligen, dreckigen Sandstein »choss«. »Choss«-Spezialisten können sich die Bezeichnung »Wüstenratte« verdienen. *Excommunication* war jedoch ganz anders: Die Route bot fünf Seillängen komplizierter Wandkletterei – eine davon in 5.13 – in festem Fels. Aber ich bin nicht gut darin, eine Route Zug für Zug zu beschreiben. Mein Gehirn ist so verdrahtet, dass ich meine Zeit an The Priest mit anderen Bildern schildern kann. Ich habe Blitze in den Gipfel einschlagen und Kletterer auf dem Gipfel im Elmsfeuer gesehen, als es um sie herum elektrisiert knisterte. Ich höre das Geräusch einer Klapperschlange, die wohl immer noch am Wandfuß lebt und, klein zusammengerollt, laut mit ihrem Schwanz rasselt. Raben schießen wie schwarze Meteore in den Luftströmungen um die Felsen herum. Und wenn es an einem heißen Sommerabend dunkel wird und die Stechmücken auftauchen, um sich an uns zu laben, spüre ich samtene Flügel auf meiner Haut, wenn die Fledermäuse heranfliegen, um die Mücken zu fressen.

All das erinnert mich daran, dass wir glückliche Passagiere sind. Auf unserer Reise können wir kurz anhalten und Orte besuchen, die noch wild und frei sind.

UMGEBUNG

↑ **Anxiety Neurosis (26)**
Mount Arapiles ist eine Oase inmitten des ansonsten flachen Ackerlands der Region Wimmera im westlichen Victoria (Australien). Hier steigt Gareth Llewellin die zweite Seillänge (24) dieses Arapiles-Klassikers vor, gesichert von Monique Forestier.

→ **Flaming Hornets (5.12c)**
Yangshuo (China) ist eine unglaublich zerklüftete Region mit nicht enden wollendem Kalkkarst. David Gliddon bei der Erstbegehung seiner Route am Riverside-Massiv, direkt am Li-Fluss.

UMGEBUNG

→ **Checkpoint Charlie (21)**
Inversionswetterlagen sind in den Blue Mountains häufig, halten sich aber morgens meist nicht lang. John Smoothy ist für diese Route nahe Katoomba (Australien) früh aufgestanden.

UMGEBUNG

↑ **Phyllis Diller (M 10)**
Fantastische Eiszapfenformationen als Kulisse für Will Gadd in einer schwierigen Mixed-Route (Fels und Eis) an der Stanley Headwall (Kanada).

→ **Louise Falls (WI 4)**
Lake Louise ist ein großartiges Sommerklettergebiet, der Wasserfall bietet sich gefroren auch im Winter an. Abby Watkins anfangs der dritten und letzten Seillänge einer der beliebtesten Eisklettereien in den Rocky Mountains (Kanada).

→→ **Louise Falls (WI 4)**
Eric Dumerac löst Eis in der dritten Seillänge des Rocky-Mountains-Klassikers.

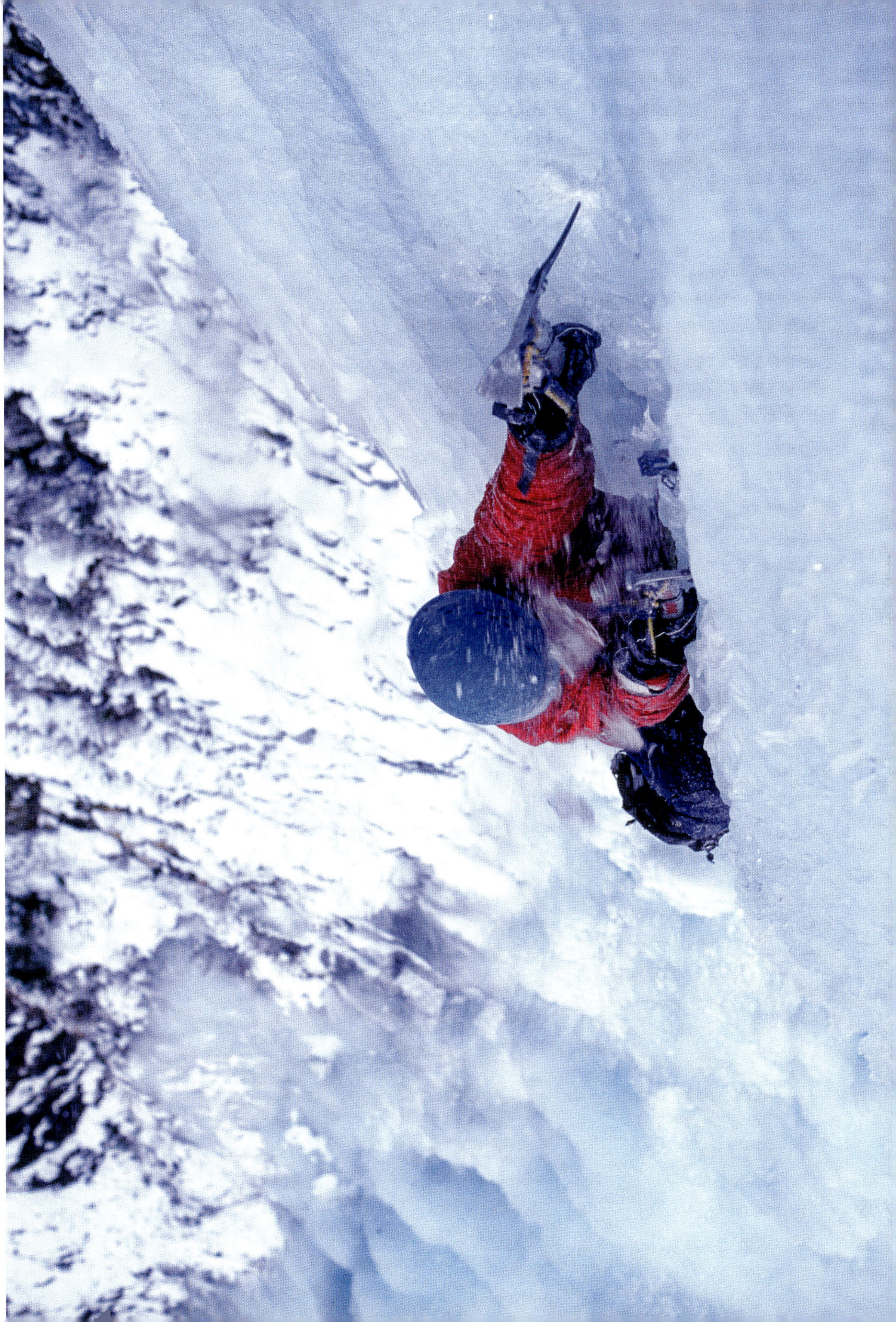

UMGEBUNG

← **Nine Deep, One Shallow (5.13d)**
Regen hat den Smog weggewaschen und gibt eine Landschaft frei, in der Bauern die fruchtbare Ebene bewirtschaften und Kletterer am steilen Kalkstein spielen – bei Yangshuo (China). Monique Forestier klettert an der Banyan Tree Crag.

UMGEBUNG

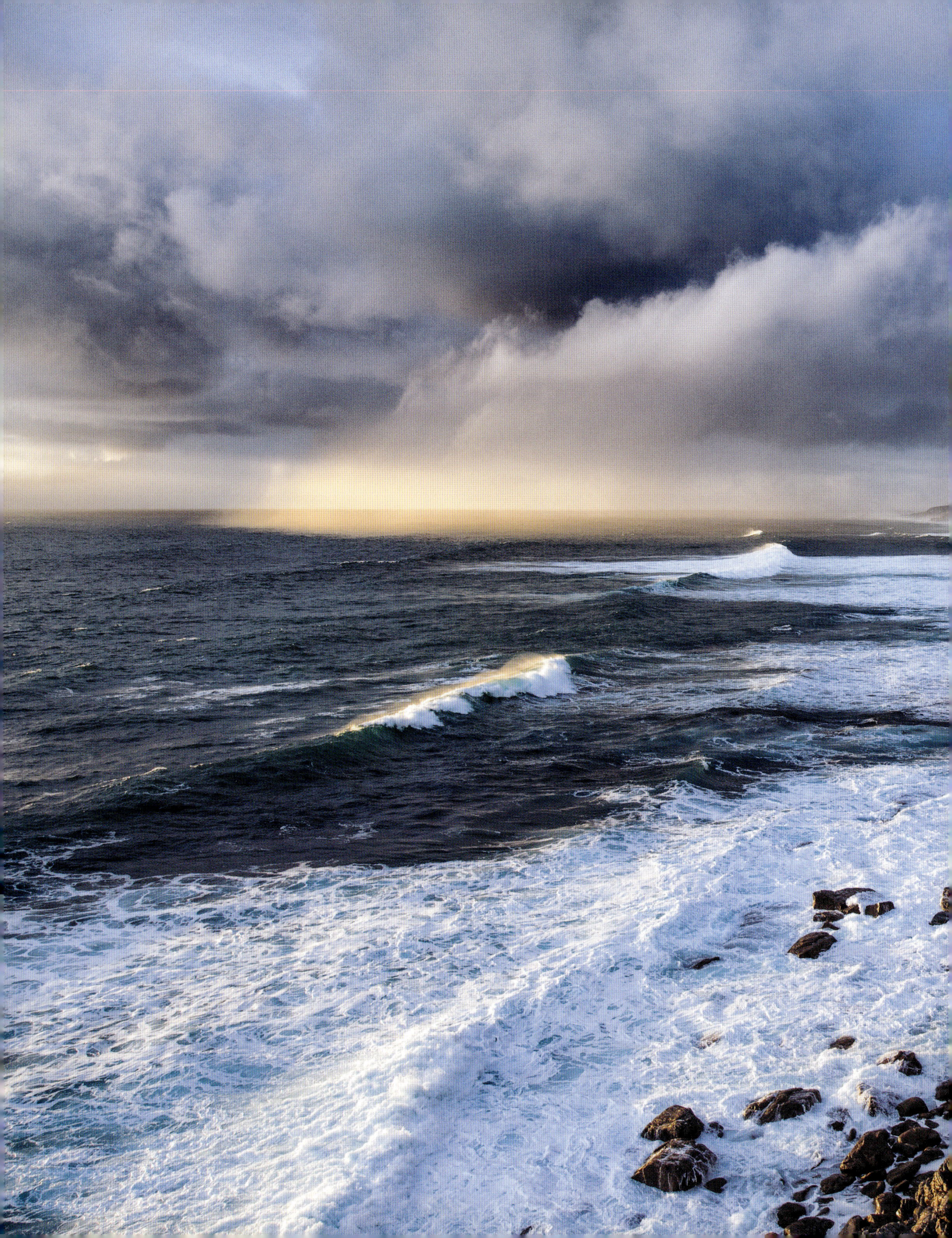

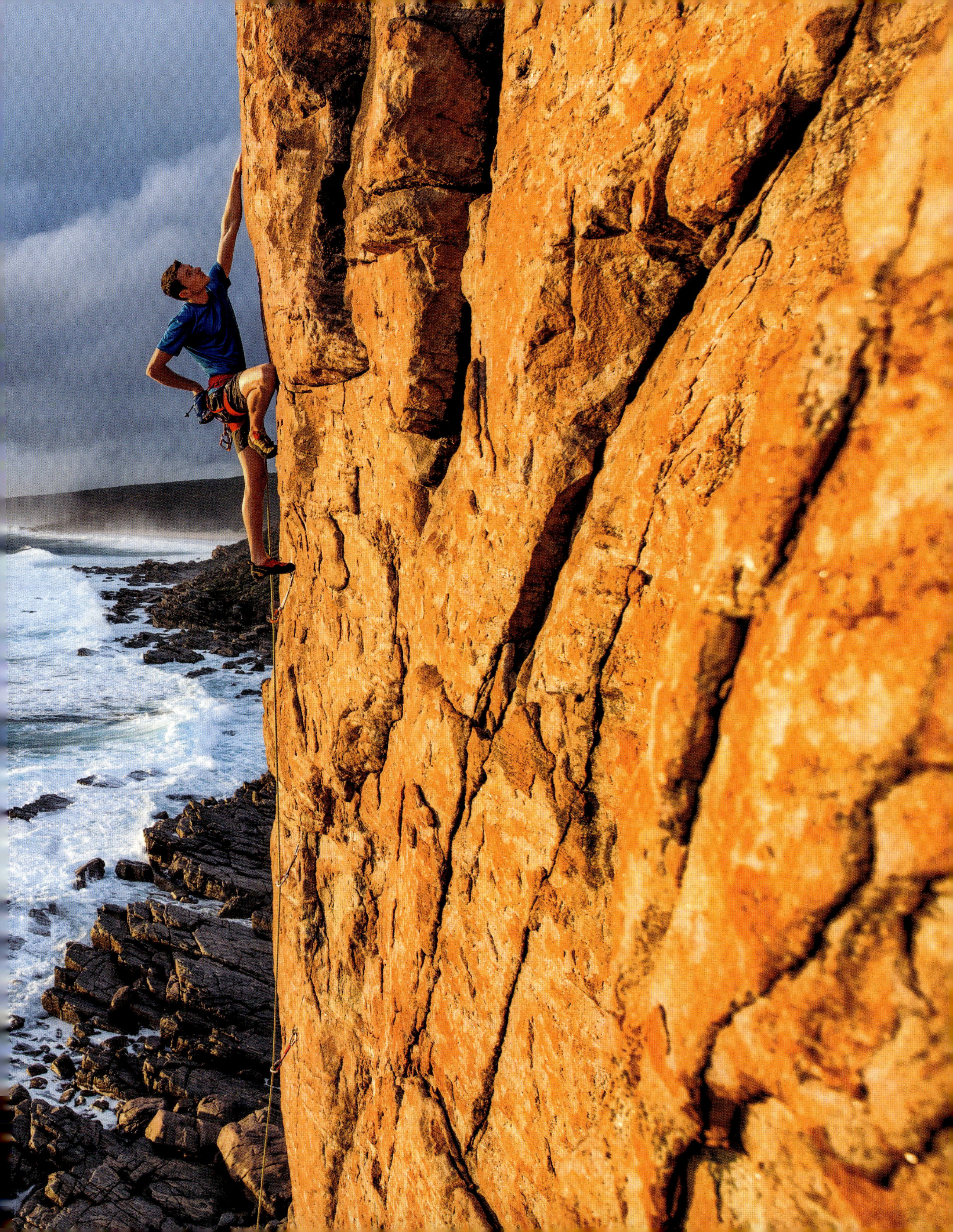

←← **Dessert (25)**
Jack Masel sucht sich eine Regenpause für eine Runde spät am Tag in Wilyabrup, Margaret River (Australien).

↓ **Secret of Beehive (V5)**
Hidetaka Suzuki klettert sein Highball-Boulderproblem in den Buttermilk Boulders bei Bishop, Kalifornien (USA).

→ **Propellerhead (7c)**
Jvan Tresch lässt sich von etwas Schnee nicht von einer Bouldersession am Sustenpass (Schweiz) abhalten.

UMGEBUNG

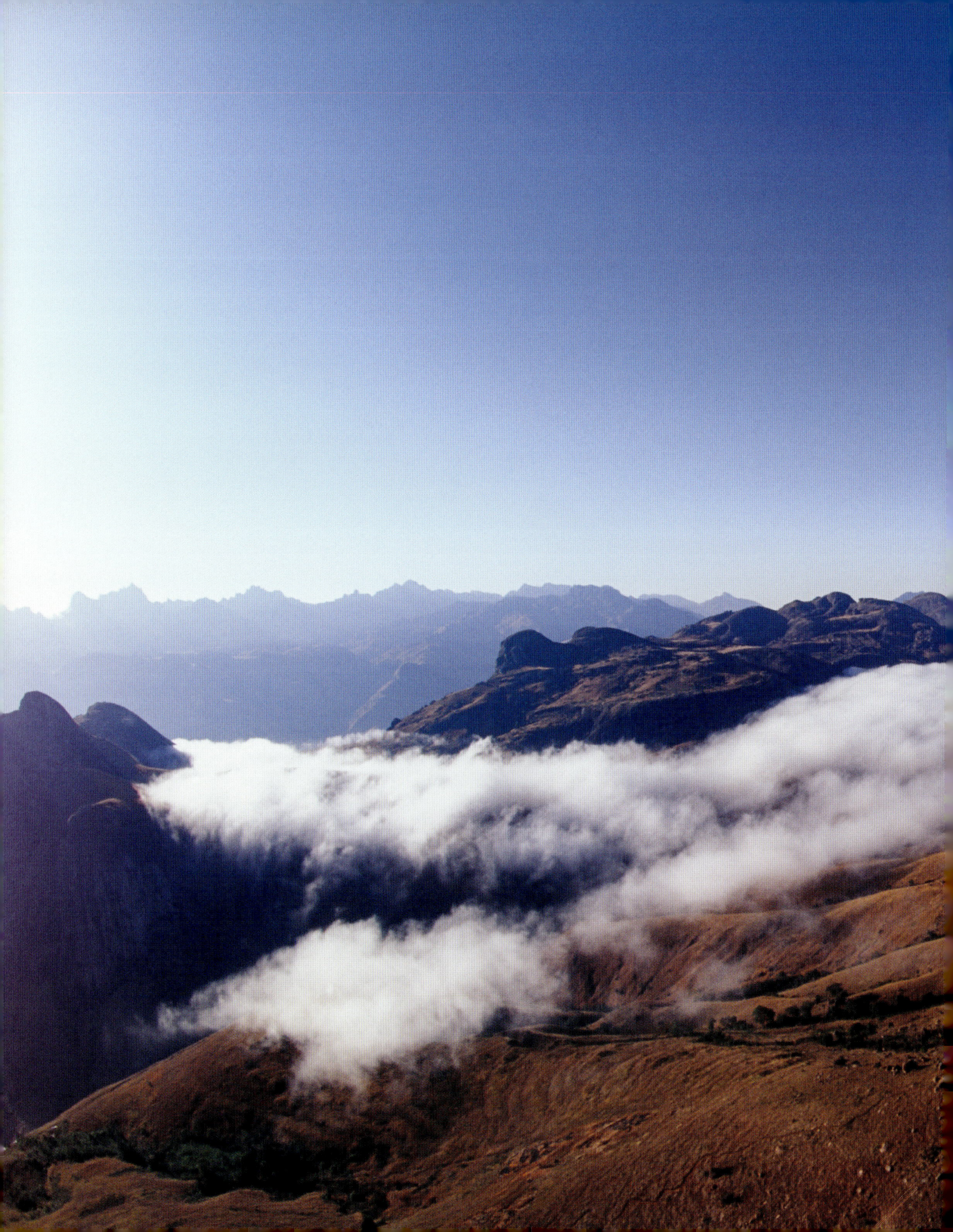

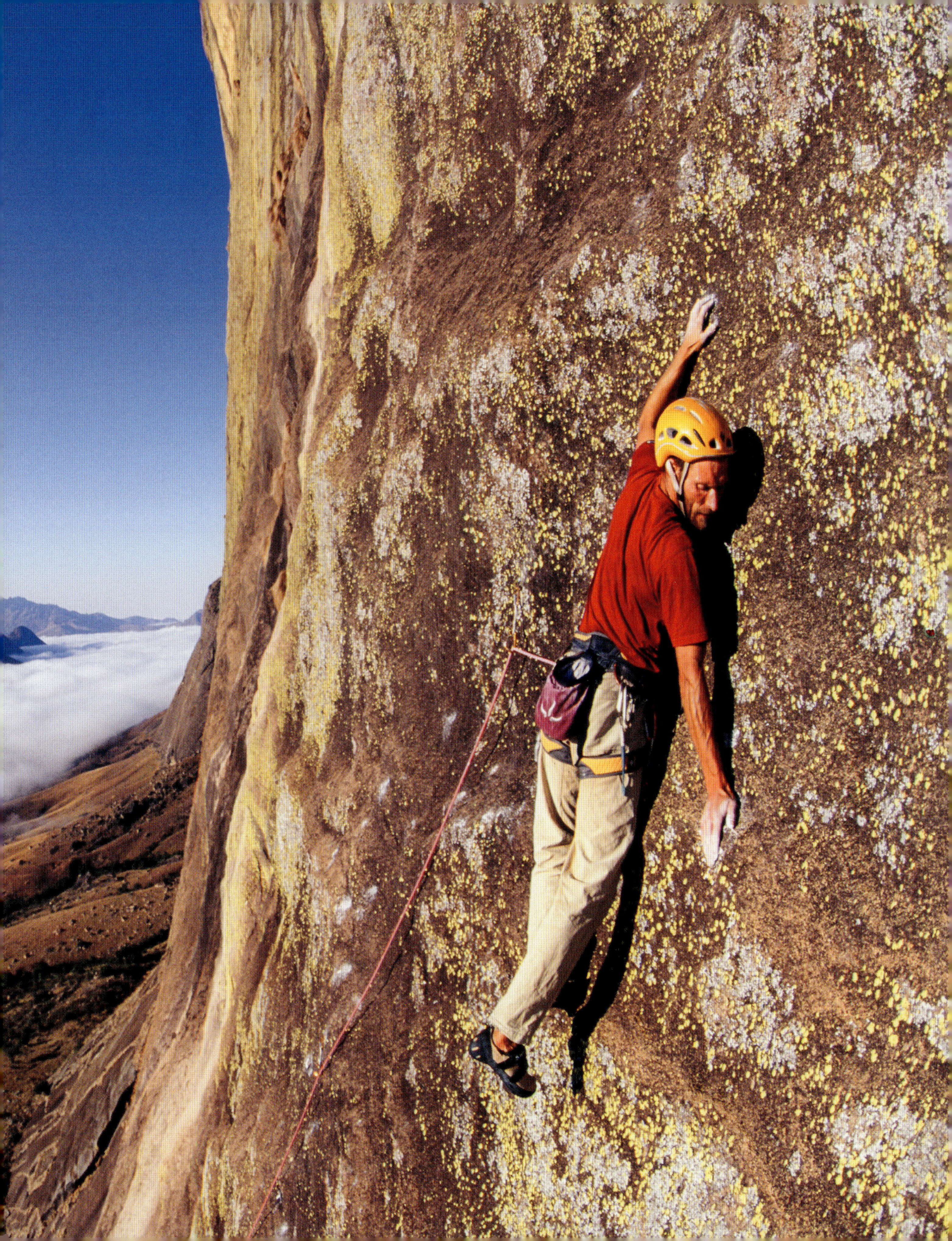

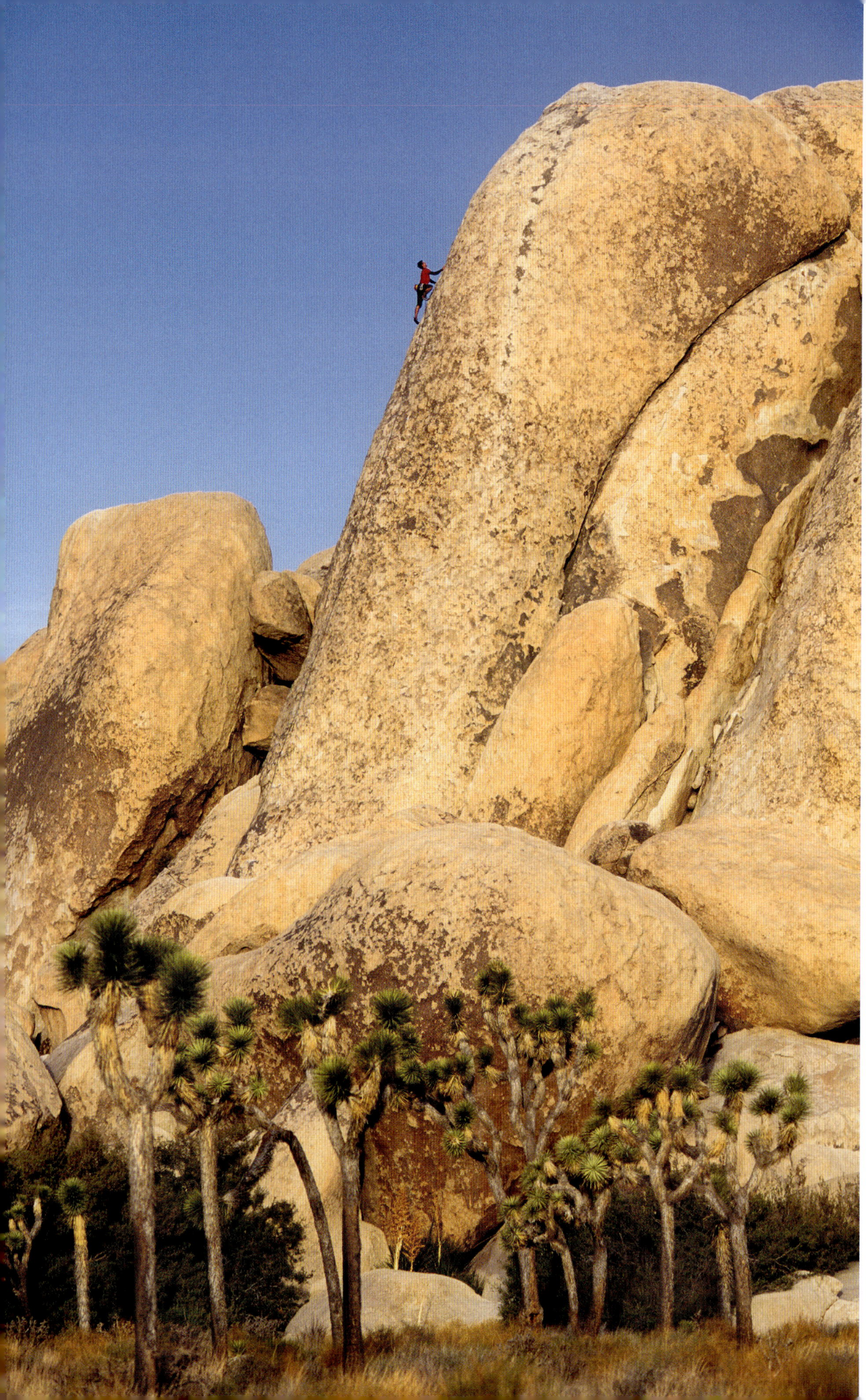

←← **Manara-Potsiny (8a)**
Toni Lamprecht frühmorgens in der achten Seillänge der 600 m langen Route, die er am Tsaranoro Be mit eingerichtet hat, einem der gewaltigen Granitdome des Tsaranoro-Massivs (Madagaskar).

← **Loose Lady (5.9)**
Doug Acorn am plattigen Houser Buttress in Joshua Tree, Kalifornien (USA).

↑ **Figures on a Landscape (5.10b)**
Greg Loniewski im Nachstieg, gesichert von Kate Rutherford, in der ersten Seillänge des Klassikers am North Astro Dome in Joshua Tree, Kalifornien (USA).

UMGEBUNG

← **Make it Snappy**
Monique Forestier beim Versuch der dritten von fünf Seillängen eines scheinbar aufgegebenen Projekts auf der Insel Berhala vor Borneo (Malaysia). Die ersten drei Seillängen sind 6c, 7b+, 7c, der Schwierigkeitsgrad der letzten beiden ist unbekannt.

↓ **Tafo Masina (8a)**
Fred Moix in einem kurzen, kniffligen Dach auf Nosy Anjombalova, einer der zwölf Inseln des Nosy-Hara-Archipels vor der Nordküste Madagaskars. Die von Korallenriffen umgebenen Inseln gehören zu einem bedeutenden Meeresschutzgebiet.

→ **Jesus Built My Hotrod (27)**
Bruce Dowrick klettert am Felsen Little Babylon im malerischen Cleddau Valley in der Nähe des Milford Sound (Neuseeland, Südinsel).

↘ **Contact Neurosis (29)**
Matt Evrard am Chasm Crag, Cleddau Valley in der Nähe des Milford Sound (Neuseeland, Südinsel).

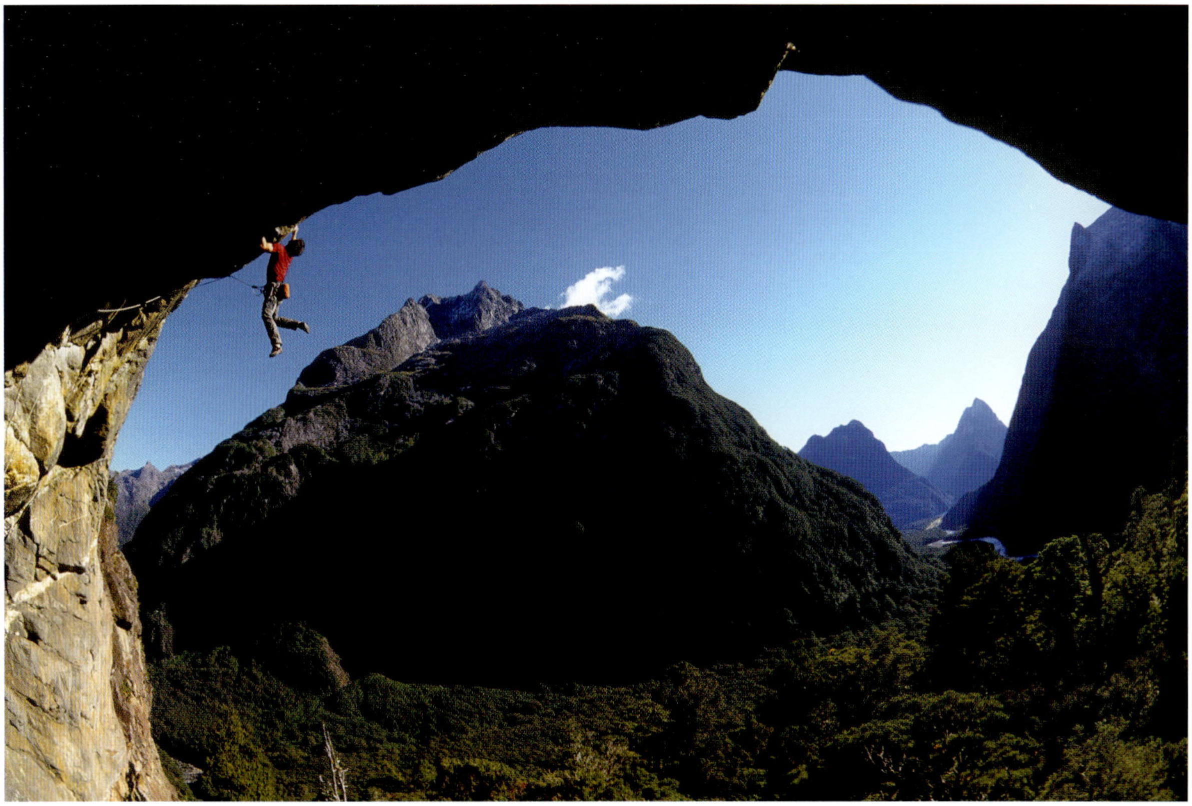

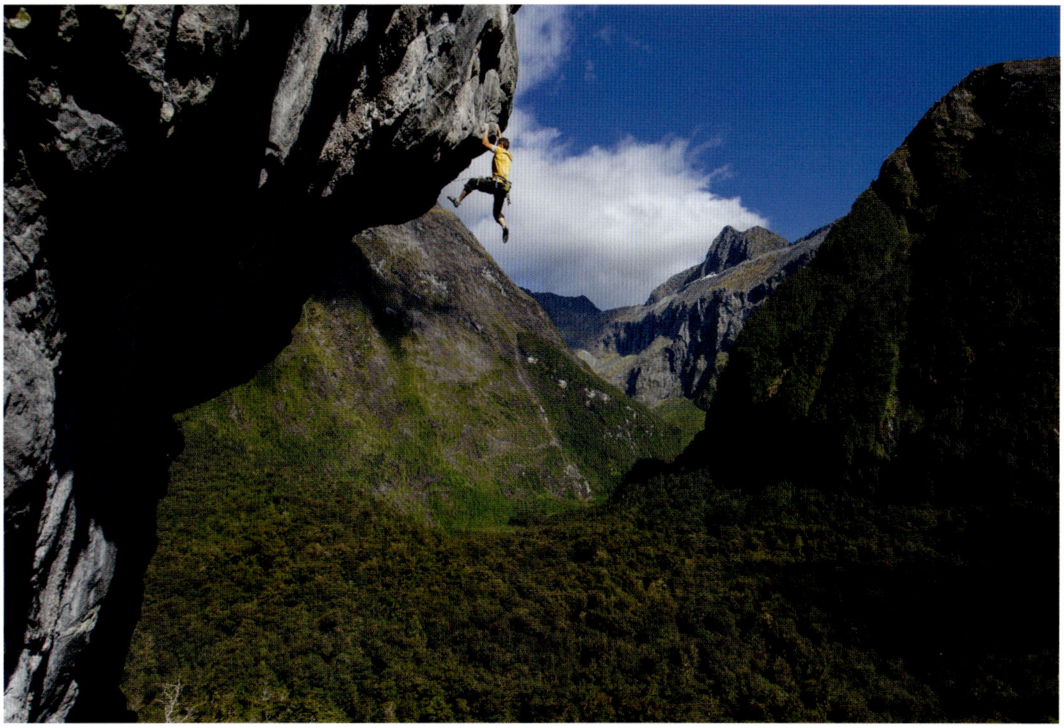

↑ **Zasle Casy**
Die Adersbach-Weckelsdorfer Felsenstadt (Tschechien) ist ein historisches Klettergebiet mit Hunderten Felsnadeln und -türmen. Um den weichen Sandstein nicht zu schädigen, hat sich eine einzigartige Kletterethik – mit kühnem Kletterstil – entwickelt, zum Beispiel sind Sicherungen aus Metall verboten. Miras Mach steigt eine Route des tschechischen Grades VIIIa vor (etwa 6b+).

→ **Per Elisa (6b+)**
Klemen Kejžar im Vorstieg einer Sportroute in Cinque Torri in den Dolomiten (Italien).

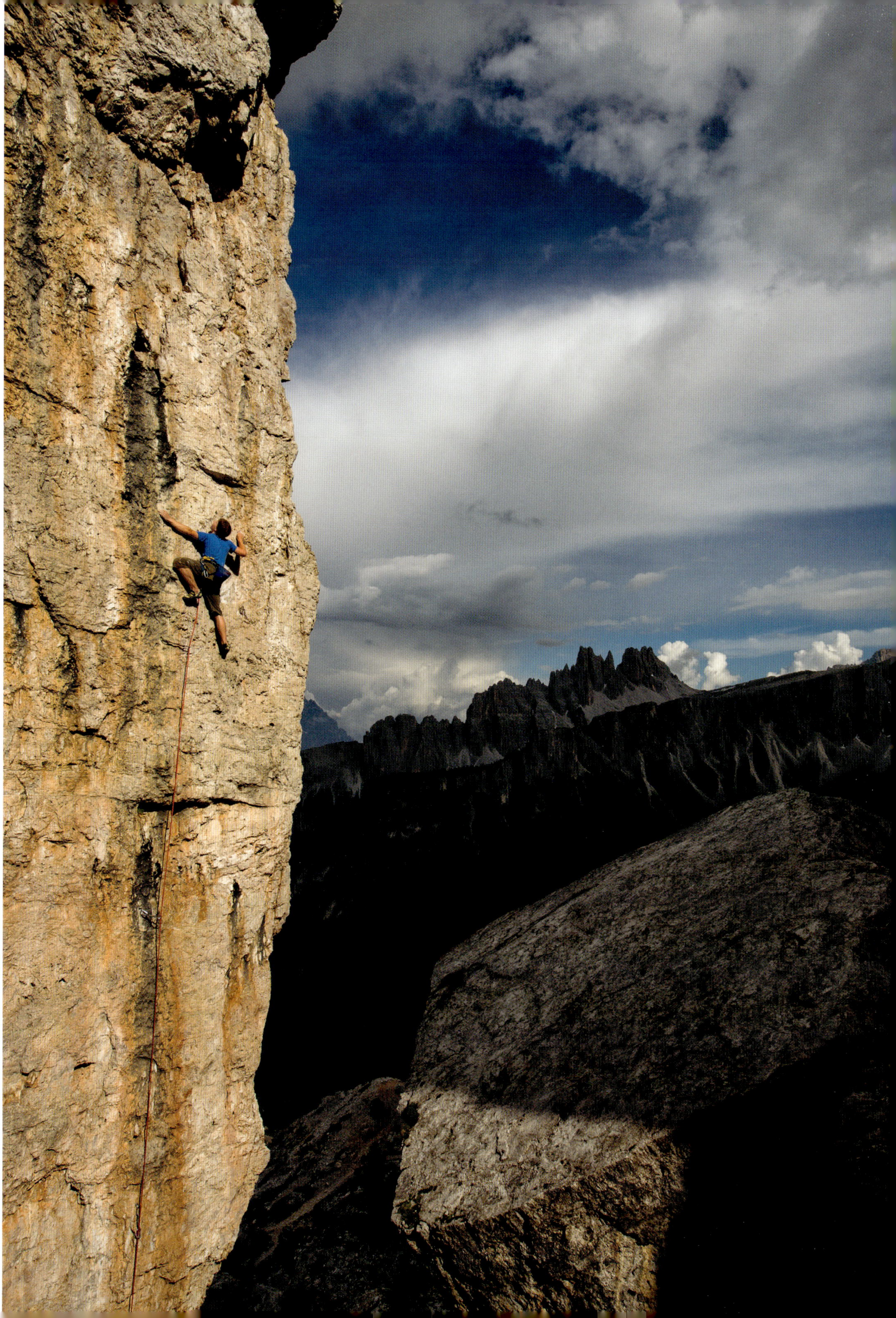

LINIEN

von Alison Osius

Starke Linien bieten fesselnde Kletterei. Diese Routen folgen Rissen, Verschneidungen, Dykes (plattigen Gesteinskörpern) oder einfach einem bunten Felsband. Fasziniert von einer bestimmten Linie, muss man sich beim Klettern mit den Gegebenheiten arrangieren. Routen mit starken, schönen Linien können zur Aufgabe, gar zur Obsession werden.

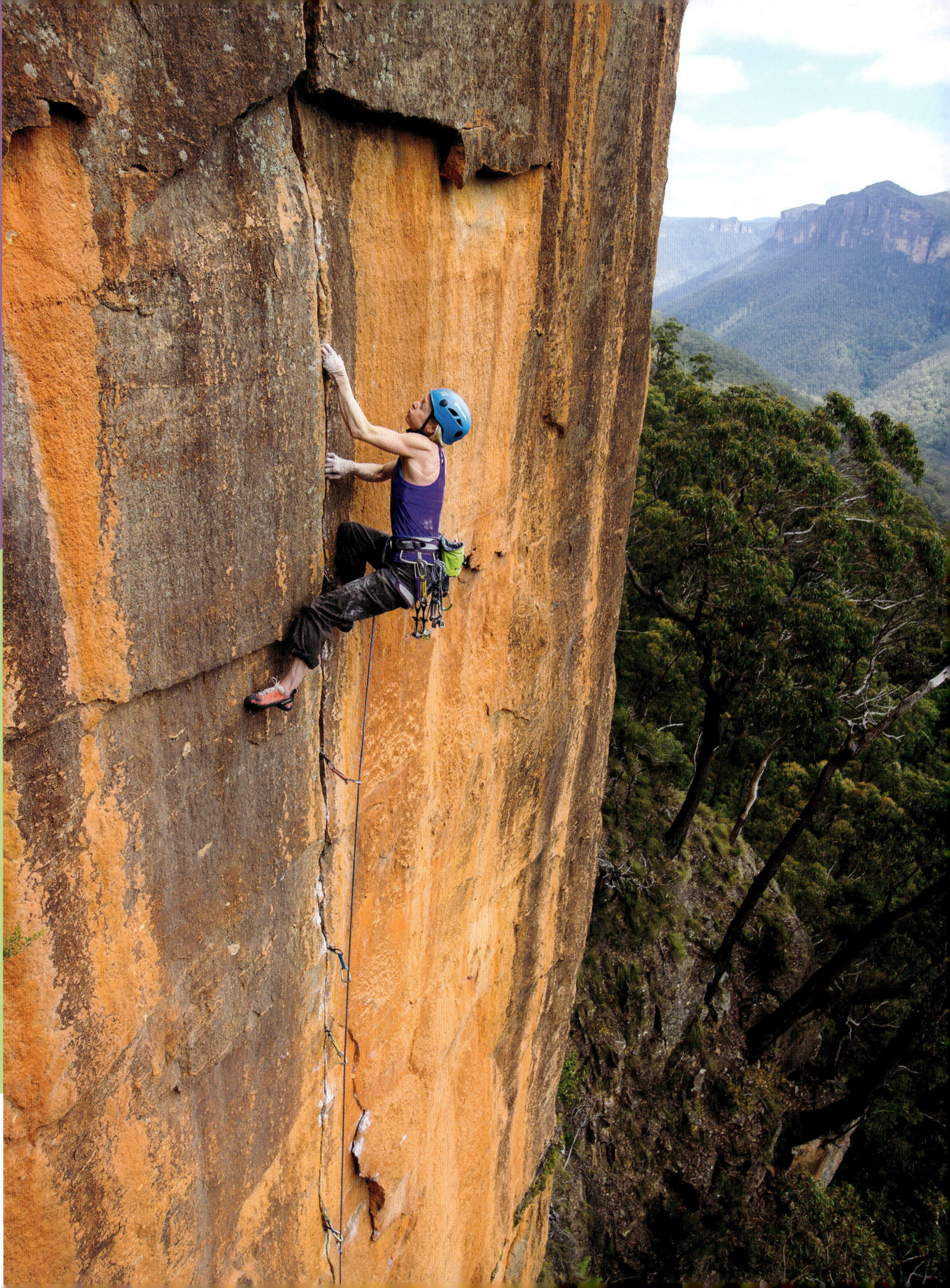

Die beste Linie, die ich je gesehen habe, war *Cenotaph Corner* an Dinas Cromlech. Die 37 m hohe Wand hoch oben am steilen LlanberisPass in Nordwales besteht aus perfekten Verschneidungen. *Cenotaph Corner* ist die augenfälligste Route und von der Passstraße aus gut sichtbar. Als bekannteste Route in Großbritannien war sie wohl die beste Besteigung von Joe Brown – so berühmt, dass er einmal einen einfach an »The Human Fly, Llanberis, North Wales« adressierten Brief erhielt. Die Route ist berühmt für ihre Symmetrie, ihre dominierende Lage, ihre Geschichte. So, wie man sich an große nationale Ereignisse erinnert, erinnern sich Kletterer an die Begehung von *The Corner*.

Meine Zeit in der Route war ein wichtiges Kapitel für mich. Das Klettern wurde fester Bestandteil meines Lebens, als eine sommerliche Stippvisite in Wales einen weiteren Aufenthalt im Jahr darauf, nach meinem Studienabschluss, nach sich zog. Aus »vielleicht zwei Monaten« Klettern wurden vier oder fünf, gefolgt von »nur noch einer« Saison als Guide – und drei weiteren Sommern. Aus der Berufung wurde ein Beruf, und von 1988 bis 2022 arbeitete ich als Redakteurin bei verschiedenen Klettermagazinen.

Ich bin *Cenotaph Corner* zweimal geklettert. Es zeigte meine Wertschätzung für den Sport, dieser markanten Linie zu folgen – in die Fußstapfen des Erstbegehers Joe Brown zu treten und im Regisseur Tony Scott einen Gleichgesinnten zu finden, mit dem, bei Erwähnung der Route, ein nettes Gespräch plötzlich Tiefe bekam.

Bei seinem ersten Versuch an *The Corner* 1948 war Joe Brown 18 Jahre alt und kletterte erst seit ein paar Jahren. Er und seine Freunde sicherten sich mit Steinen, die sie in Risse klemmten (er brachte dafür kleine Steine in seiner Sturmhaube mit hinauf) und um die sie Schlingen aus Schnur legten. Nach und nach verwendete Joe die Muttern von Bahngleisen. Unbeeindruckt davon, dass sich die besten Kletterer des Landes nicht an die Route gewagt hatten oder dass es Winter war, nahm Joe beim ersten Versuch fünf Haken und einen Maurerhammer mit. Er passierte die erste schwierige Stelle bei 6 m und schaffte bei etwa 30 m einen kniffligen Zug in eine Nische hinein. Der Ausstieg aus der Nische ist die Schlüsselstelle der Route. Als er einen Haken setzen wollte, ließ er den Hammer fallen, der seinen Sicherer Wilf White am Kopf traf. Joe hangelte sich eilig am Seil hinunter und fand seinen Freund verwirrt, aber bei Bewusstsein vor. Wilf drängte ihn wieder nach oben. Joe versuchte es, hatte aber keine Haken (und kein Glück) mehr.

Im August 1952 kehrte er mit Doug Belshaw zurück. Joe schrieb später in seinen Memoiren *The Hard Years*: »Der Einstieg in die Nische bei 100 Fuß war absolut packend – viel schwieriger, als ich es in Erinnerung hatte ... Der Ausstiegsriss ging nach oben weg.« Er versuchte

»Meine Zeit in der Route war ein wichtiges Kapitel für mich. Das Klettern wurde fester Bestandteil meines Lebens, als eine sommerliche Stippvisite in Wales einen weiteren Aufenthalt im Jahr darauf, nach meinem Studienabschluss, nach sich zog.«

←← **ORANGE JAM (27)**
Monique Forestier legt im Vorstieg mobile Sicherungen an einem begehrten Zwei-Seillängen-Riss in Perrys Lookdown in den Blue Mountains (Australien).

↗ **Wacky Tabacci (19)**
Neil Monteith in dieser breiten Linie an The Cathedral am Stadtrand von Sydney (Australien).

→ **Smoked Bananas (17)**
Der Säulenfels des Frog Buttress, Queensland, hat viele makellose Linien, die das beste Rissklettergebiet Australiens ausmachen. Hier klettert Ross Ferguson.

LINIEN

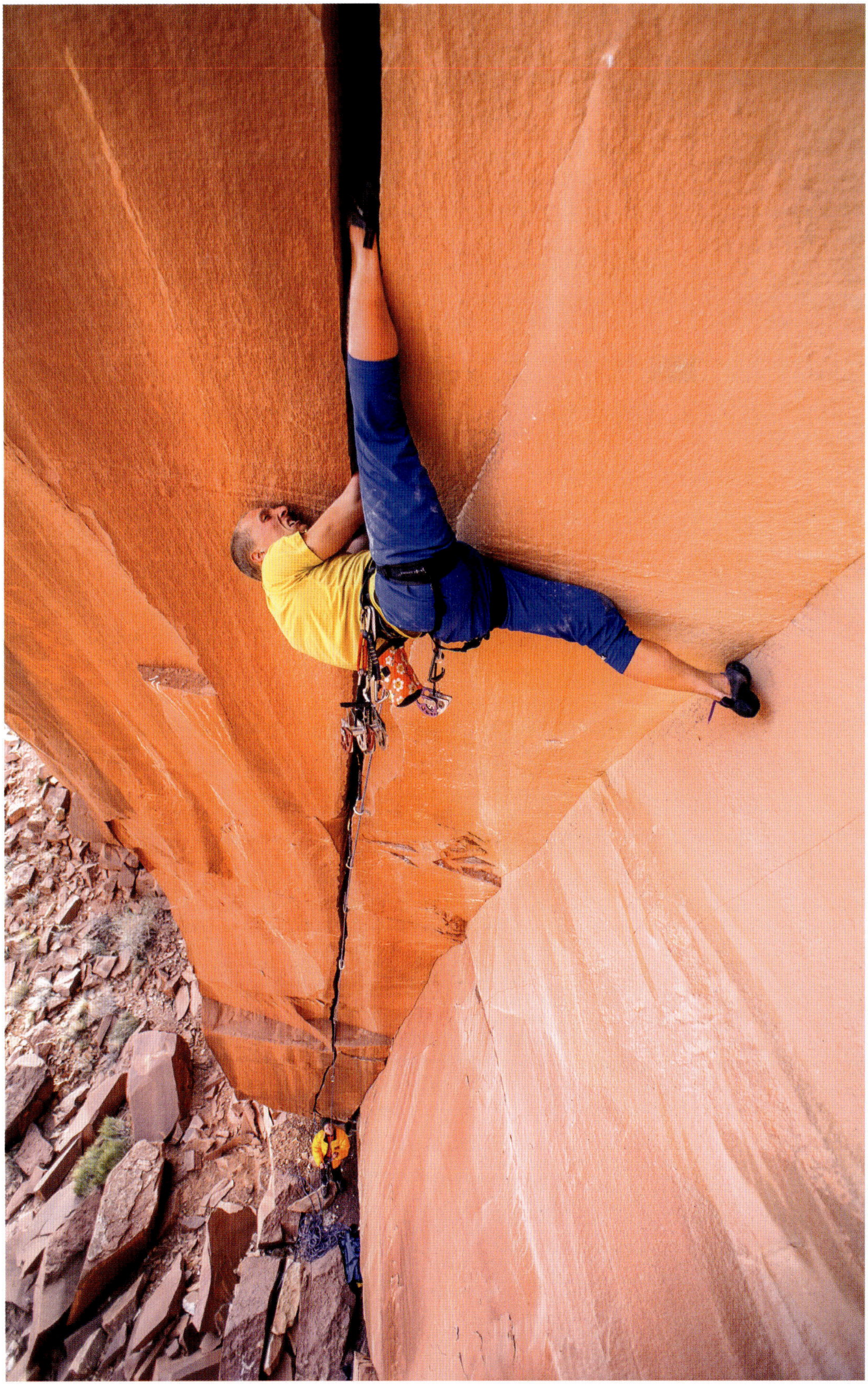

»Der Bericht weiter: ›Oben war ein großer Henkel. Ihn greifen und eine Hand vom Riss lösen, und ich würde rauspendeln. Aber ohne ihn würde ich fallen.‹ Er packte den Henkel und riss sich daran aufwärts.«

eine Reihe von Haken, verbog sie dabei und dachte: »Oh Mist, du musst die Wölbung überbrücken, um ... einen weiter oben einzuschlagen.«

Er verkeilte auf seiner Höhe im Riss einen Haken »lose« als Seitgriff – für eine Bewegung »so schwer wie keine andere zuvor in meinem Leben. Das Letzte, was ich erwartet hatte, war, eine so unglaubliche Position halten zu können.« – Aber er tat es und schlug einen großen Haken oberhalb des Felsens ein. Er drückte seine Strümpfe gegen die linke Wand. Ja, er kletterte den feuchten Fels – bei seiner Erstbegehung – in Strümpfen!

Der Bericht weiter: »Oben war ein großer Henkel. Ihn greifen und eine Hand vom Riss lösen, und ich würde rauspendeln. Aber ohne ihn würde ich fallen.« Er packte den Henkel und riss sich daran aufwärts.

1979 versuchte ich die Route in dem Wissen, dass der Vorstieg sehr schwer würde. Zufällig beging an diesem Tag Ron Fawcett, damals *der* britische Kletterer, in giftgrünem Tank-Top und Shorts für die BBC die furchteinflößende Nachbarroute *Lord of the Flies*. »Los, Arme, macht euren Job«, murmelte er an der Crux – und sorgte damit bei Kletterern im ganzen Land für Heiterkeit (er kann sich nicht einmal erinnern, es gesagt zu haben).

Das Kamerateam, das gerade nicht filmte, beobachtete meinen Versuch. Ich überwand die erste Schlüsselstelle, erreichte die Nische, versuchte, über die Wölbung zu kommen, und klippte den alten Joe-Brown-Haken. Hatte ich daran gedacht, ihn selbst noch zu hintersichern? Ich glaube nicht. Damals hatte ich wenige (oder keine?) Vorstiegsstürze gehabt. Mir ging durch den Kopf, dass das wohl dazugehört. Beim Versuch, oberhalb des Hakens zu klettern – vielleicht 5 m unter dem Stand – stürzte ich und rauschte etwa 6 m in die Tiefe. »Nimm den Haken!«, rief mein Freund Matthew.

Den Haken zu greifen oder mich auf ihn zu stellen, wäre Betrug gewesen. Ich stürzte zwar, aber ich wollte die Züge schaffen. Ich versuchte es wieder und stürzte wieder, vielleicht noch zweimal. »Nimm den Haken!«, rief Matthew eindringlicher. Ich zögerte. »Nimm den verdammten Haken!«, rief das gesamte Kamerateam der BBC.

Ein Jahr später fuhr ich zum Klettern und als Guide nach Nordwales. Ich blieb von Anfang Juli bis November und hatte mit die beste Zeit meines Lebens in puncto Lernen und Erfahrungen.

Durch das ständige Klettern verbesserte ich mich mehr, als ich zu hoffen gewagt hatte, und irgendwann in diesem Sommer ging ich heimlich, still und leise *The Corner* erneut an. Ich durchstieg begeistert die Nische – und war entsetzt, wie hart die letzten Züge waren. Die Route wird mit UK 5c bewertet. Diesen Grad kletterte ich damals und war den Fels der Gegend gewöhnt, doch ich starrte die glatten Risse an, und meine Arme begannen zu brennen. Ich beeilte mich, gab alles und schaffte es gerade so – ein Traum wurde wahr.

← **Belly Full of Bad Berries (5.13a)**
John Varco kämpft in diesem schwindelerregenden Offwidth-Riss in Indian Creek, Utah (USA).

Später arbeitete ich bei der Zeitschrift *Climbing* und wurde in dieser Zeit zudem Präsidentin des American Alpine Club (AAC). Eines unserer Probleme damals ergab sich 1998, als der Forest Service ankündigte, die Verwendung von Bohrhaken für das Klettern in den von ihm verwalteten Gebieten zu verbieten. Zu den vielen Orten, die davon betroffen waren, zählten die Mehrseillängenwände von Suicide und Tahquitz in Südkalifornien.

Eines Nachmittags rief eine Frau aus Los Angeles in meinem Büro an und fragte, ob ich einen Anruf von Tony Scott entgegennehmen könne. Ich liebe Filme, mir war der Name damals aber nicht geläufig. Sie sagte, er sei Regisseur und habe unter anderem Filme wie *Top Gun* und *Crimson Tide* gedreht. »Er ist ziemlich berühmt«, sagte sie freundlich.

Tony übernahm das Gespräch: britischer Akzent, freundlich, quirlig. Er sei Kletterer, in England aufgewachsen und habe an Orten in ganz Großbritannien gelernt. Jetzt sei er oft in Suicide und Tahquitz unterwegs und fragte, was er tun könne, um beim Problem mit der Forstverwaltung zu helfen.

Wir unterhielten uns. Ich erzählte, dass ich in Schottland, England und Nordwales geklettert war, und wir beide schwärmten vom Llanberis-Pass. Einer von uns beiden erwähnte *Cenotaph Corner*, und irgendwann sagte er: »Ich bin sie sogar solo gegangen.« Ich war sprachlos. »Du hast *The Corner* solo gemacht? Die schwersten Züge sind oben!« Er lachte: »Ja, das sind sie.« Wir redeten weiter. Einmal hielt er inne: »Es ist so schön, mit jemandem zu sprechen, die auch klettert.«

Über die Jahre sah ich mir mit Stolz und Interesse Tony Scotts *Spy Game*, *Die Entführung der U-Bahn Pelham 123* und *Mann unter Feuer* an. *Top Gun* sah ich seltsamerweise erst im November 2022, als ich mir die Fortsetzung *Top Gun: Maverick* anschaute. Die Hommage an den brillanten Anfang des Originals fand ich sehr bewegend. Seither habe ich oft an Tony gedacht. 2012 las ich, dass er sich im Hafen von Los Angeles von einer Brücke gestürzt hatte. Er war 68, hatte eine Frau und Zwillingssöhne. Ein Grund wurde nicht bekannt gegeben.

Er war immer noch Kletterer. An diesem Tag jagte er mit sicheren Zügen eine 5 m hohe Wand auf dem Brücktragwerk hinauf. Eine Augenzeugin glaubte, es handele sich um einen Filmstunt. Zutiefst betrübt schrieb ich für die jährliche Ehrung verstorbener Kletterer im Magazin *Rock and Ice* einen kurzen Nachruf auf ihn.

Cenotaph Corner ist eine großartige Linie, die mich, zumindest kurz, mit einem großen Mann verbunden hat. Tony und ich teilten die Anerkennung und das Verständnis für etwas Außergewöhnliches, das er früher getan hatte. Ich denke an den Fokus, den er damals und später gehabt haben muss.

»Eines Nachmittags rief eine Frau aus Los Angeles in meinem Büro an und fragte, ob ich einen Anruf von Tony Scott entgegennehmen könne. Ich liebe Filme, mir war der Name damals aber nicht geläufig. Sie sagte, er sei Regisseur und habe unter anderem Filme wie *Top Gun* und *Crimson Tide* gedreht. ›Er ist ziemlich berühmt‹, sagte sie freundlich.«

→ **Grand Wall (5.11a)**
Abby Watkins steigt am Stawamus Chief, Squamish (Kanada) die berüchtigte *Split Pillar* (5.10b) vor, die sechste von zehn Seillängen. Sean Isaac sichert.

LINIEN

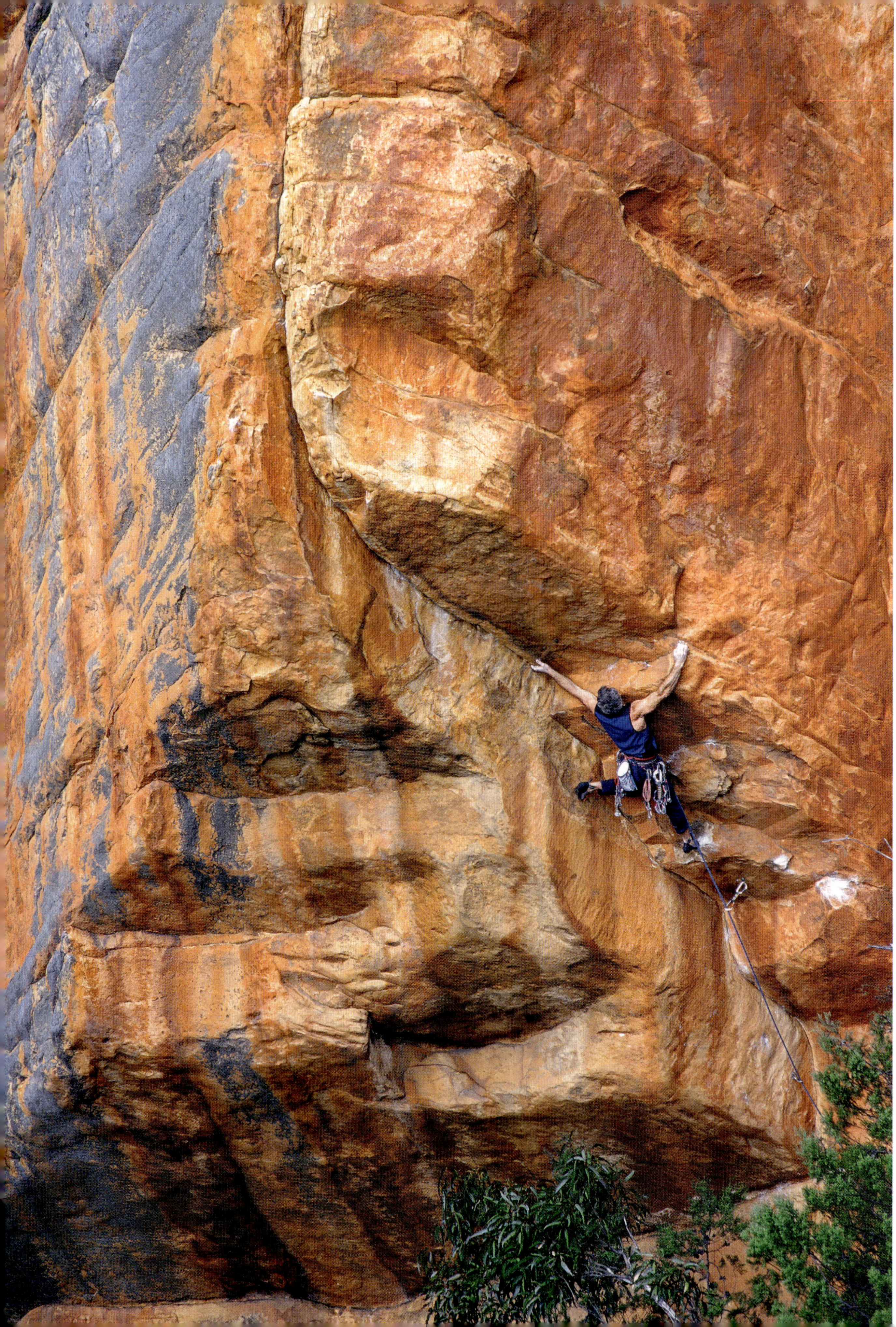

← **Redline (28)**
Malcolm Matheson dreht an einer schönen Linie an
The Lost World, Grampians (Australien), auf.

↑ **Infirmity (23)**
Malcolm Matheson tanzt eine der wenigen Risslinien hinauf, die sich über die volle Höhe der treffend benannten Great Wall in Moonarie (Australien)
ziehen.

→ **Apline (13)**
Roxanne Wells klettert seilfrei an *der* Linie der
White Water Wall, Tasmanien (Australien).

↓ **Black Dyke (5.13b)**
Matt Maddaloni steigt die sechste Seillänge (5.12a)
der eindeutigen Linie vor, nachdem er zuvor als erster die unteren Seillängen (mit den Schlüsselstellen) frei begangen hat. Die insgesamt elf Seillängen
führen auf den Stawamus Chief, Squamish (Kanada).

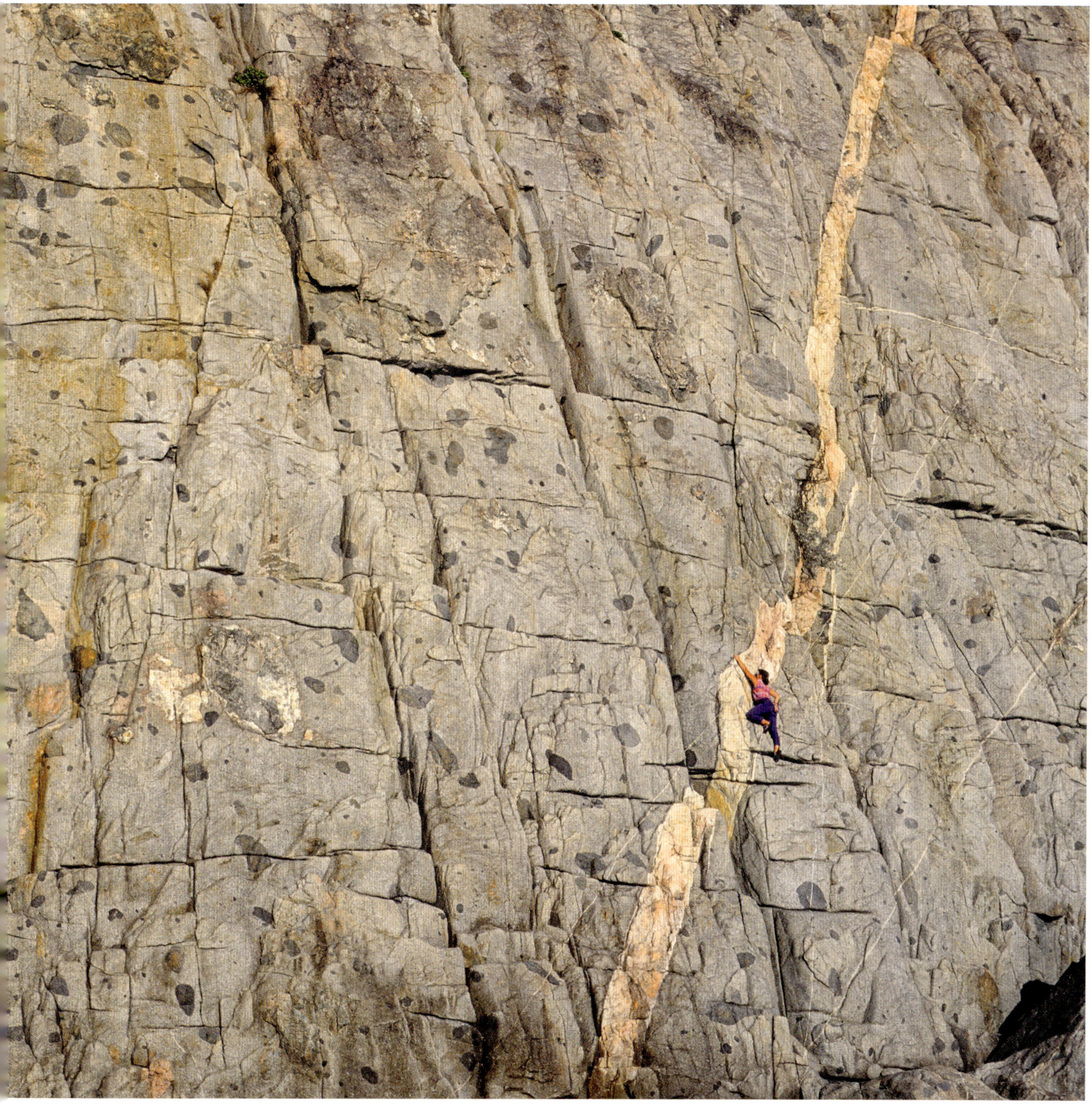

← **Ozymandias (28)**
»Mein Name ist Ozymandias, König der Könige: Seht meine Werke, ihr Mächtigen, und verzweifelt!« Der Königsweg auf der 270 m hohen North Wall des Mount Buffalo (Australien) ist zweifellos die ursprüngliche Linie *Ozymandias* in Kombination mit *Ozymandias Direct* zum Abschluss. Steve Monks gelang die erste freie Begehung der beiden Varianten, deren kombinierte Seillängen mit 23, 28, 25, 24, 22, 28, 23, 10 und 24 bewertet sind. Hier klettert Steve die zweite Seillänge, Enga Lokey sichert.

→ **Ozymandias Direct (28)**
Steve Monks steigt die sechste Seillänge der kombinierten Diretissima am Mount Buffalo (Australien) vor.

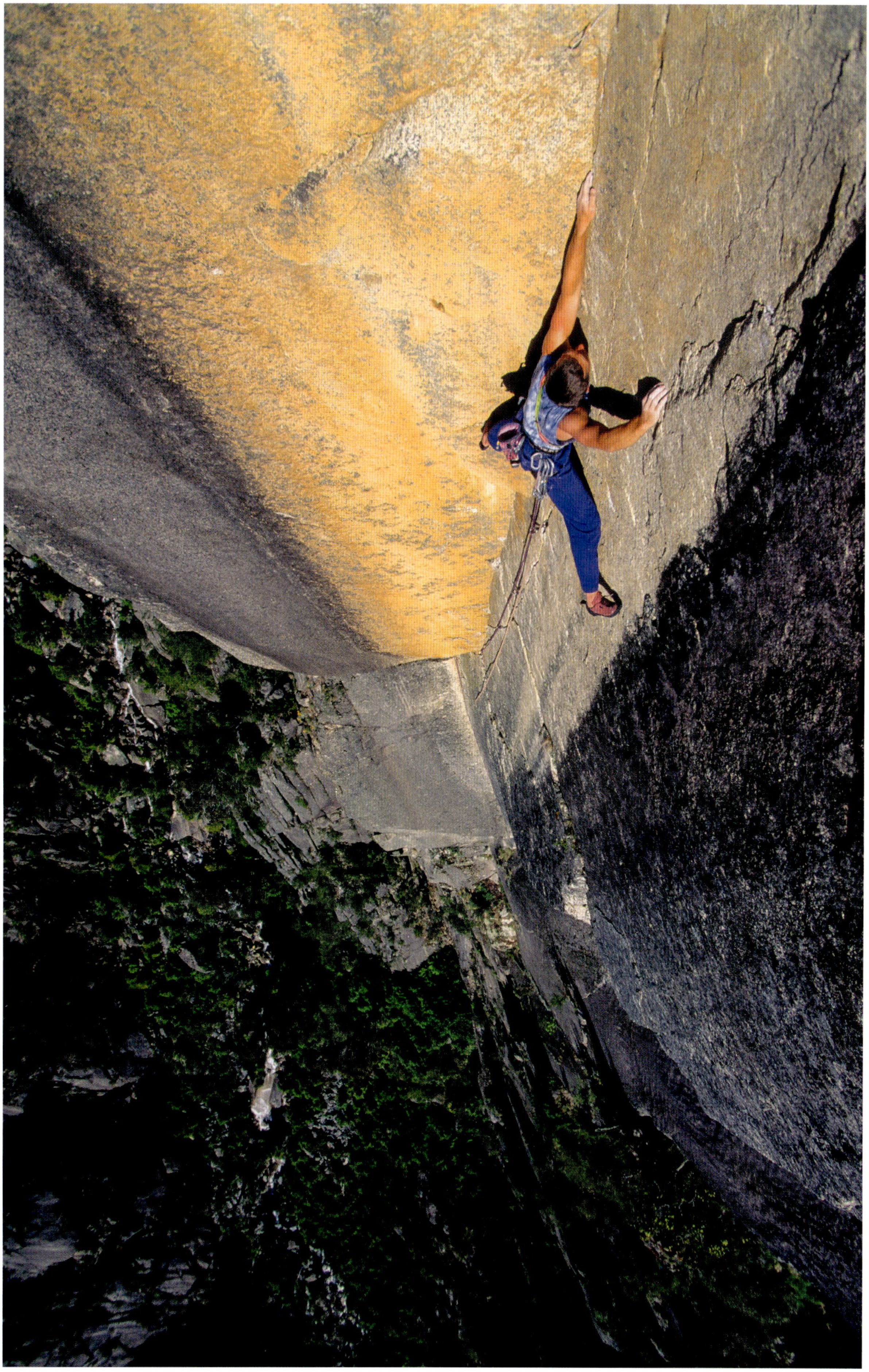

Trilogie cleaner Risse in den Blue Mountains (Australien).

↑ **Catch the Wind (21)**
Brittany Griffith legt an dieser außergewöhnlichen Zwei-Seillängen-Rissverschneidung an der Engineer's Cascade eine Pause ein.

→ **Grasshopper (25)**
Mike Law in der zweiten Seillänge dieser schönen Drei-Seillängen-Linie, die er am Pierce's Pass frei klettert.

→→ **Janicepts (21)**
Nicky Dyal in diesem Klassiker am Mount Piddington. Sie war die erste Route dieses Grads des Landes und wurde 1973 von Mike Law frei geklettert.

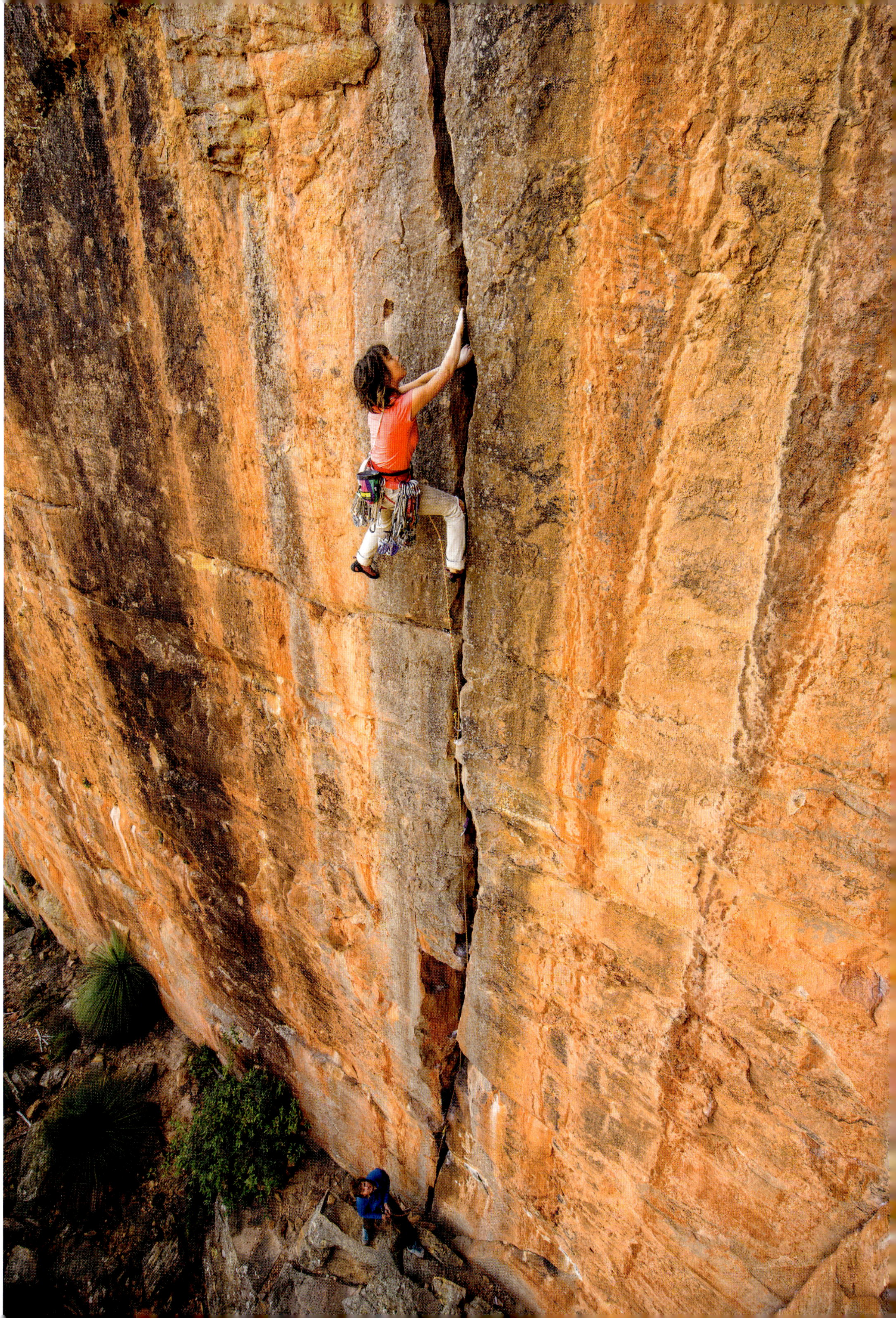

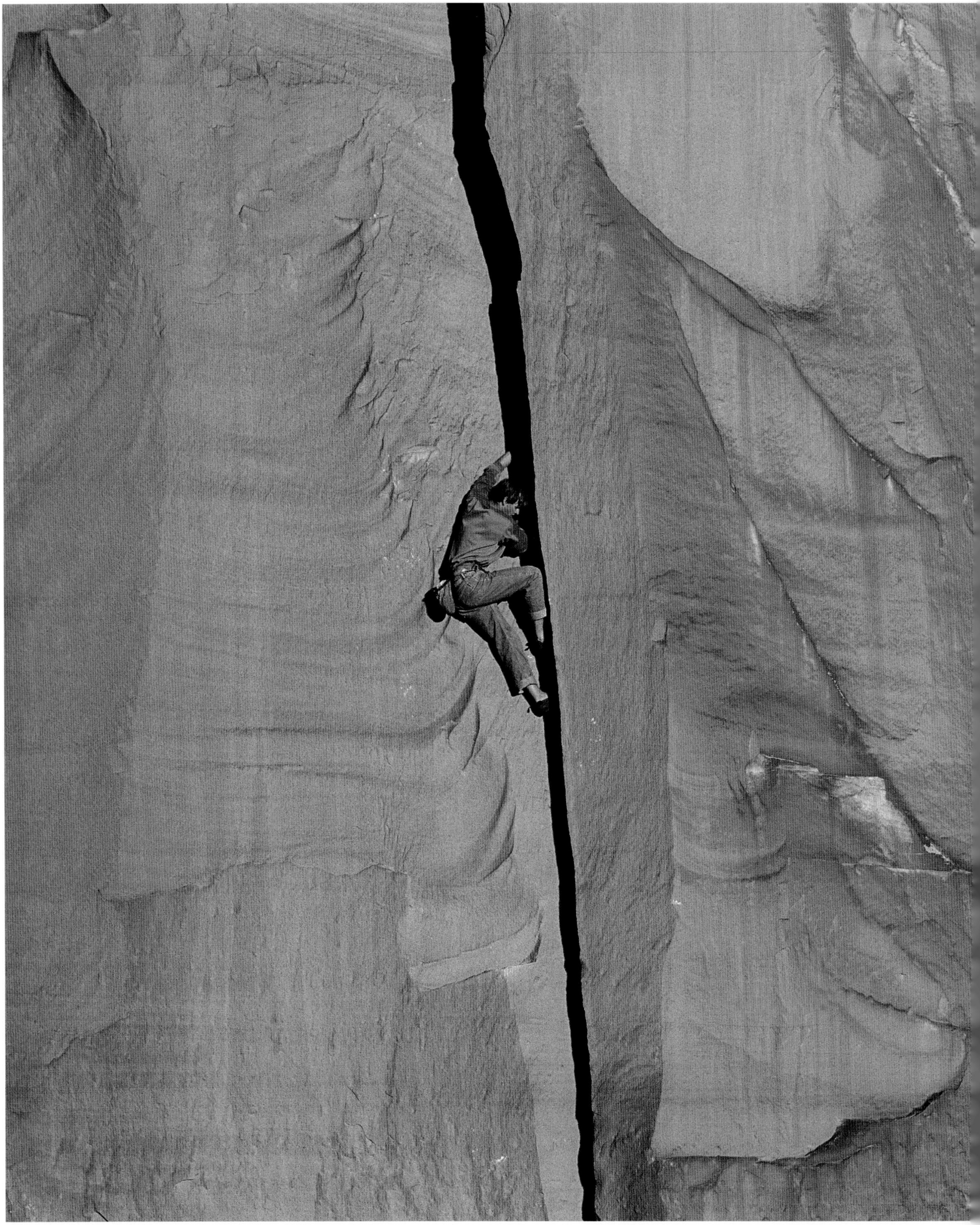

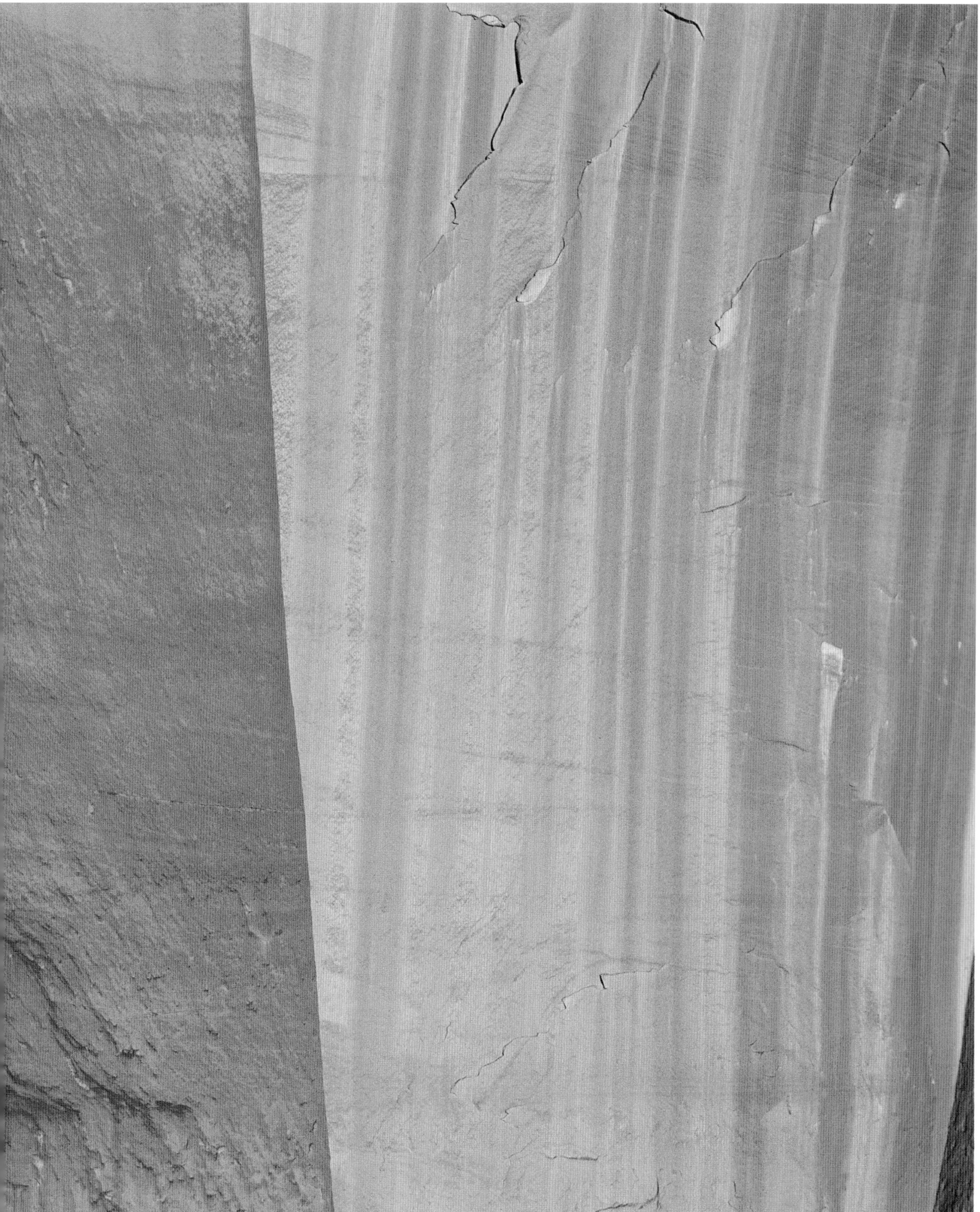

←← **Tweety (5.10)**
Jason Smith klettert diese Linie an der Cat Wall, Indian Creek, Utah (USA), solo (hinauf und hinunter).

↑ **Humildes pa Casa (8b+)**
Auch Tuff kann großartige Linien bieten. Guillaume Lebret bei diesem ausdauernden Testpiece in Oliana (Spanien).

→ **Tom et je ris (8b+)**
Monique Forestier in der Tufflinie, die diese 60-m-Route in der Verdonschlucht (Frankreich), in die man abseilt und herausklettert, möglich und so reizvoll macht. Alan Carne sichert.

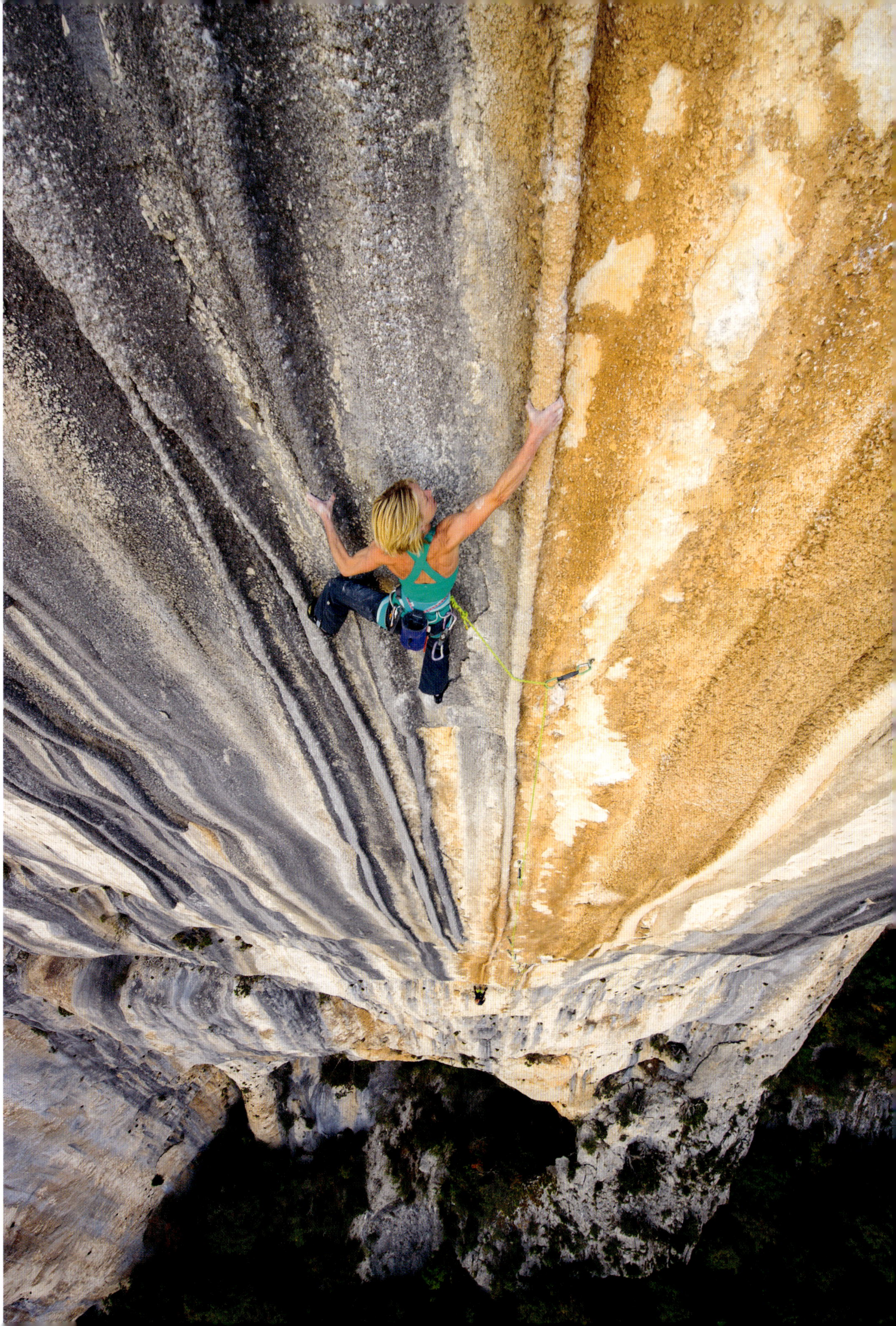

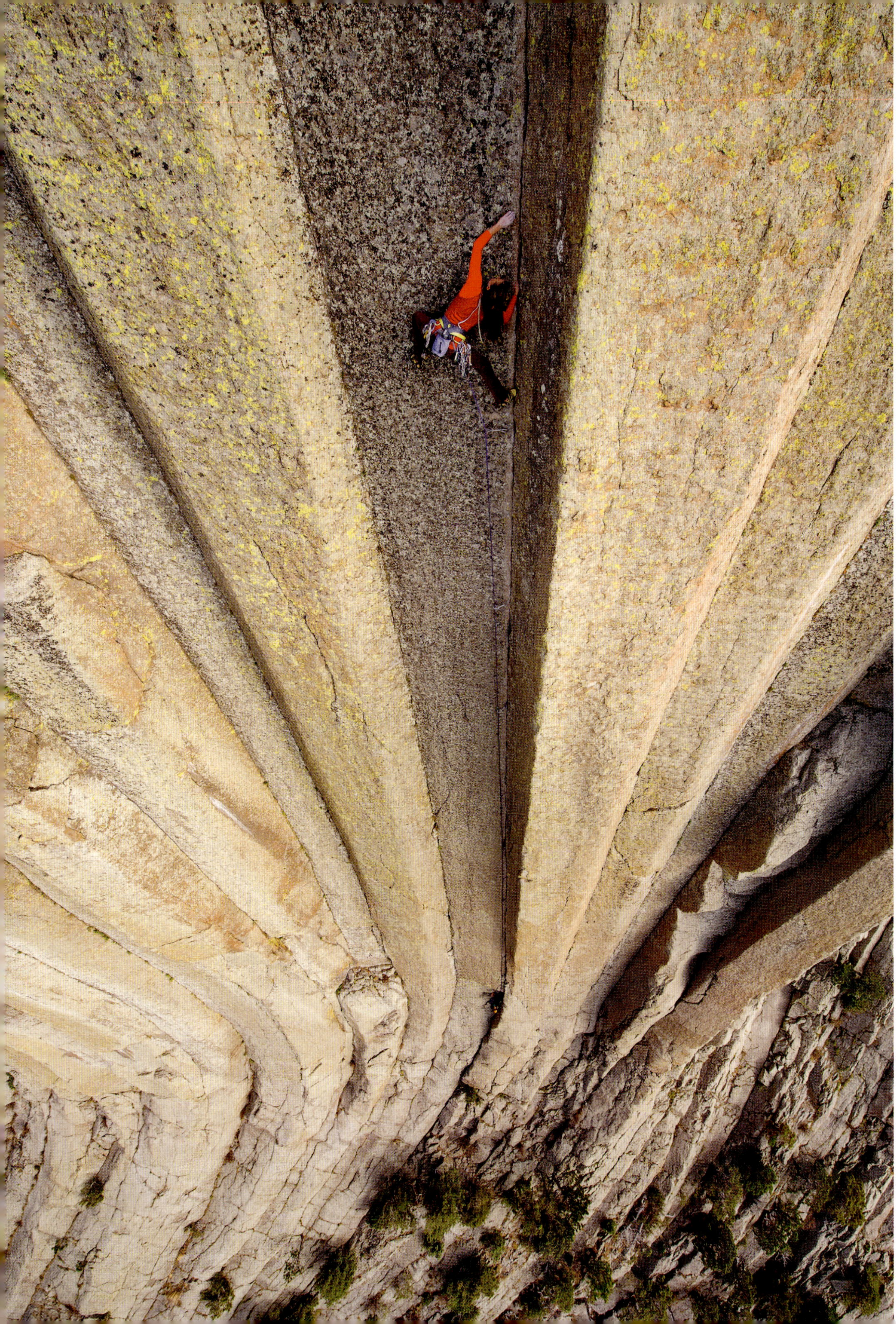

Die fantastischen sechseckigen Säulen des Devil's Tower in Wyoming (USA) haben viele perfekt geformte, lange und ausdauernde Klettereien hervorgebracht. Dies sind zwei Klassiker.

← **Mr Clean (5.11a)**
Brittany Griffith klettert.

→ **El Matador (5.10d)**
Crystal Davis klettert.

KANTEN

von Amity Warme

Das französische »Arête« bedeutet »Rückgrat des Berges« oder scharfer Grat. Beim Felsklettern bezeichnet der Begriff eine sozusagen umgekehrte Verschneidung – im Deutschen eine »Kante«. Messerscharfer Fels, der in die Luft ragt, ringsum Leere – Kanten gehören zu den einschüchterndsten und ausgefallensten Situationen beim Klettern. Sie geben begeisternde Linien ab und oft auch aufregende Klettereien.

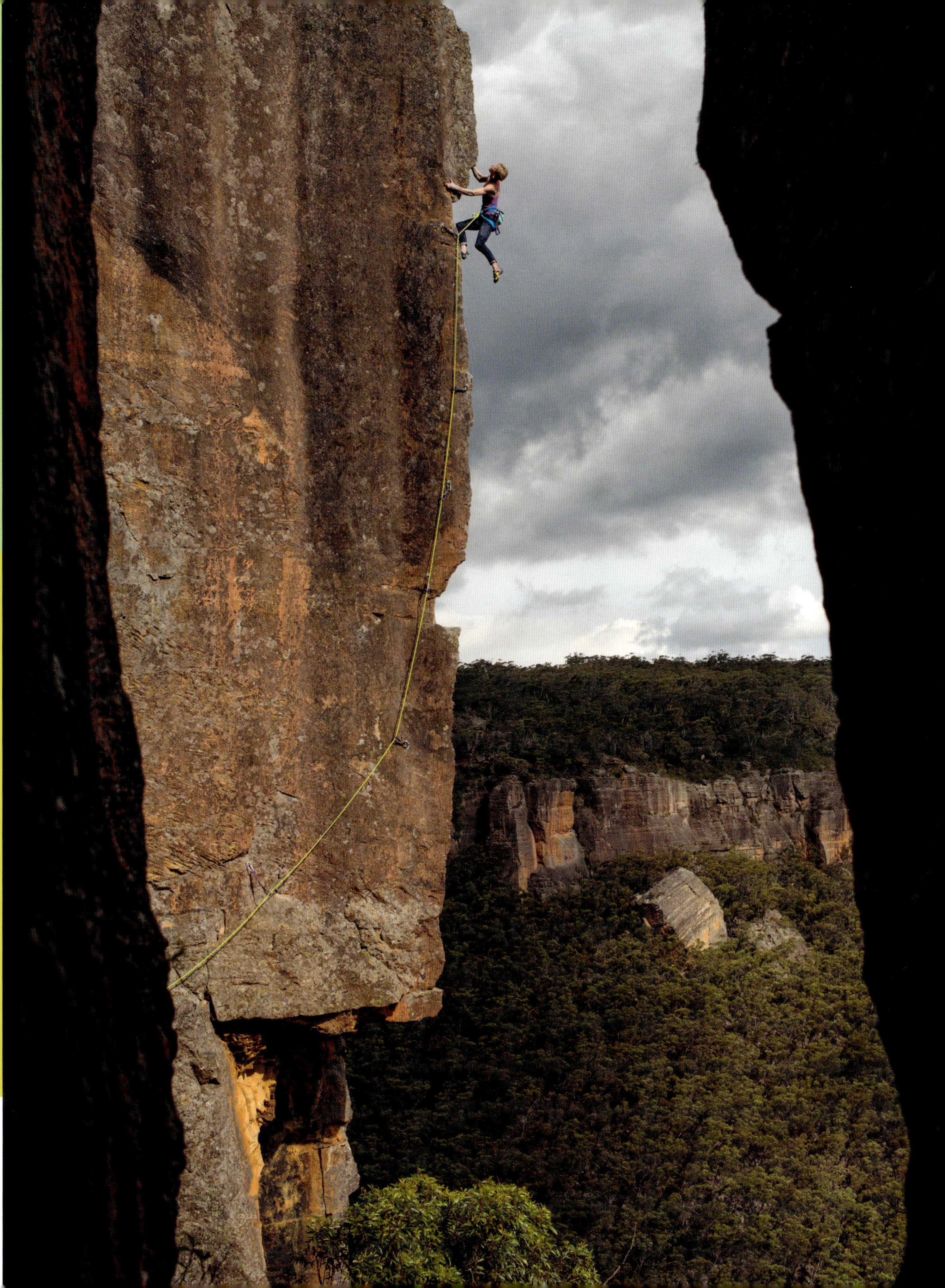

»Dein Körper fühlt sich selten sicher in seiner Position, und du versuchst zu glauben, dass deine Füße nicht von den winzigen Granitkörnchen abrutschen. Kanten zu klettern ist einzigartig und erfordert einen präzisen Stil, der Technik und Kraft kombiniert.«

Den Griff schnappen, einatmen, den Körper entspannen, die Exe klippen, die Kante packen, die Füße setzen, ausbalancieren, wiederholen. Mein Körper spürt den Rhythmus dieses komplexen Tanzes, als ich die Züge von *Sarchasm* visualisiere, einer atemberaubenden Kante des Grads 5.14a im Rocky-Mountain-Nationalpark, Colorado (USA).

Die markante, fesselnde Linie, die am Fuße einer der beeindruckendsten alpinen Felswände Nordamerikas und neben einem blauen Gletschersee liegt, will geklettert werden. *Sarchasm* begeisterte mich schon lange, schreckte mich aber auch ab. Sie wäre nicht nur die erste in diesem Grad für mich, sondern liegt auch über 3600 m hoch, abgeschirmt an einem steilen, 13,5 km langen Rundweg. Sie schüchterte mich ein, doch mir war klar: Als Kletterin würde ich daran wachsen, *Sarchasm* als Projekt anzugehen, und ich wollte vorankommen. Ich versuchte mich erstmals im Sommer 2021 an der Route, lotete kurz die Züge aus und kam zu dem Schluss, dass sie meine Möglichkeiten weit überstieg. Selbst einzelne Züge fühlten sich unerreichbar an. Im nächsten Sommer kehrte ich entschlossener zurück – ich wollte mich auf diese Linie konzentrieren und mich der Herausforderung stellen. Ich brannte darauf herauszufinden, ob ich in der Lage wäre, diese schwierige Kante zu klettern, die Tommy Caldwell vor vielen Jahren erstbegangen hatte.

Die Route beginnt mit einem brutalen Leisten-Boulderproblem und geht in technische Kletterei entlang der scharfen Kante über. Es gibt nur wenige Griffe. Die Crux erfordert nacheinander Klemmen, Schieben und Ziehen, der Grat zwischen Festhalten und Herunterfallen ist schmal. Dein Körper fühlt sich selten sicher in seiner Position, und du versuchst zu glauben, dass deine Füße nicht von den winzigen Granitkörnchen abrutschen. Kanten zu klettern ist einzigartig und erfordert einen präzisen Stil, der Technik und Kraft kombiniert. Durch technisches Können und Kreativität lässt sich der Rand der Kante für Toehooks, Heelhooks und die Balance verwenden. Mit Kraft lassen sich die Verschneidung und alle feinen Strukturen der Wand zum Piazen, aufgestellt und zum Blockieren zwischen den Zügen nutzen.

Als ich mich auf *Sarchasm* einließ, wurde mir klar, dass ich mein Kletterrepertoire um physische wie mentale Fähigkeiten erweitern und mein Selbstvertrauen stärken musste. Teils gelang mir das, indem ich lernte, die Züge zu visualisieren. Durch die Koordination der Partner, das Wetter, meine Termine und den mühsamen Zustieg kletterte ich in dem Monat, in dem ich an der Route arbeitete, nur ein oder zwei Tage pro Woche. Jeder Versuch war also wichtig. Die knappe Zeit machte mir die Bedeutung der Visualisierung bewusst: Es ging nicht nur darum, sich die Züge vorzustellen, sondern auch, wie ich mich beim Klettern fühlen wollte – ruhig, selbstbewusst, stark, ausgeglichen, entschlossen. Über die körperlichen Fähigkeiten hinaus

←← **Black Gold (25)**
Monique Forestier im Vorstieg an dieser beunruhigend scharfen Kante in den Corroboree Walls, Blue Mountains (Australien).

→ **Chain Reaction (5.12c)**
Amity Warme steigt diese überhängende Kante vor, eine der bekanntesten Linien am Smith Rock, Oregon (USA).

KANTEN

KANTEN

musste ich *glauben*, dass ich die Route schaffen konnte. Ausdauer, Fingerkraft und technisches Können waren unerlässlich, aber genauso wichtig war das Selbstvertrauen.

Das ist einer der schönen Aspekte des Kletterns: Es bietet einen Raum, um Selbstvertrauen zu üben. Ein großes Ziel zu verfolgen macht demütig und lohnt sich, schüchtert ein und motiviert. Es gibt Tage mit großen Fortschritten und Tage mit scheinbaren Rückschritten. Um ein sehr schwieriges Ziel zu erreichen, muss man diese Höhen und Tiefen durchstehen, man muss dranbleiben, darf nicht aufgeben: Man darf den Traum nicht loslassen. Eine Kante zu klettern erfordert Gleichgewicht – man lehnt sich in die eine, dann in die andere Richtung, durchläuft eine Choreografie aus Drücken, Ziehen, Pressen, Setzen und Atmen. Die mentale Seite des Kletterns muss ebenfalls ins Gleichgewicht gebracht werden. Es ist nicht einfach, ein Ziel so wichtig zu nehmen, dass man sein Herz, seine Zeit, sein Geld und seine Bemühungen investiert, ohne dabei so sehr daran zu hängen, dass das Ergebnis einen definiert. Es ist eine Gratwanderung, sich für etwas zu engagieren, zu arbeiten, aber sein Selbstwertgefühl nicht vom Erfolg abhängig zu machen.

Mir ein Ziel wie *Sarchasm* zu suchen, ist eine perfekte Erfahrung, um diese Balance zu üben, und es ist ein integraler Bestandteil meiner Entwicklung als Kletterin und als Mensch. Letztlich zieht es mich zum Bigwall-Klettern, wo ein breites Repertoire an Kletterfertigkeiten über den Erfolg entscheidet. Viele Klettertechniken auszuloten – von Überhängen bis zu Risslinien, Kanten und allem dazwischen – hilft mir, mich auf alles vorzubereiten, was mir in einer großen Wand begegnen könnte. Neben den körperlichen Fähigkeiten, um jede Technik zu meistern, muss ich auch die Überzeugung entwickeln, dass ich eine schwierige Seillänge auf dem Weg zu einem großen Ziel schaffen kann. Diesen Glauben an mich, selbst an kleineren Zielen zu üben, bereitet mich auf den Erfolg bei größeren Zielen vor. Jede Erfahrung baut auf der vorherigen auf, während ich versuche, eine so gute Kletterin zu werden, wie ich kann.

An dem Tag, an dem ich *Sarchasm* kletterte, ging ich die Route genau so, wie ich sie vorher so oft visualisiert hatte. Kopf und Körper wussten exakt, was zu tun war. Wann ich den Griff schnappen, einatmen, meinen Körper entspannen, die Exe klippen, die Kante packen, die Füße setzen, ausbalancieren, wiederholen musste. Von dieser markanten Kante in den Bergen von Colorado hatte ich gelernt, was ich brauchte. Ich habe mich als Kletterin verbessert, und mir wurde bewusst, wie stark sich der Kopf auf unsere Kletterleistung auswirkt. Es reicht nicht, etwas zu wollen. Es reicht auch nicht, hart für etwas zu arbeiten. Man muss auch daran *glauben*, dass man es kann.

»An dem Tag, an dem ich *Sarchasm* kletterte, ging ich die Route genau so, wie ich sie vorher so oft visualisiert hatte. Kopf und Körper wussten exakt, was zu tun war. Wann ich den Griff schnappen, einatmen, meinen Körper entspannen, die Exe klippen, die Kante packen, die Füße setzen, ausbalancieren, wiederholen musste.«

← **Our Terminal World (25)**
Heather Lawton konzentriert an dieser überhängenden, unterhöhlten, sandigen und ausgesetzten Kante am Point Perpendicular (Australien).

↑ **Bod Zlomu**
Luboš Mázl an einer kaum eingebohrten Kante (8a+, tschechischer Grad Xc), Chrámové Stěny (Domwände), Adersbach-Weckelsdorfer Felsenstadt (Tschechien).

→ **Lebensraum (25)**
Malcolm Matheson weit oben in einer von ihm eingerichteten Zweiseillänge am Mount Buffalo (Australien).

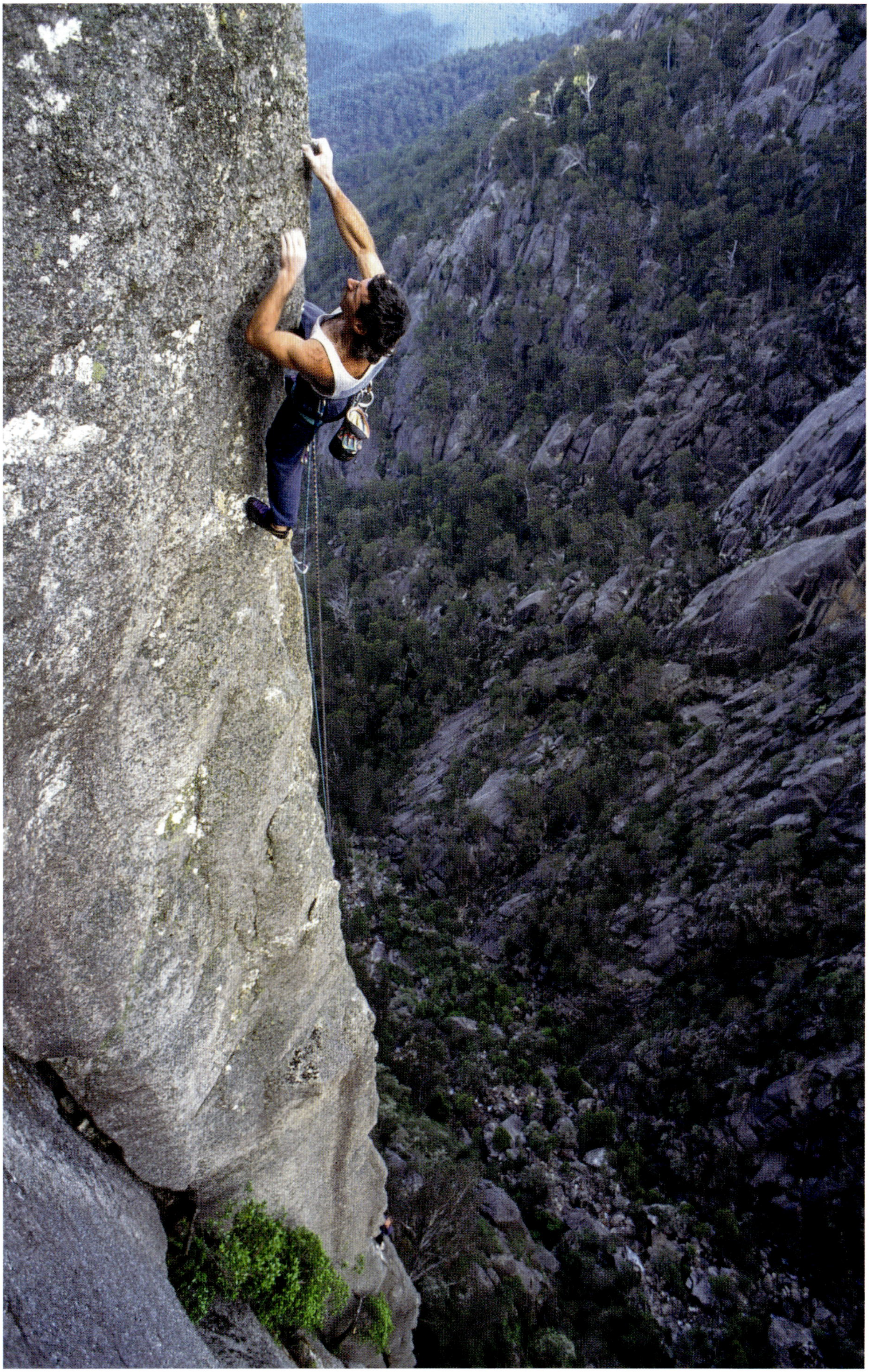

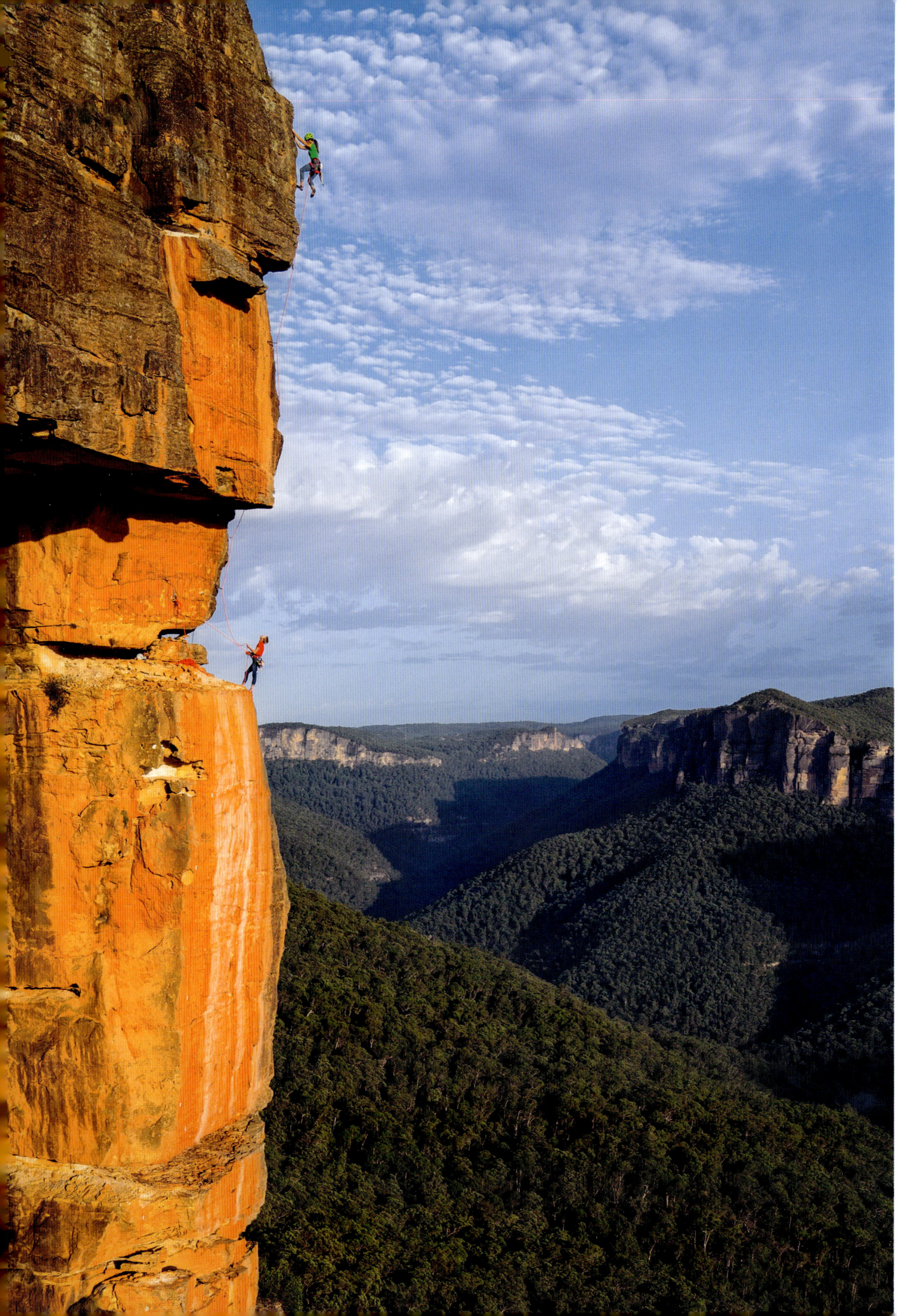

← **The Regular Route (25)**
Diese luftige Kante in der vorletzten Seillänge der 190 m langen Route überblickt Grose Valley in den Blue Mountains (Australien). Die Seillängen sind mit 23, 25, 24, 21, 24, 22 und 23 bewertet. Cherry Baylosis steigt vor, Monique Forestier sichert.

→ **Outside Chance (16)**
Rob Saunders genießt die verhältnismäßige Henkelparade an der Kante, die am linken Ende der Great Wall bei Moonarie, Flinders Ranges (Australien), liegt.

KANTEN

← **Arête de Marseille (5c)**
Trotz einer Stunde Zustieg sind Nadine Rousselot (Vorstieg) und Mathieu Geoffray (Sicherer) bei Sonnenaufgang bereits in der zweiten Seillänge dieses 1927 erstbegangenen Calanques-Klassikers mit fünf Seillängen an La Grande Candelle mit Blick auf das Mittelmeer (Frankreich).

KANTEN

↑ **Ni Teva Ni Meva (6c+)**
Anders Lantz spielt an La Momia, Sant Benet, Montserrat (Spanien), mit Kieselsteinen.

→ **Delagokante**
Eine Wolkenlücke gibt den Blick auf Dave Russell (Vorstieg) und Rico Miledi (Sicherer) in dieser Vierseillänge frei, die 1911 erstbegangen wurde und mit IV+ bzw. 4 bewertet wird. Dies ist die Südwestkante des Delagoturms, Vajolet-Türme, Rosengarten, Dolomiten (Italien).

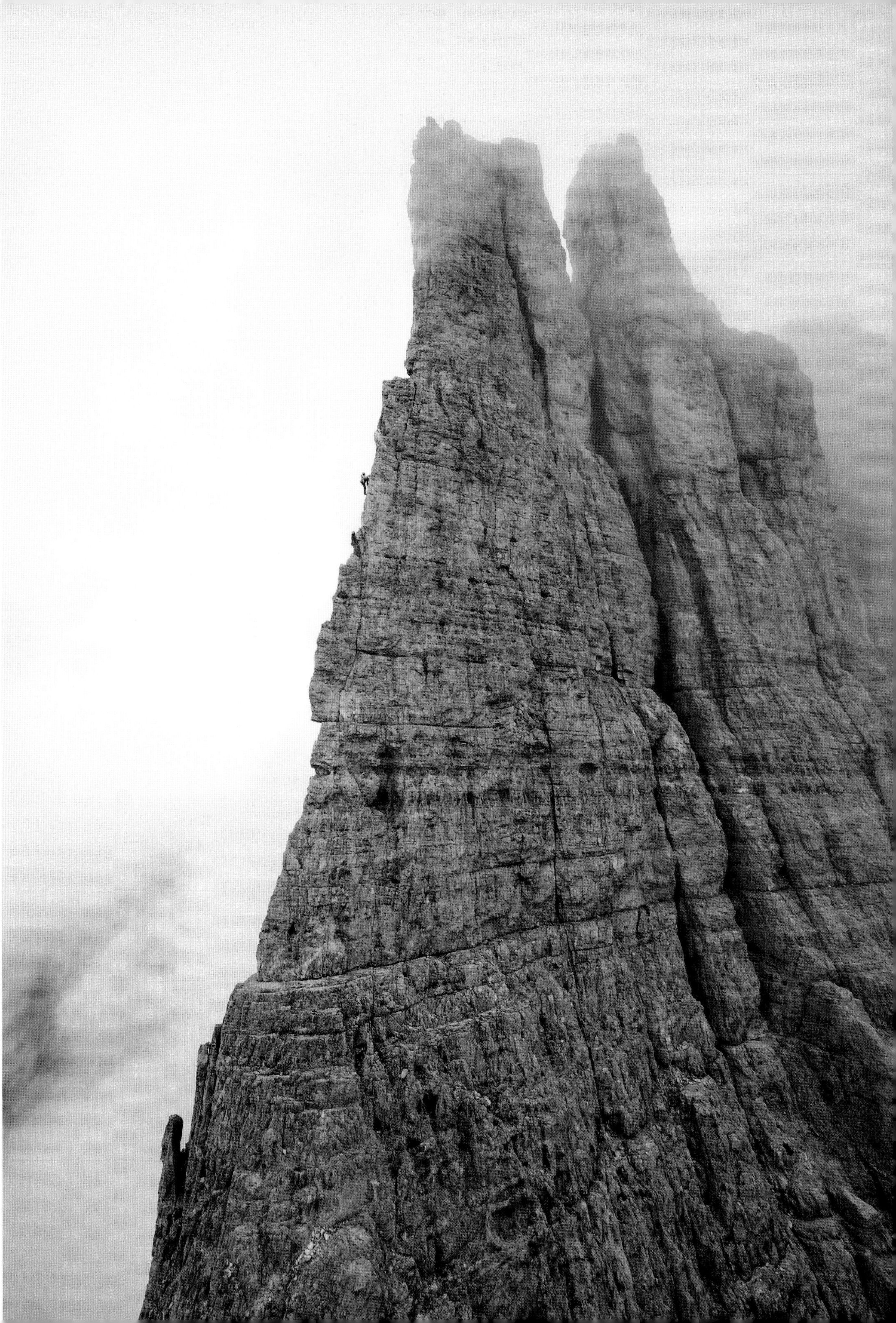

↑   **The Golden Pillar of Fortescue (25)**
Steve Monks steigt die dritte von vier Seillängen bei der Erstbegehung dieser
Route nahe der Fortescue Bay, Tasmanien (Australien), vor.

→   **L'île aux Trésors (6b+)**
Während Jean-François Reffet diese schöne Kante kletterte, ging der Bootsführer schnorcheln und fing den Hummer für unser Abendessen. Sie befindet sich auf Nosy Anjombalova im Nosy Hara Archipel (Madagaskar).

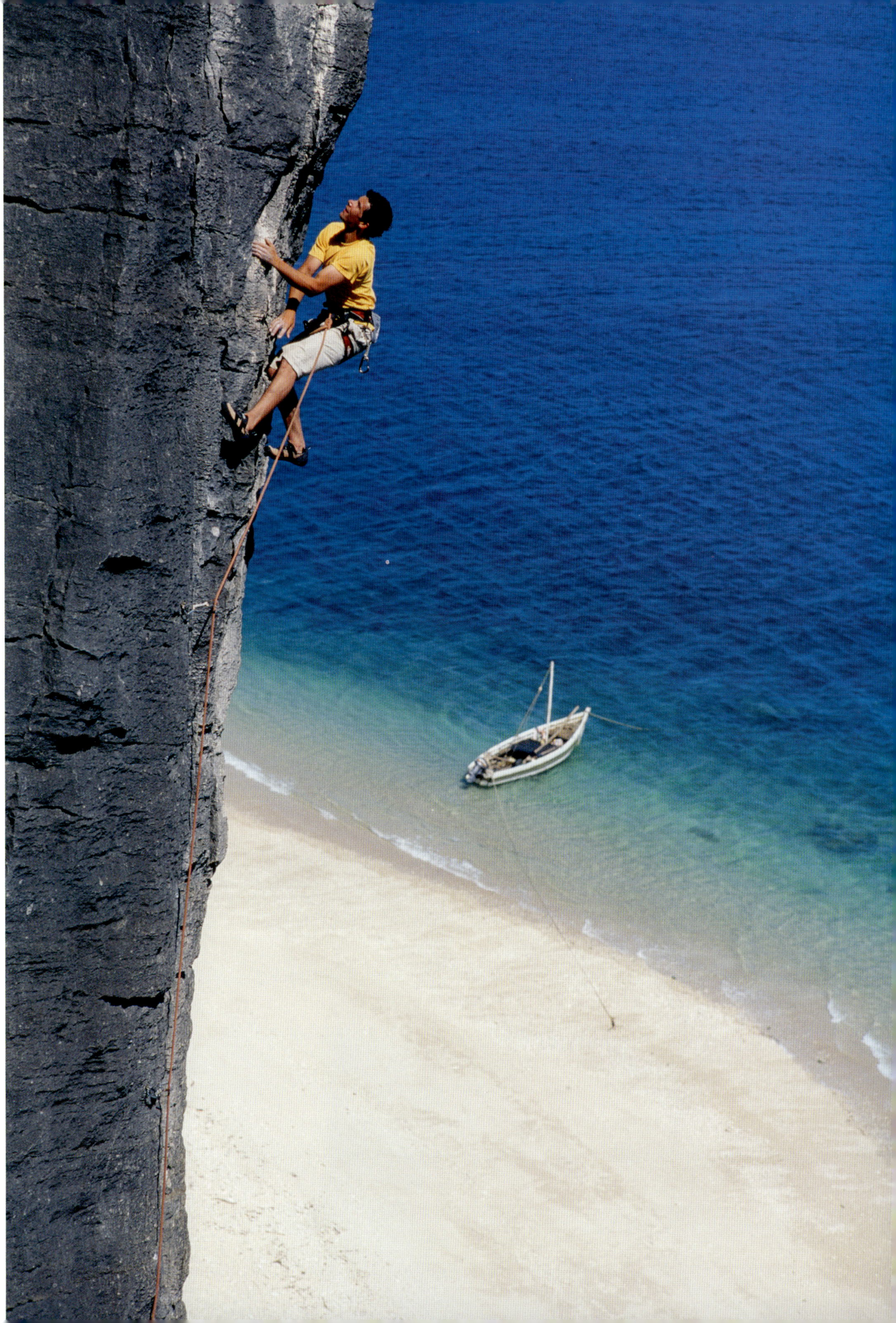

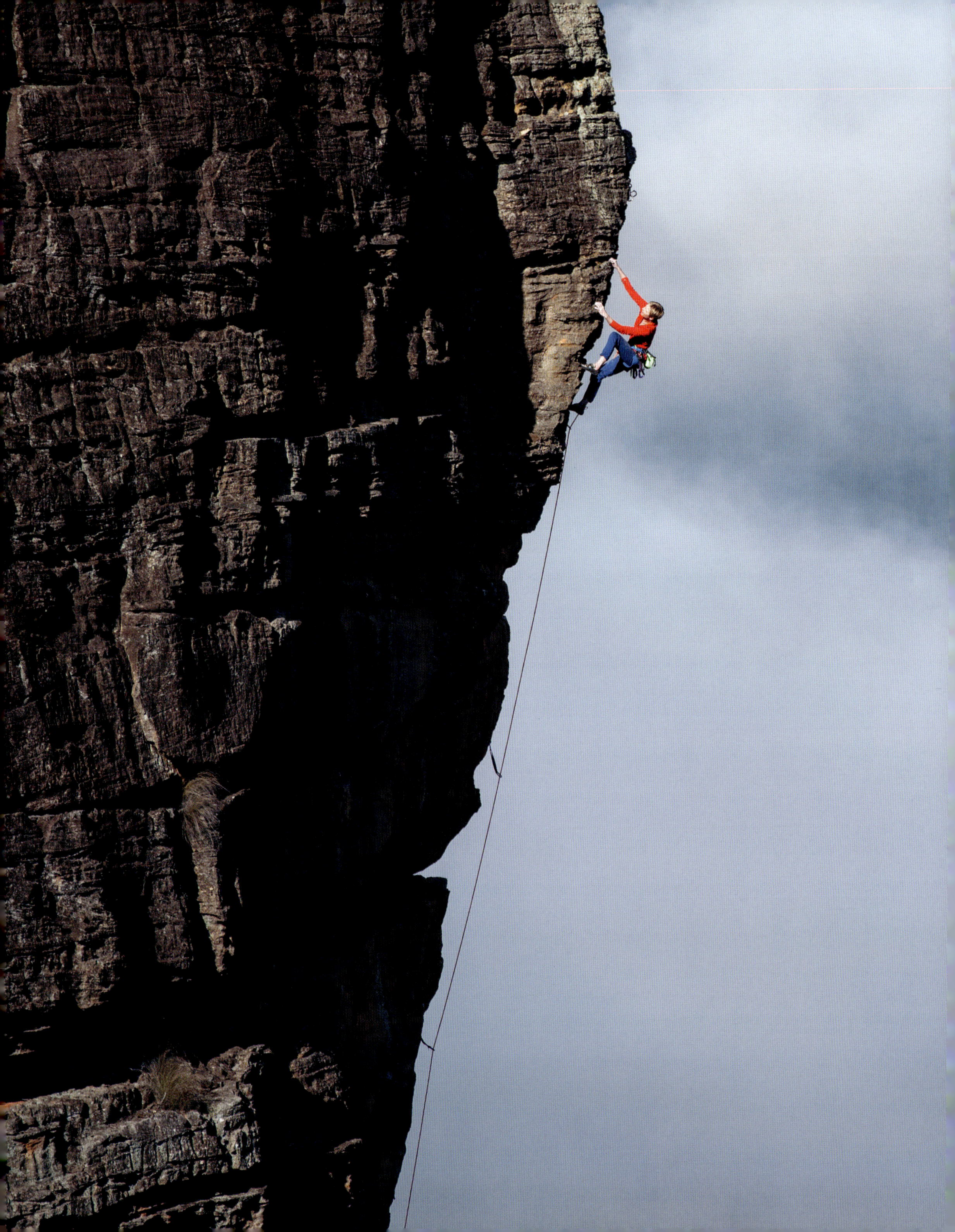

←← **Until the Cows Come Home (26)**
Monique Forestier freut sich an einer untypischen neuen Route am Mount Piddington in den Blue Mountains (Australien).

↑ **Body Count Extension (24)**
Ben Wiessner genießt eine hübsche kleine Kante am Ende dieser Route in Van Dieman's Land, Grampians (Australien).

→ **Wheels of Steel (27)**
Ashlee Hendy ist der frühe Vogel an dieser Linie am Koalasquatsy Crag, Grampians (Australien).

KANTEN

↑ **Fun Terminal (5.12a)**
Hans Florine genießt diese neuartige Sportroute an der Kante des Killer Pillar, Yosemite, Kalifornien (USA).

→ **Spank the Monkey (5.13d)**
Mike Doyle gibt alles an der harten, wenig gute Sicherungspunkte bietenden Kante des Monkey Face, Smith Rock, Oregon (USA).

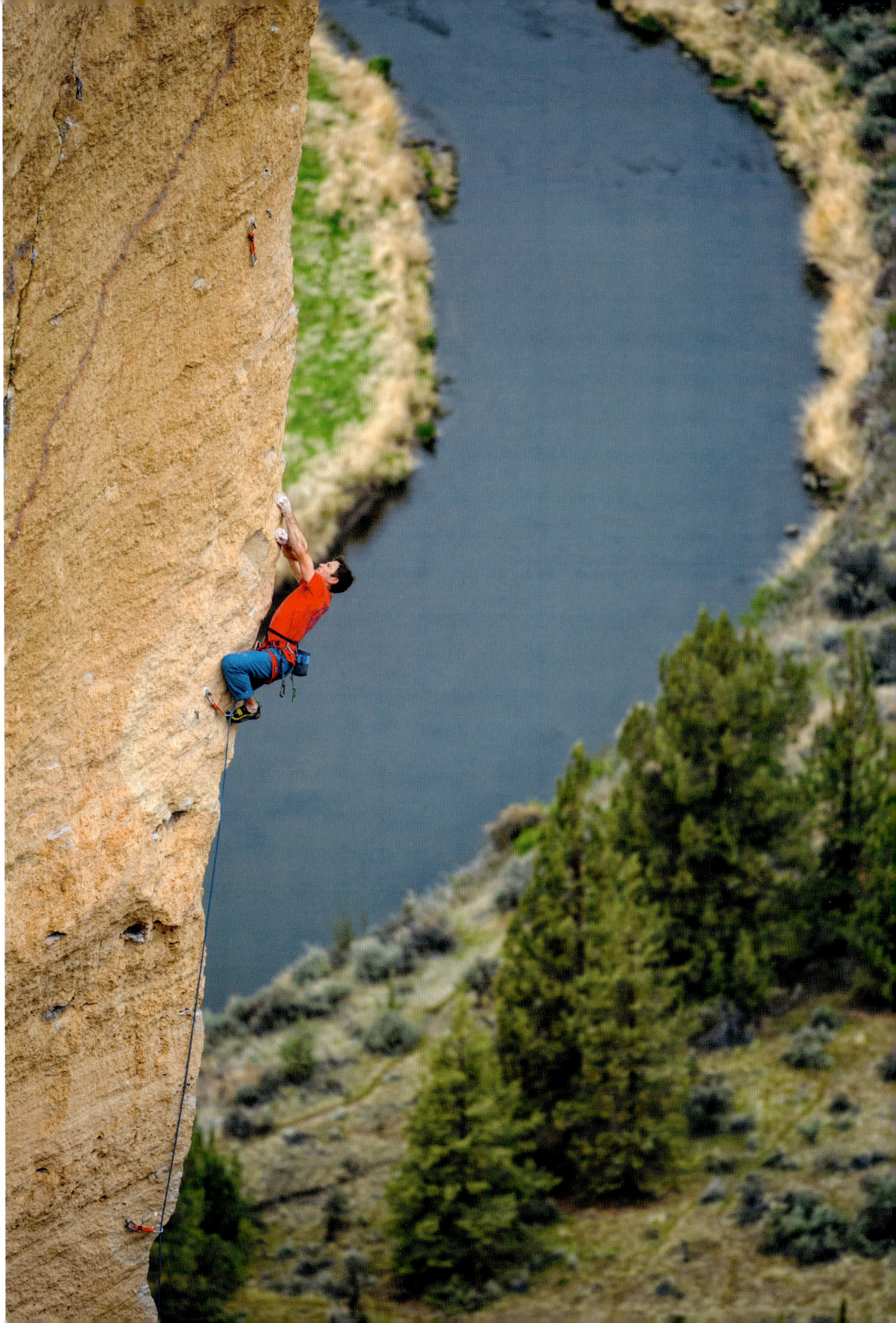

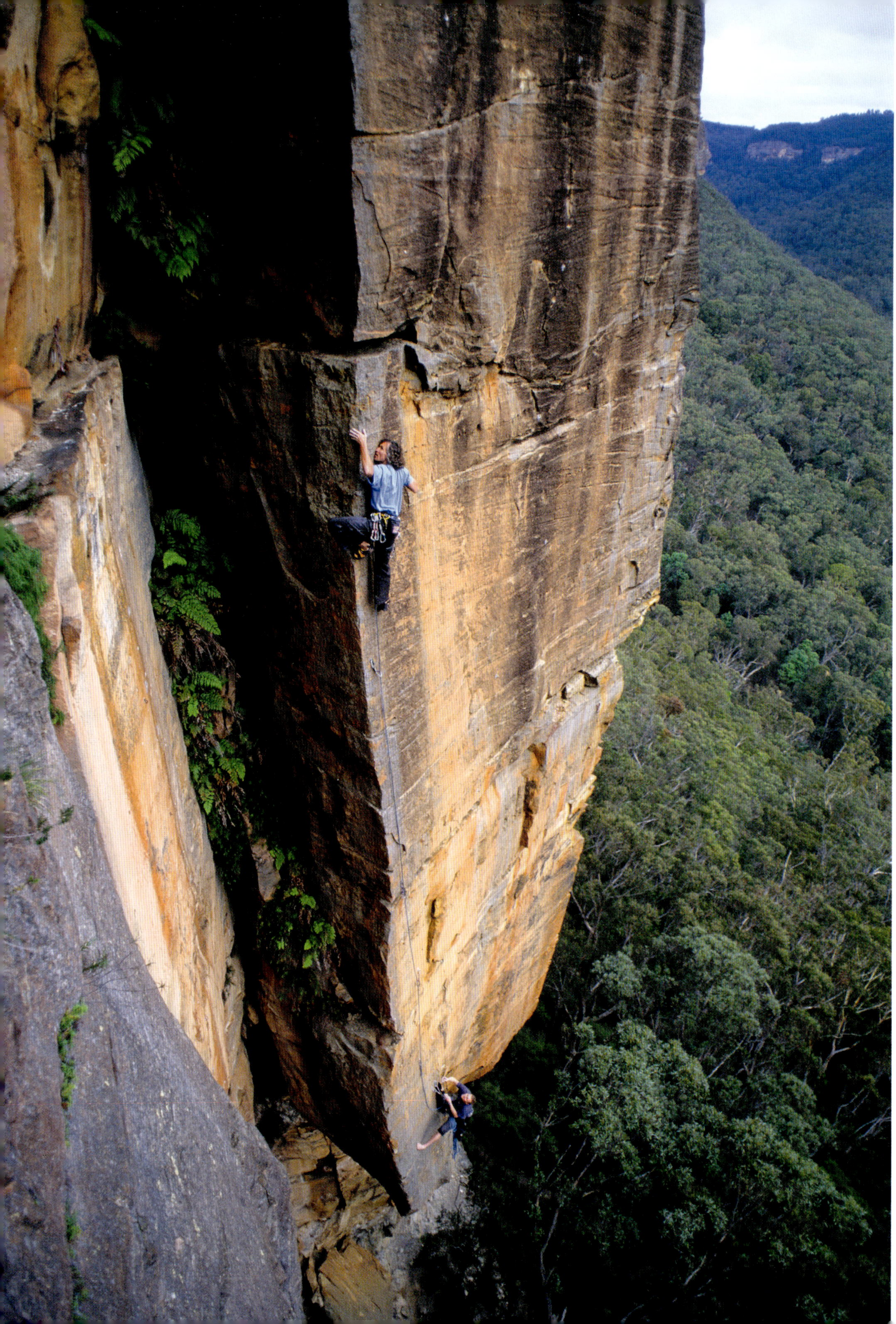

← **Soul Catcher (25)**
Stefan Glowacz bei seiner Onsight-Begehung dieser schönen Kante am Porter's Pass, Blue Mountains (Australien). Ben Cossey sichert hängend.

↓ **Naked and Disfigured (5.12b)**
Tae Kim klettert eine der Spitzenlinien der Jane's Wall, Red Rocks nahe Las Vegas, Nevada (USA).

→ **Pokamoko and the Valley Girl (31)**
Duncan Steel an dieser hoch aufragenden technischen Kante, einem der Testpieces am Frog Buttress (Australien).

WÄNDE

von Liv Sansoz

In meinem Leben als Kletterin bin ich vielen verschiedenartigen Wänden begegnet, von den einschüchternd überhängenden Wettkampfwänden über die sanften Flächen von Kalkstein-Sportklettergebieten bis hin zum endlosen Granit der großen Wände. Eine Wand, die für manche ein Hindernis darstellt, sehe ich als Herausforderung.

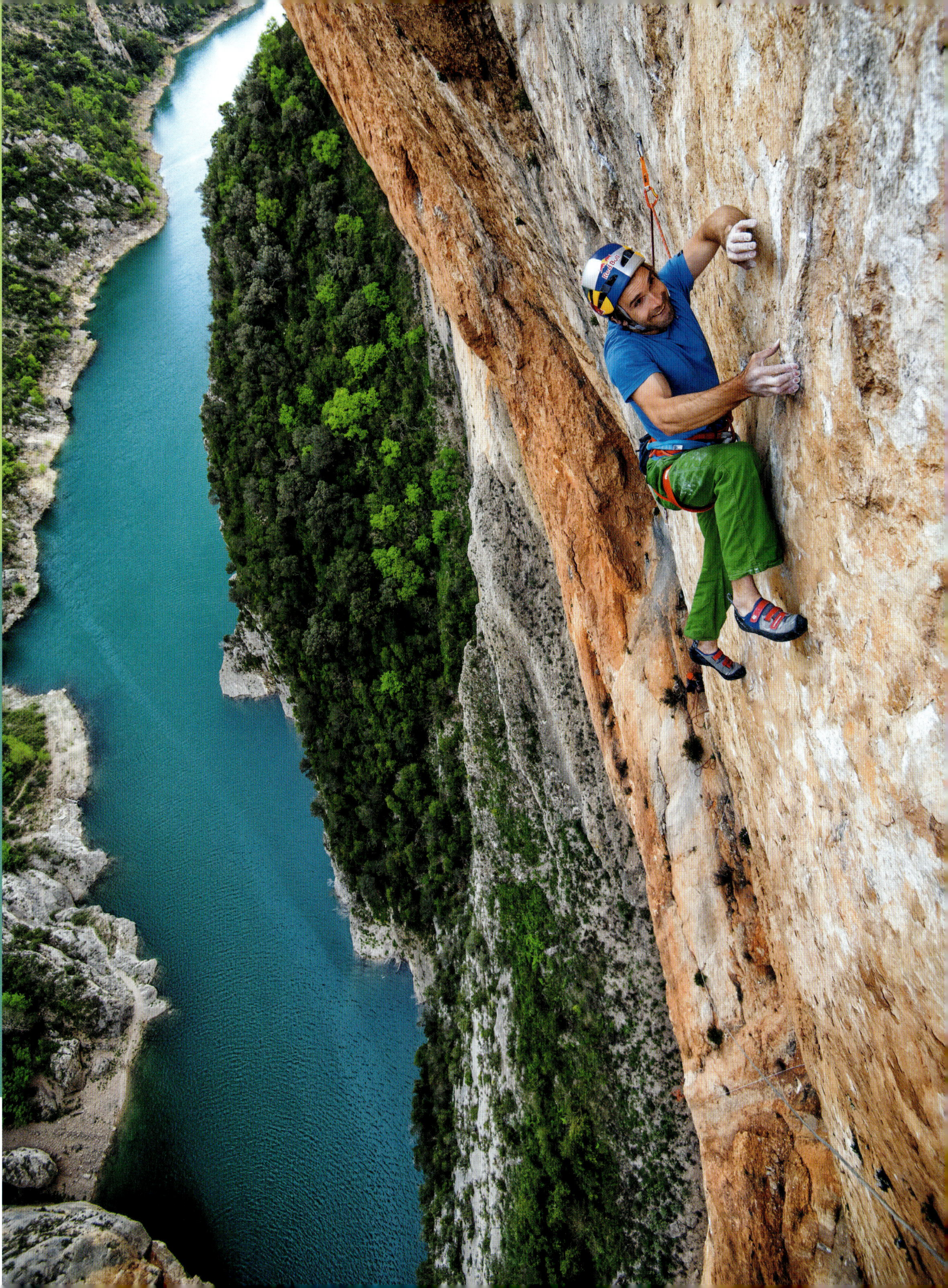

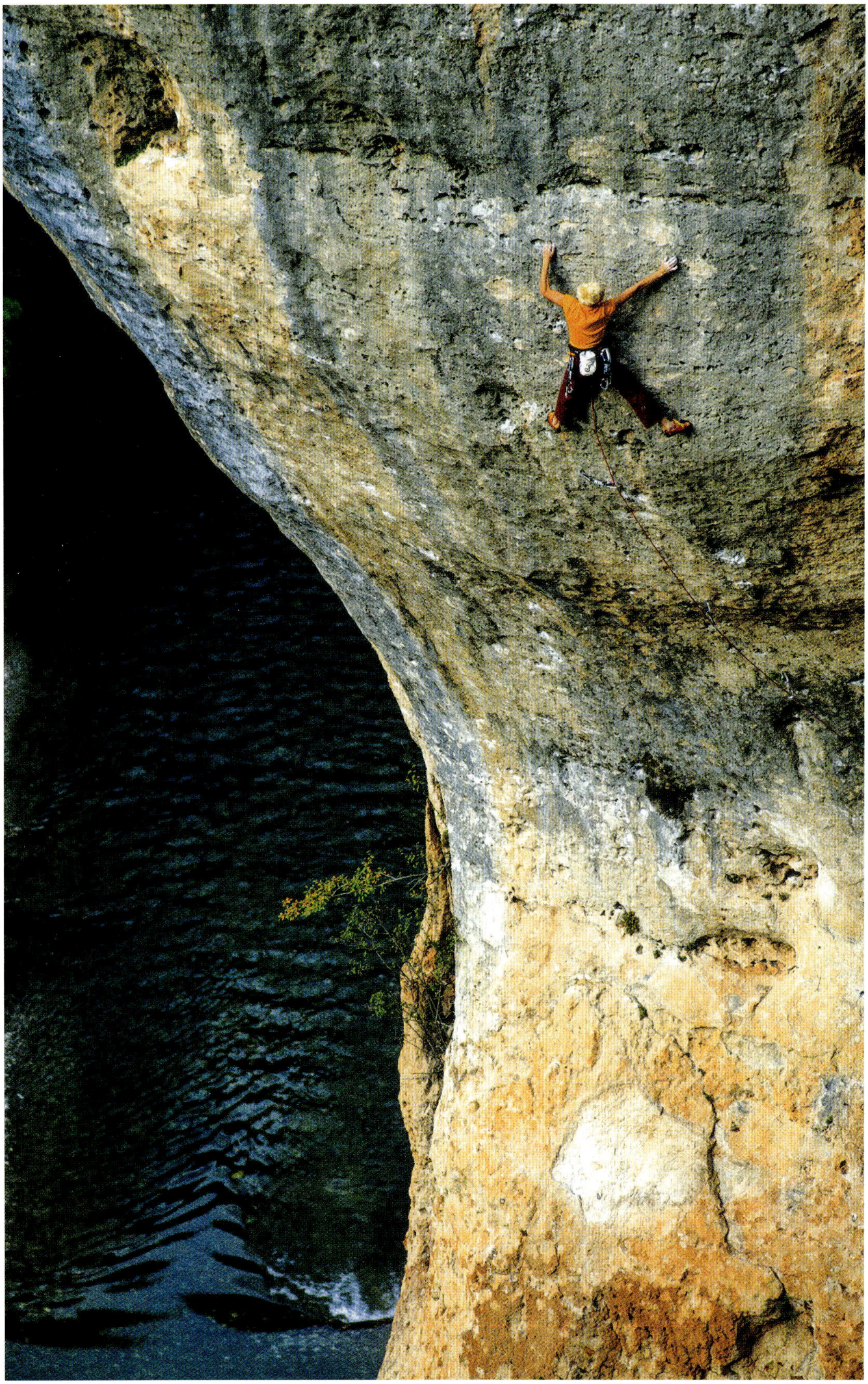

»Als ich mich vom Wettkampfklettern auf echten Fels verlegte, stand ich wieder einmal am Fuß einer Wand und fühlte mich winzig unter dem blanken Fels, der vor mir aufragte. Die innerliche Frage, ob ich das Zeug dazu hatte, stand neben dem brennenden Wunsch, mich der Herausforderung zu stellen und die Durchsteigung zu packen.«

←← Projekt (9a)
Chris Sharma in der vierten Seillänge seines 250-m-Mehrseillängenprojekts in Mont-rebei (Spanien). Die Schwierigkeit wird vorläufig mit 6c+, 9a, 8b, 8c, 8c, 7b, 8c+ bewertet. Klemen Bečan sichert.

← Octopus (7c+)
Liv Sansoz in den löchrigen Kalkwänden der Gorges du Tarn, Lozère (Frankreich). Schon der Name dieses Sektors gibt einen Hinweis auf die kraftvolle Natur der Kletterei: Güllich – nach dem großen Wolfgang Güllich.

Steile, blanke Wände haben mich immer dazu angeregt, Strategien zu finden, um nach oben zu kommen. Meine Geheimwaffe: Mich an einem Wandfuß klein und verletzlich zu fühlen, wie so oft, kann ich in den Wunsch umwandeln, den Gipfel zu erreichen. Es mag schwer aussehen, aber ich werde einen Weg finden.

Die ersten Wände, die mich wirklich beeindruckt haben, waren Wettkampfwände. Ich bekam Gänsehaut, wenn ich vom Wandfuß aus die Route hinaufschaute. War ich stark genug? War ich geschickt genug, um das uns gestellte Rätsel zu lösen? Sobald meine Füße den Boden verließen, hörten die Fragen auf, und mein innerer Krieger übernahm. Etwas, das sich wie eine tief in mir verwurzelte Superkraft anfühlte, trieb mich vorwärts. Nichts konnte meine tranceartige Konzentration stören. Mit zunehmender Erfahrung wurde ich mental immer besser. Das innere Geplapper verstummte und wurde durch ein mentales Bild von mir selbst an der Wand ersetzt, als wäre ich außerhalb meines eigenen Körpers und würde aus der Ferne zusehen. In meinem letzten Wettkampfkletterjahr lief alles wie am Schnürchen. Ich war stark und wusste mit dem Druck umzugehen. Sobald ich in meiner Konzentrationsblase war, zählte nur noch, das obere Ende der Wand zu erreichen. Damals gab es bei Gleichstand ein »Superfinale«. Ich hoffte immer, dass in der letzten Runde zwei an der Spitze stehen würden, sodass ich die Superfinalroute klettern konnte. Wenn alles im Fluss war, fühlte es sich nicht mehr an, als würde ich klettern, sondern gleiten.

Als ich mich vom Wettkampfklettern auf echten Fels verlegte, stand ich wieder einmal am Fuß einer Wand und fühlte mich winzig unter dem blanken Fels, der vor mir aufragte. Die innerliche Frage, ob ich das Zeug dazu hatte, stand neben dem brennenden Wunsch, mich der Herausforderung zu stellen und die Durchsteigung zu packen. Draußen lagen mir die glatten Kalkwände am besten. Wir alle bringen beim Klettern etwas von unserer Persönlichkeit ein. Sowohl am Fels als auch sonst mag ich Präzision. Wer anspruchsvolle Routen an den Kalkwänden in der Virgin River Gorge (USA), in Cimaï, Buoux, Céüse und der Gorges du Tarn (alle in Frankreich) klettern will, muss präzise, akribisch und fokussiert sein, auch wenn man pumpen muss. *Necessary Evil* in der Virgin River Gorge war genau eine solche Route. Von der exakten Position meiner Hüfte beim Flagging bis zum winzigen Daumengriff, der eine scheinbar unmögliche Bewegung ermöglichte, hatte ich jede Bewegung millimetergenau geplant. Ich empfinde es immer als unglaublich befriedigend, den Punkt zu erreichen, an dem ich mir alles perfekt eingeprägt habe – von der Körperhaltung bis zum Rhythmus, und wie fest jeder Griff gehalten werden muss. Das Gefühl, sich voll konzentriert und gewissenhaft eine glatte Wand hinauf zu bewegen, ist unvergesslich. In diesem Moment ist man weniger Kletterin und vielmehr Dirigentin einer Bewegungssymphonie.

Doch trotz meines perfekt abgestimmten Mikrobetas hatte ich nicht alles unter Kontrolle. Ich war wohl nur ein paar Versuche davon entfernt, *Necessary Evil* durchzusteigen, als mein Sicherer mich beim Ablassen während des Aufwärmens fallen ließ. Mein Aufenthalt in den USA endete jäh mit einem gebrochenen Wirbel. Die Verletzung änderte den Verlauf meiner Kletterkarriere und führte mich schließlich zu einer anderen Art von Wand: den Bigwalls.

Am Fuße einer massigen Granitwand, wenn man sich beim Hinaufstarren den Hals verrenkt, kann man sich nur klein fühlen. Und wieder war dieses Hindernis eine Herausforderung für mich, die ich nicht ablehnen konnte. Beim Bigwall-Klettern gibt es viele Unbekannte. Ich bin jedoch immer zuversichtlich, dass meine Kletterpartner*innen und ich gemeinsam Lösungen finden und die richtigen Entscheidungen treffen werden. Meine Reise nach Yosemite mit meiner querschnittsgelähmten Freundin Vanessa François sowie mit Marion Poitevin und Fabien Dugit 2013 war keine Ausnahme – die ungewöhnliche Herausforderung und die außerordentlichen Umstände machten sie zu einer der bemerkenswertesten Erlebnisse meiner Kletterkarriere. Diesmal ging es nicht um den individuellen Erfolg wie eine Rotpunktbegehung oder einen Wettkampf. Es ging um ein gemeinsames Projekt: Vanessa dabei zu helfen, den Granitriesen El Capitan zu durchsteigen. Für den Erfolg würden wir unsere Energie, unser Wissen, unsere Fähigkeiten und unsere Erfahrung bündeln müssen.

Vor ihrem Unfall eine erfolgreiche Alpinkletterin, wandte sich Vanessa nach ihrer Rehabilitationsphase an mich, weil sie trotz ihrer Behinderung weiter klettern wollte. Sie stellte ein Team von Kletter*innen zusammen, und wir bereiteten die Reise zwei Jahre lang vor: Für das Projekt musste viel Geld beschafft werden, es erforderte Planung und Logistik. Obwohl es nicht um einzelne Züge ging, wie bei einem klettertechnischen Fokus, waren dennoch zahlreiche Details zu beachten. Wie würde Vanessa an den Wandfuß gelangen? Wie würde sie am Ende einer Seillänge vom Seil zur Portaledge wechseln? Wie würde sie vom Gipfel herunterkommen? Was, wenn etwas schief ging? Wir mussten akribisch und einfallsreich eine Strategie entwickeln, um Vanessas verrückten Traum wahrwerden zu lassen: *Zodiac* am El Capitan zu klettern.

Nach zweijähriger Vorbereitung kamen wir endlich in den USA an – mitten im Shutdown der Regierung mit Zugangsbeschränkung zum Yosemite-Nationalpark. Als französische Klettergruppe verstanden wir die Bedeutung des Shutdowns nicht, und als wir sahen, dass die Parktore offen waren, gingen wir rein. Das Gute daran: Yosemite war menschenleer und unser Team fünf Tage lang das einzige an einer

»Beim Bigwall-Klettern gibt es viele Unbekannte. Ich bin jedoch immer zuversichtlich, dass meine Kletterpartner*innen und ich gemeinsam Lösungen finden und die richtigen Entscheidungen treffen werden.«

↗ **Les Nouvelles Plantations du Christ (7c+)**
Liv Sansoz auf dieser langen, pumpigen 35-m-Seillänge – ein Klassiker des Gebiets. Sollte das nicht reichen, bietet die Verlängerung an der Tennessee Wall, Gorges du Tarn, Lozère (Frankreich), weitere 20 m und einen Grad mehr.

→ **Nom de Mostuéjouls! (7b)**
Liv Sansoz in einer der langen 35-m-Seillängen der Tennessee Wall, Gorges du Tarn, Lozère (Frankreich).

WÄNDE

»Nach fünf Tagen, die wir uns hartnäckig die Wand hinaufgequält hatten, standen wir ganz benommen und breit grinsend auf dem Gipfel – verwandelt von der Magie, gemeinsam etwas ziemlich Unmögliches erreicht zu haben.«

der sonst am stärksten frequentierten Bigwalls der Welt. Es war ein emotionaler Moment, als wir Vanessa dabei zusahen, wie sie den Boden verließ und den ersten von unzähligen Klimmzügen die 650 m hohe Wand hinauf machte.

Bald waren wir vier winzige verlorene Fleckchen im Granit, isoliert von der Welt unter uns. Ganz gleich, ob man sich eine Wettkampfwand, eine makellose Passage im Kalk oder eine Bigwall hocharbeitet – es ist ein einzigartiges Gefühl, sich in der eigenen Blase zu bewegen. Diese Art der Isolation fühlt sich eher beruhigend an als stressig. An einer großen Wand reduziert sich das Leben auf das Wesentliche: klettern, hochziehen, essen, trinken, schlafen, am nächsten Tag wieder aufstehen und alles von vorn. In unserem Fall war keine dieser alltäglichen Aufgaben einfach. Wir hatten es mit endlos vielen unverhofften Komplikationen zu tun, von verhedderten Seilen epischen Ausmaßes bis hin zu plötzlichen Böen, die mit der Portaledge wie mit einem Drachen spielten, als wir sie zum nächsten Standplatz hochzogen.

Das Verrückteste dabei: Trotz aller Erschwernisse waren die Harmonie und Gemeinschaft zwischen Vanessa, Marion, Fabien und mir anders als alles, was ich je erlebt hatte. Nach fünf Tagen, die wir uns hartnäckig die Wand hinaufgequält hatten, standen wir ganz benommen und breit grinsend auf dem Gipfel – verwandelt von der Magie, gemeinsam etwas ziemlich Unmögliches erreicht zu haben.

Das ist vielleicht das Schöne am Klettern egal welcher Wand: dass man die Motivation und das Selbstvertrauen für die Herausforderung aufbringt, eine Blase der Ruhe und Konzentration aufbaut, sich sorgfältig und gewissenhaft auf die Details konzentriert und tief in sich die Energie findet, von der man nicht wusste, dass man sie hat. Fügt man das alles zusammen, fühlt sich das, was ein Kampf gegen die Schwerkraft sein sollte, anmutig an.

→ **Zodiac (A2 5.7 oder 5.13d)**
Alexander Huber fliegt zusammen mit seinem Bruder Thomas Huber (nicht im Bild) in 2:31:20 Stunden durch die 600 m lange Route *Zodiac*. 2003 stellte das einen neuen Geschwindigkeitsrekord am El Capitan in Yosemite, Kalifornien (USA), dar. Hier rennt Alex die 14. Seillänge der 16-Seillängen-Route hoch. Bei Erreichen des vorherigen Standplatzes hatte Alex das Seil abgeknotet, etwa 20 m Seil auf dem Standplatz abgelegt und war weitergeklettert, während Thomas am Fixseil zum Standplatz aufstieg.

↗ Alex bremst kaum ab, um in der 15. Seillänge eine Sicherung zu legen.

WÄNDE

Sandsteinwände des Grose Valley in den Blue Mountains (Australien).

↑ **Wild Wild West (23)**
Vince Day steigt eine 45-m-Route an der treffend benannten Great Outdoors Wall am Hanging Rock vor.

→ **Big Nose (26)**
Flint Duxfield macht sich in der siebten Seillänge (21) der 250 m langen »Spine Chiller Traverse« am Pierce's Pass lang.

→→ **I Have a Dream (25)**
Vince Day klettert eine fantasiereiche Route am Pierce's Pass, in die man sich zunächst abseilen muss.

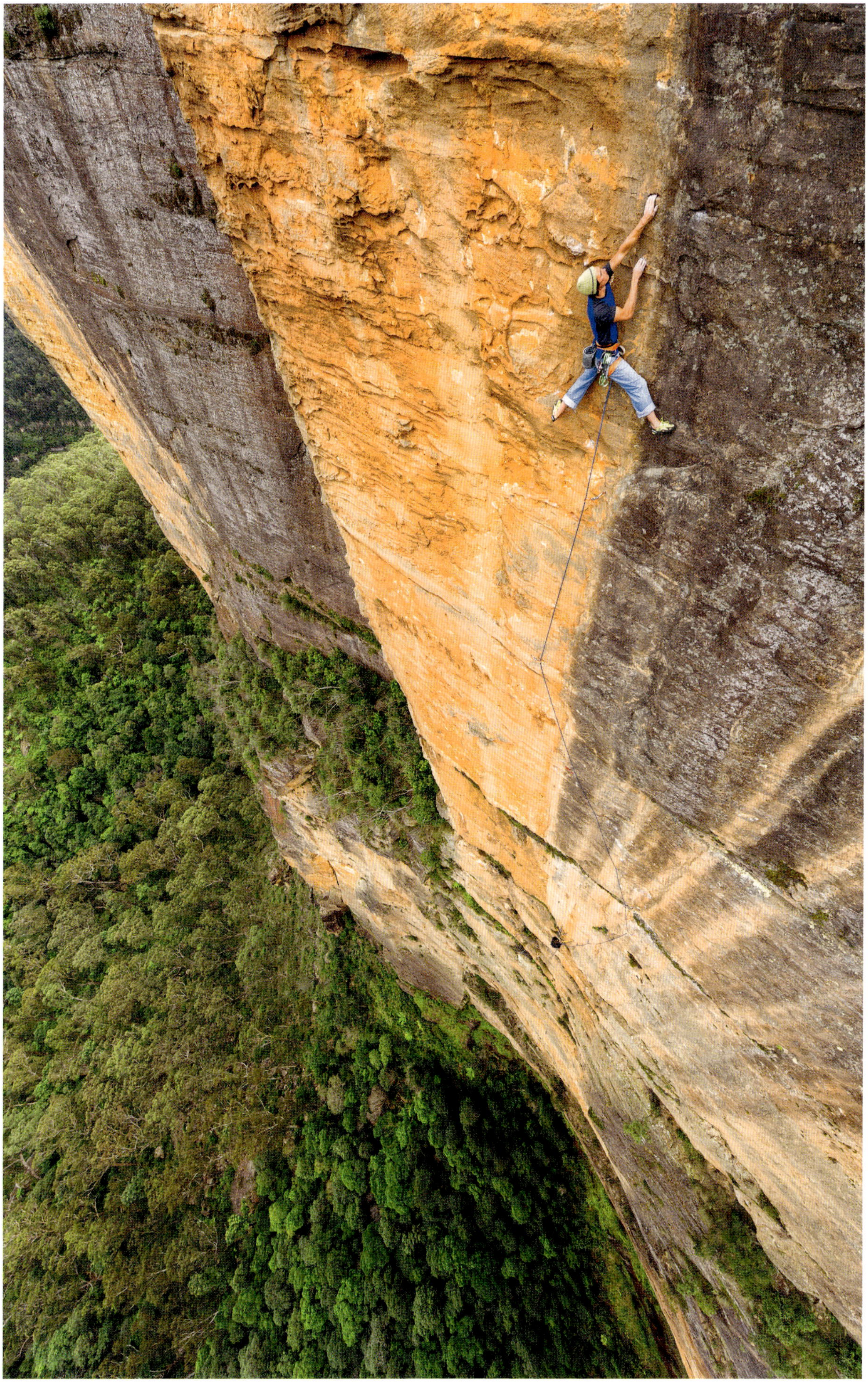

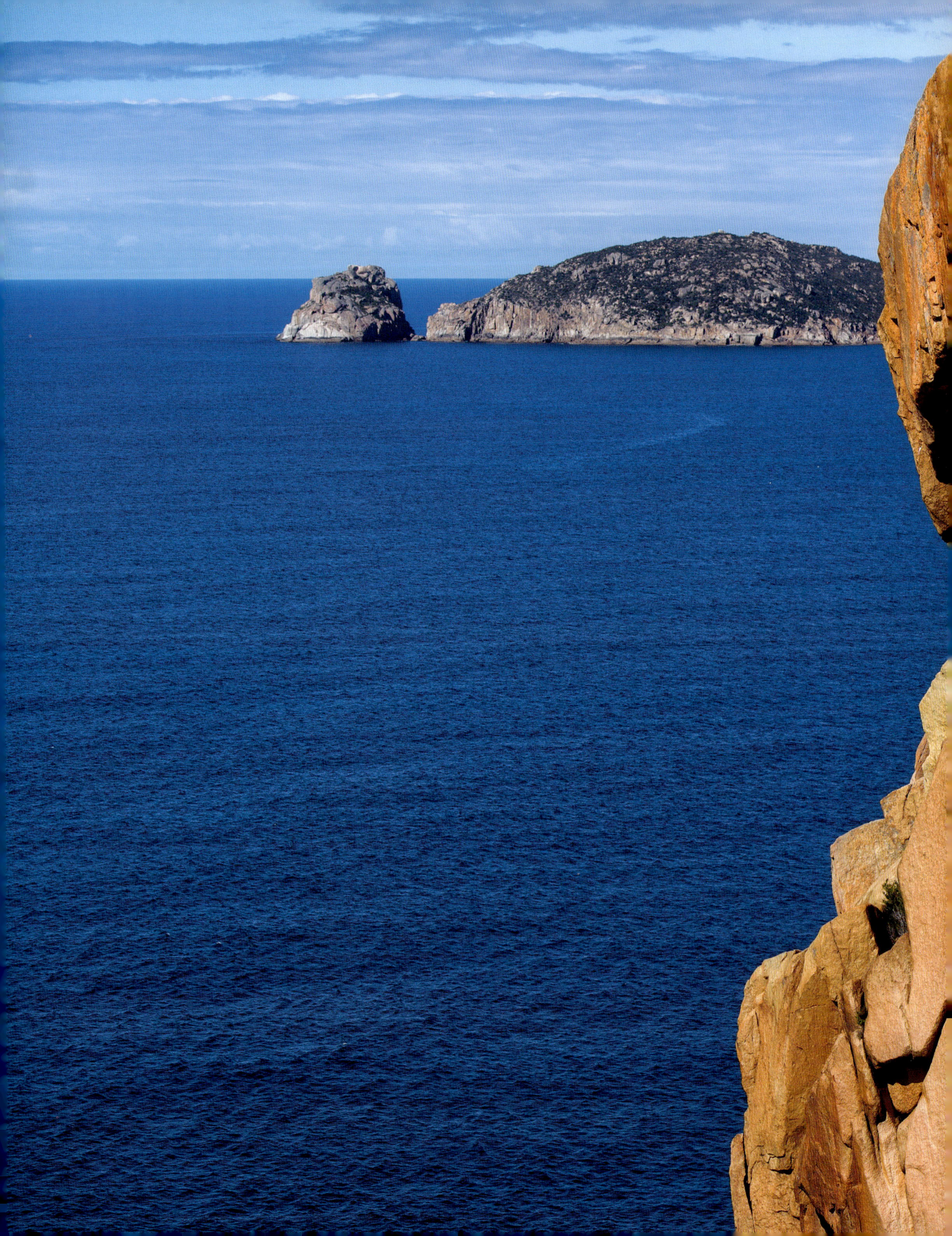

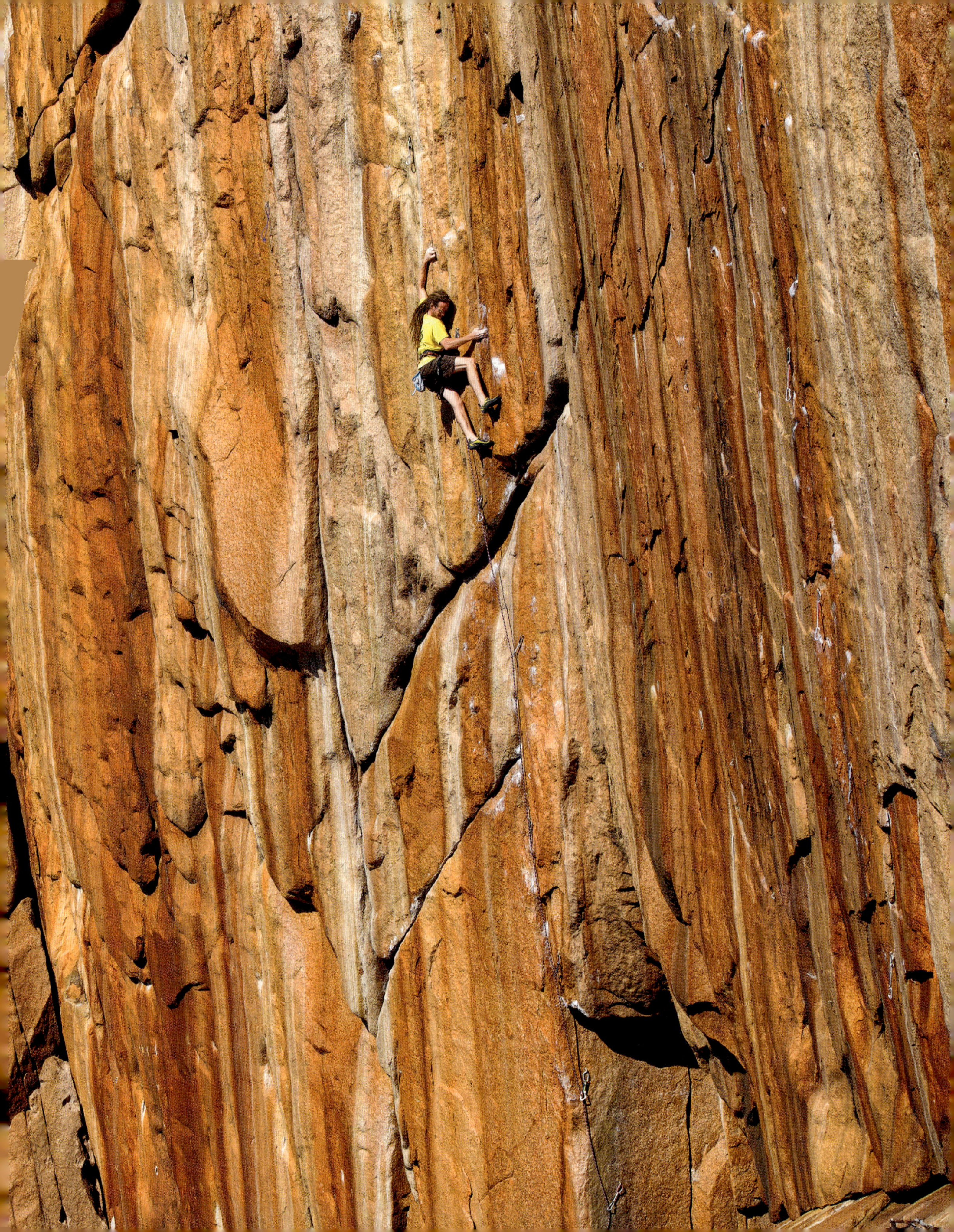

←← **Simply the Best (28)**
Andrew Cubbon in einer der großartigen Sportrouten von Star Factory, Tasmanien (Australien).

↓ **Training für Big Walls (19)**
Jean-Philippe Dumas nähert sich der Mitte dieser Zwei-Seillängen-Route an der stimmungsvollen Southern Ocean Wall, West Cape Howe (Australien).

→ **Talk is Cheap (24)**
Garry Phillips steigt die zweite (Schlüsselseillänge) von zehn Seillängen der abenteuerlichen 210-m-Route vor, in die man sich zunächst abseilen muss. Er hat sie an der Hauptwand des Mount Brown, Tasmanien (Australien), mit eingerichtet. Jake Bresnehan sichert.

WÄNDE

WÄNDE

← **Daedalus (29)**
Monique Forestier bleibt im atemberaubend marmorierten, dürftig gesicherten Sandstein der Taipan Wall, Grampians (Australien), gelassen.

↓ **Land Art (7c)**
Cristian Brenna steigt die dritte (7b) von vier Seillängen an der ästhetischen Transatlantico-Wand vor – einem der vielen Gebiete rund um Arco (Italien). Fabio Leoni sichert.

→ **Golden Ticket (5.14c)**
Matty Hong ist dabei, dieses lohnenswerte Testpiece in der Red River Gorge, Kentucky (USA), einzutüten.

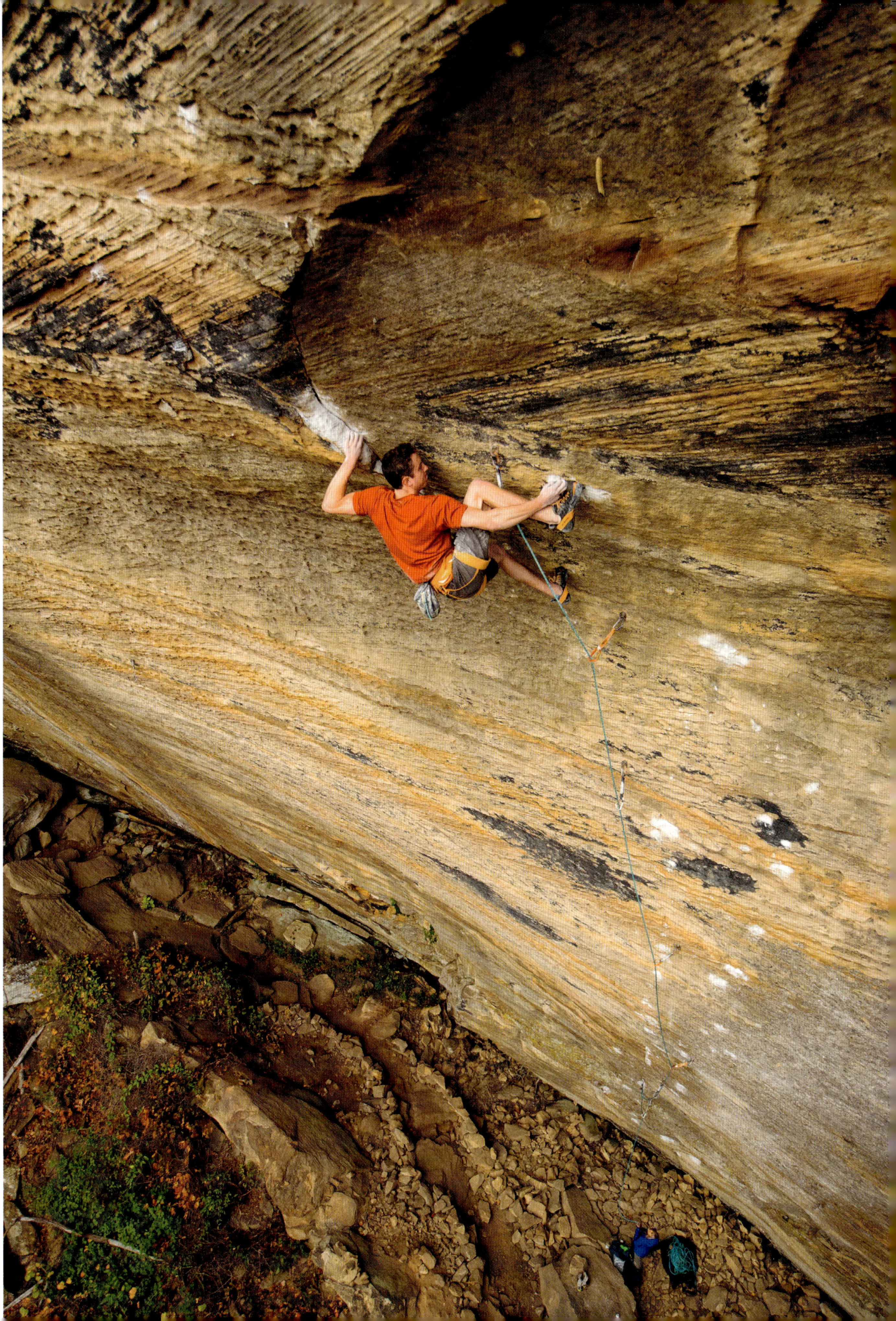

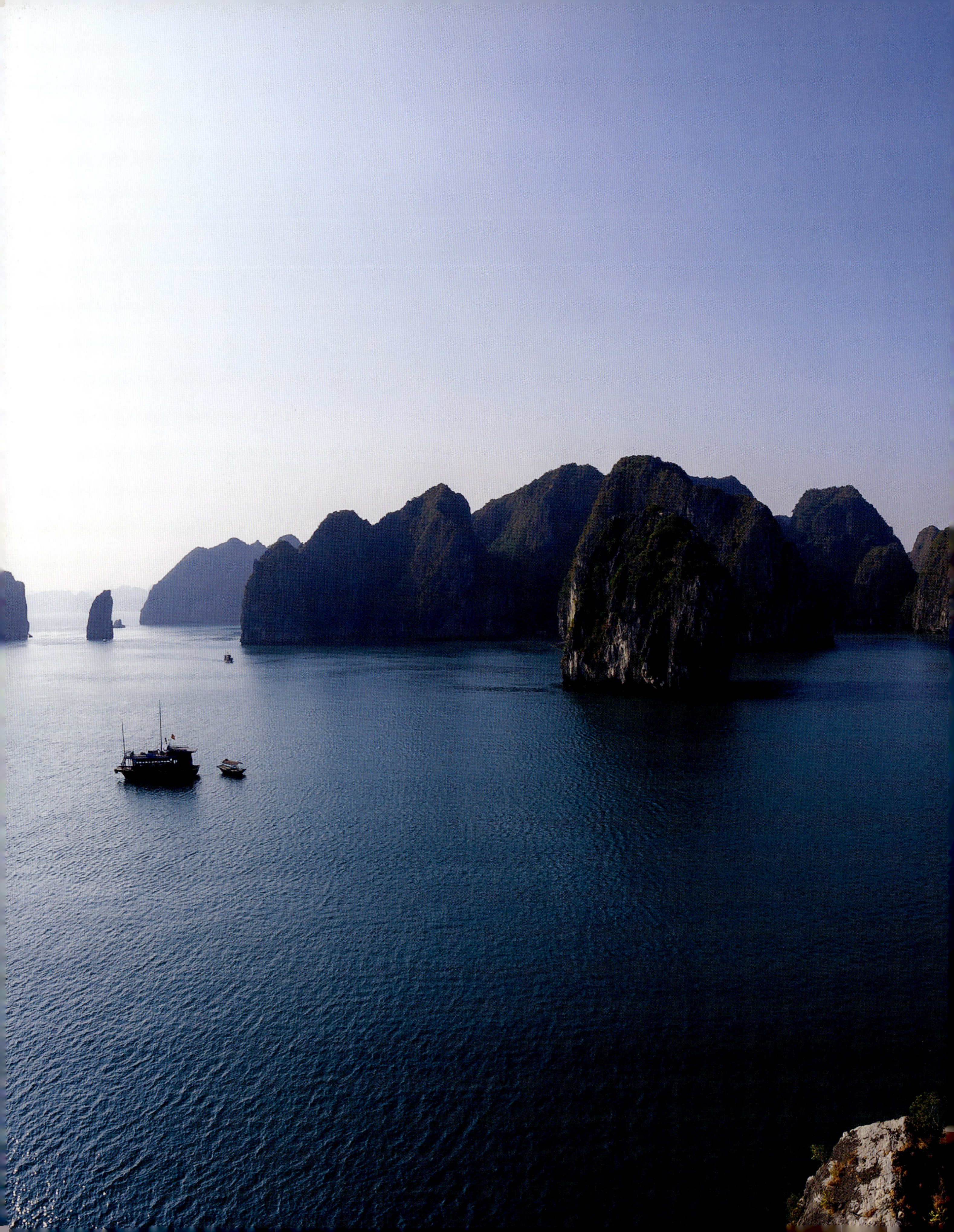

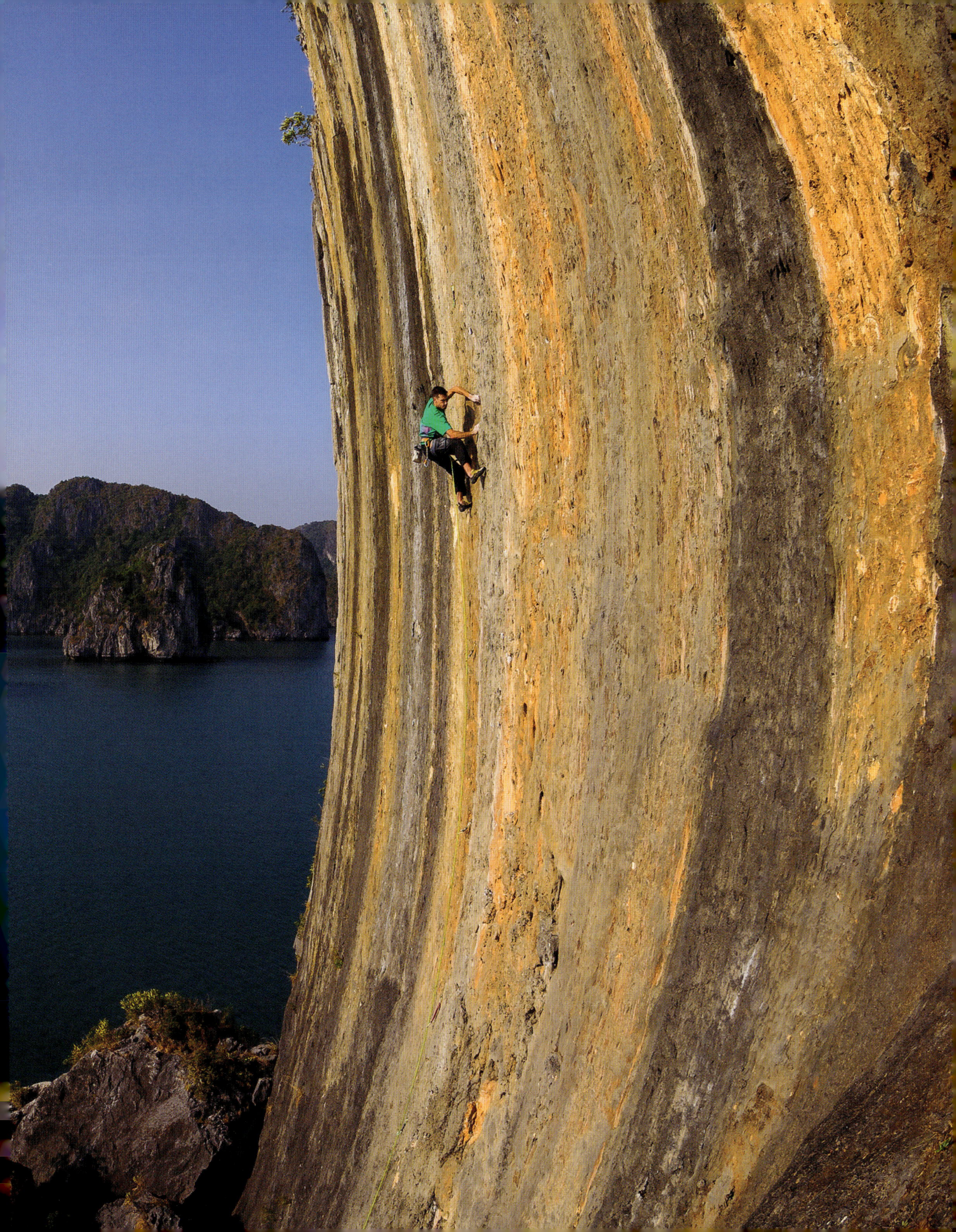

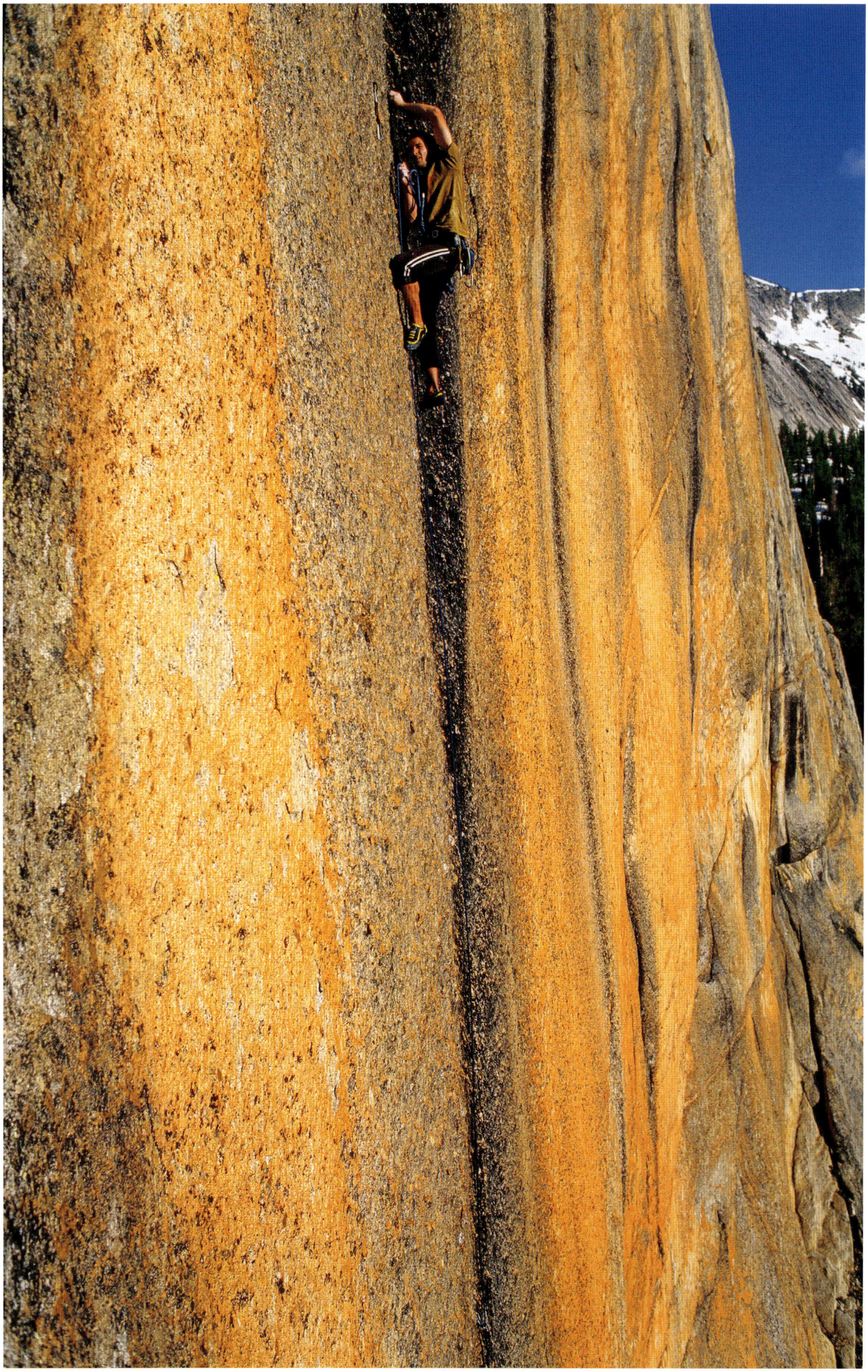

←← **License to Climb Harder (7c)**
Lee Cujes fand den Kalk dieser Wand – wie tropfendes Kerzenwachs – so schön zu klettern, dass er eine Erweiterung einrichtete. Die Wand schmückt eine der Tausenden von Inseln in der Halong-Bucht (Vietnam) und heißt »The Face«.

← **Bachar-Yerian (5.11c)**
Bei seiner Begehung dieser berüchtigten, außergewöhnlich kühnen Route hält sich Stefan Schiller in der zweiten von vier Seillängen fest, um zu klippen – die letzte Sicherung ist am unteren Bildrand. Die Route am Medlicott Dome in Tuolumne Meadows, Yosemite National Park, Kalifornien (USA), wurde in den 1980er Jahren Ground-up eingerichtet.

→ **Shipoopi! (5.11d)**
Diese Route auf dem höckerig-schönen Granit des Medlicott Dome ist so etwas wie eine Begleiterin von Bachar-Yerian – gleich links davon, aber weitaus großzügiger abgesichert. Heidi Wirtz steigt die zweite Seillänge vor, David Bloom sichert.

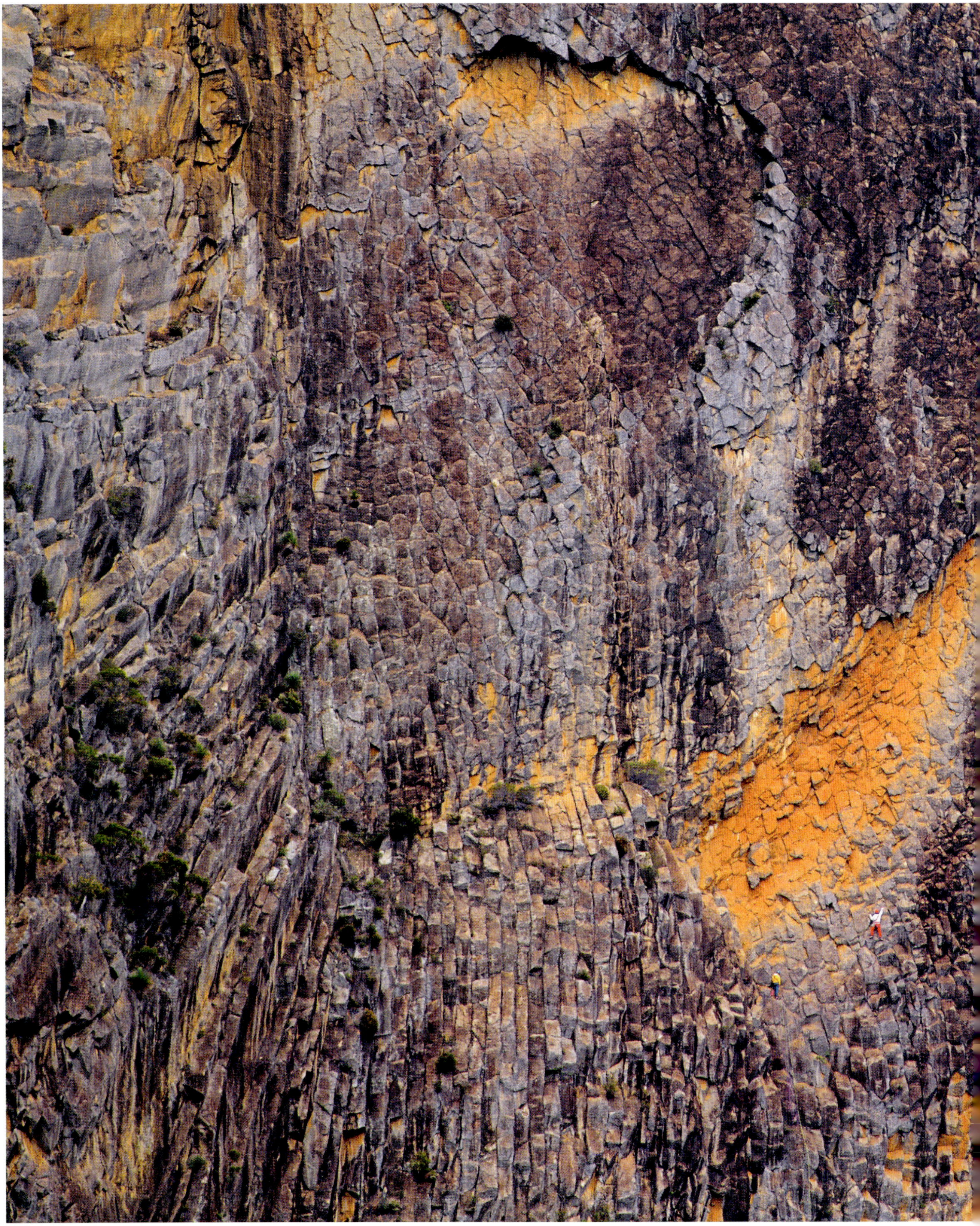

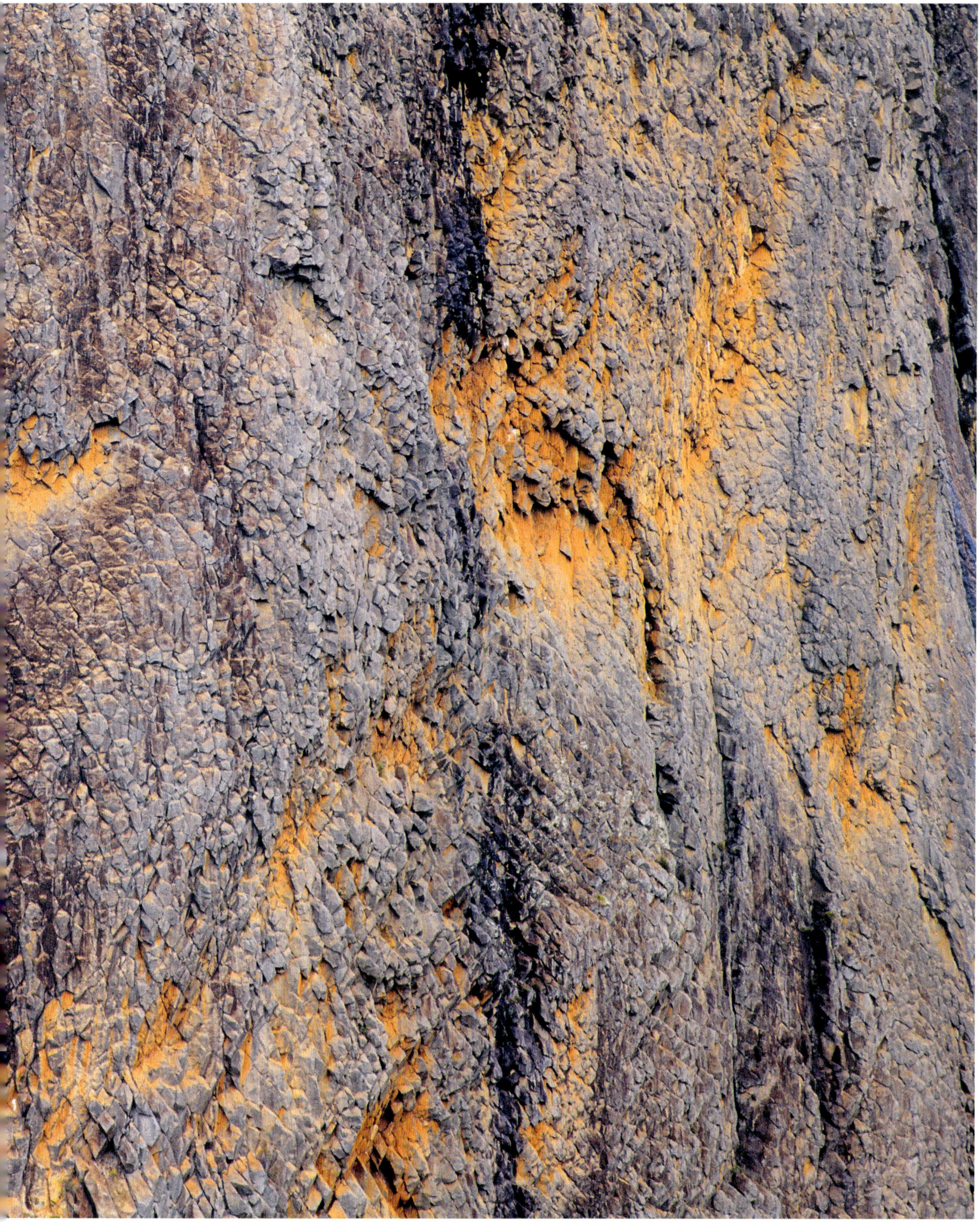

←← **Flight of the Phoenix (18)**
Mitten in dieser klassischen 310-m-Abenteuerroute am Bluff Mountain in den
Warrumbungles (Australien) steigt A. J. Brown vor und Jacob Greber sichert.

↑ **Eve Line (7b)**
Arnaud Petit an den Kalkwänden der Verdonschlucht, Alpes de Provence
(Frankreich). Stéphanie Bodet sichert.

→ **Flaming Galah (30)**
Kumari Barry klettert die sechste Seillänge (Schlüsselstelle) dieser
230-m-Route in der Südwand der Bungonia Gorge (Australien). James
Alexander sichert.

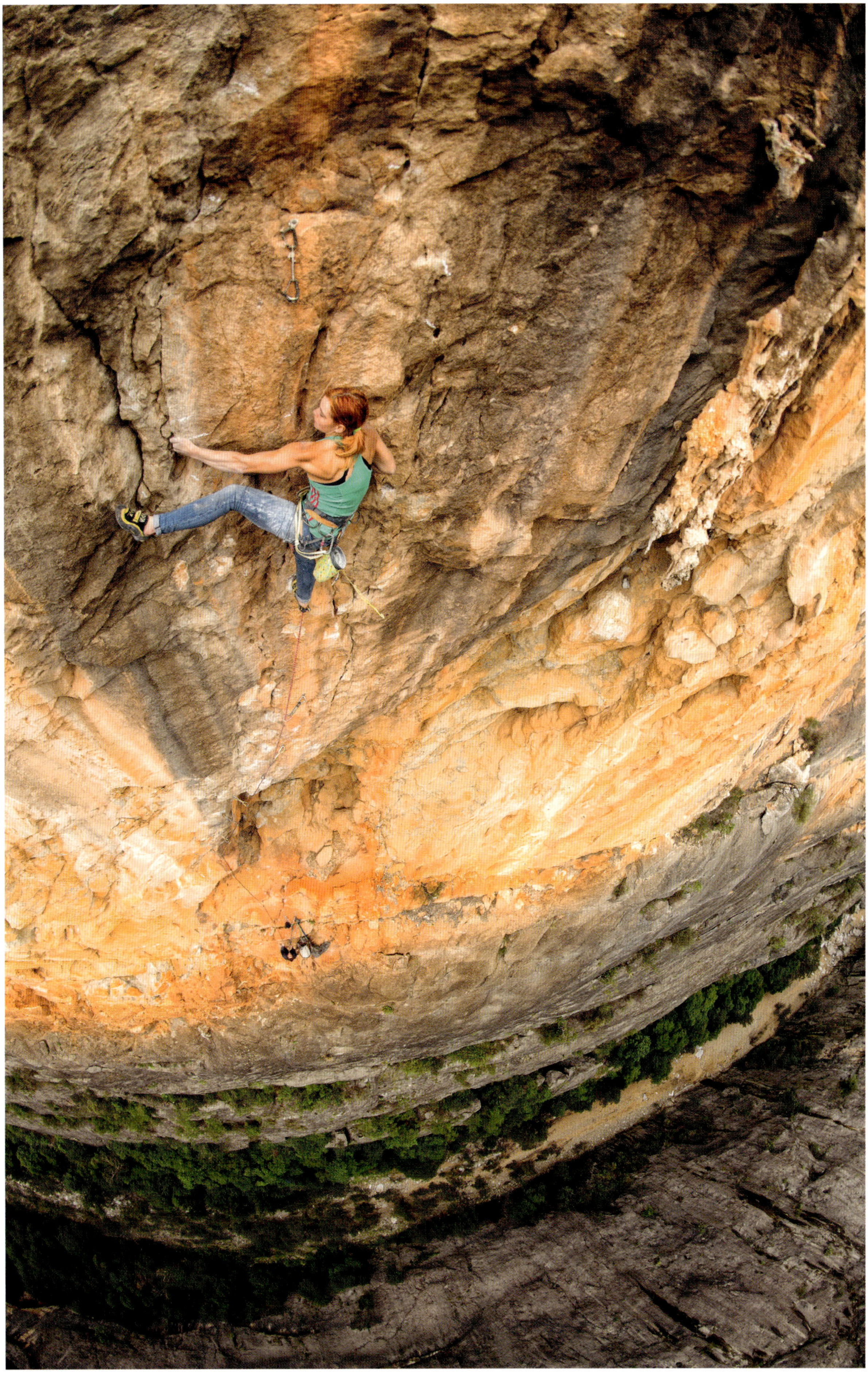

IM FLOW

von Daila Ojeda

In den Momenten der Perfektion, in denen der Schwierigkeitsgrad einer Route unserem Können entspricht, kommen wir in einen Flow – wir gehen völlig im Augenblick auf. In diesem Zustand läuft das Klettern automatisiert ab. Es erzeugt einen Fokus, der uns in den Moment bringt, weg vom Lärm und den Ablenkungen des Alltags.

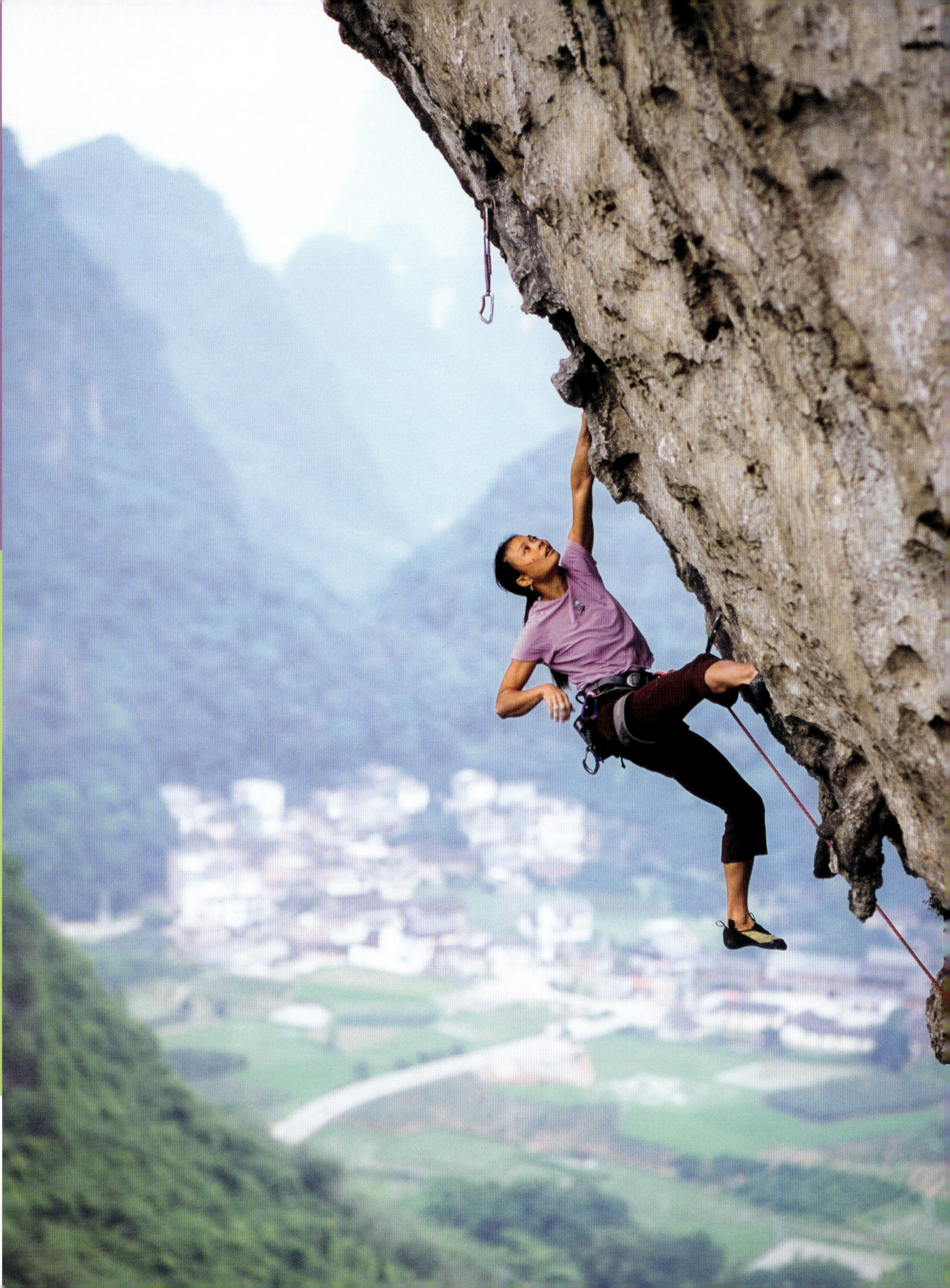

Denken wir an das, was es zum Klettern braucht, kommt uns als erstes die Körperkraft in den Sinn. Damit liegen wir nicht falsch: Klettern erfordert Kraft, Ausdauer und Gelenkigkeit. Doch es gibt noch viele weitere wichtige Werkzeuge, die es uns ermöglichen, leistungsfähiger zu klettern. Das war eine weitreichende Erkenntnis für mich.

Mit dem Klettern habe ich auf meiner Heimatinsel Gran Canaria begonnen. Das Vulkangestein der Kanaren ist mit seinem dunklen Basalt sehr ästhetisch. Zunächst hatte ich mich wegen der Lebensart in den Sport verliebt – eine Gemeinschaft, die ihre Zeit draußen in der Natur verbringt. Das Klettern selbst war für mich von Anfang an eine echte Herausforderung. Ich war frustriert, war nicht mehr in meiner Komfortzone. Schon seit meiner Kindheit war ich sportlich unterwegs und fühlte mich daher physisch zum Klettern in der Lage – nur: Ich hatte Angst dabei. Doch obwohl mich diese Angst daran hinderte voranzukommen, musste ich ständig an das nächste Mal denken, wenn ich wieder klettern gehen würde. Erst einige Jahre später und dank eines guten Freundes begriff ich, dass meine Blockade psychischer Natur war. Ich hatte meine Aufmerksamkeit einzig auf die physische Seite gerichtet.

Eine der wichtigsten Lektionen, die mich das Klettern gelehrt hat, ist, immer im Hier und Jetzt zu sein. Konzentration braucht ein Ziel. Um erfolgreich zu sein, muss man die eigenen Gedanken auf dieses Ziel ausrichten. Beim Klettern versuche ich, auf die Abfolge der vor mir liegenden Züge zu achten und mich auf die zu lösenden Probleme zu konzentrieren – ohne darüber nachzudenken, was als Nächstes kommt, denn das ist Zukunftsmusik. Mein Ziel ist in der Regel nicht der Durchstieg. Den will ich natürlich schon, aber das Endergebnis ergibt sich aus dem Erreichen einer Reihe kleinerer Ziele, die mir helfen, ohne Druck zu klettern. In der Regel konzentriere ich mich am liebsten darauf, *wie* ich klettere – mich so einfach und so schön wie möglich zu bewegen. Dieser Fokus macht das Klettern für mich zu einer Art Spiel, das mich durch die Route führt, sodass ich es genießen kann. Wenn ich diesen Flow-Zustand erreiche, denke ich an nichts mehr. Das ist ein ganz besonderes Gefühl.

Ein weiteres grundlegendes Kletterwerkzeug, das direkt mit der Konzentration zusammenhängt, ist die Visualisierung. Dabei stelle ich mir vor, wie ich mich während einer bestimmten Bewegung fühle – so als ob ich sie genau jetzt ausführen würde. Ich konzentriere mich darauf, wie ich die Griffe halte, auf meine Körperhaltung vor dem nächsten Zug, aber auch, wie ich mich *fühle*.

Im katalonischen Oliana habe ich viel Zeit damit verbracht, meine Klettertouren vom Boden aus zu visualisieren (die dortigen Routen sind sehr lang!). Bei meiner ersten 8c-Route, *Fish Eye*, fragte

»[Bei der Visualisierung] stelle ich mir vor, wie ich mich während einer bestimmten Bewegung fühle – so als ob ich sie genau *jetzt* ausführen würde. Ich konzentriere mich darauf, wie ich die Griffe halte, auf meine Körperhaltung vor dem nächsten Zug, aber auch, wie ich mich *fühle*.«

←← **Over the Moon (5.12c)**
Olivia Hsu fasst für die Rotpunktbegehung dieser immer steiler werdenden Route am Moon Hill nahe Yangshuo (China) die nächsten Züge ins Auge.

→ **Mind Control (8c+)**
Daila Ojeda in diesem 50 m langen Kraft-Ausdauer-Testpiece – einem der begehrtesten in Oliana (Spanien).

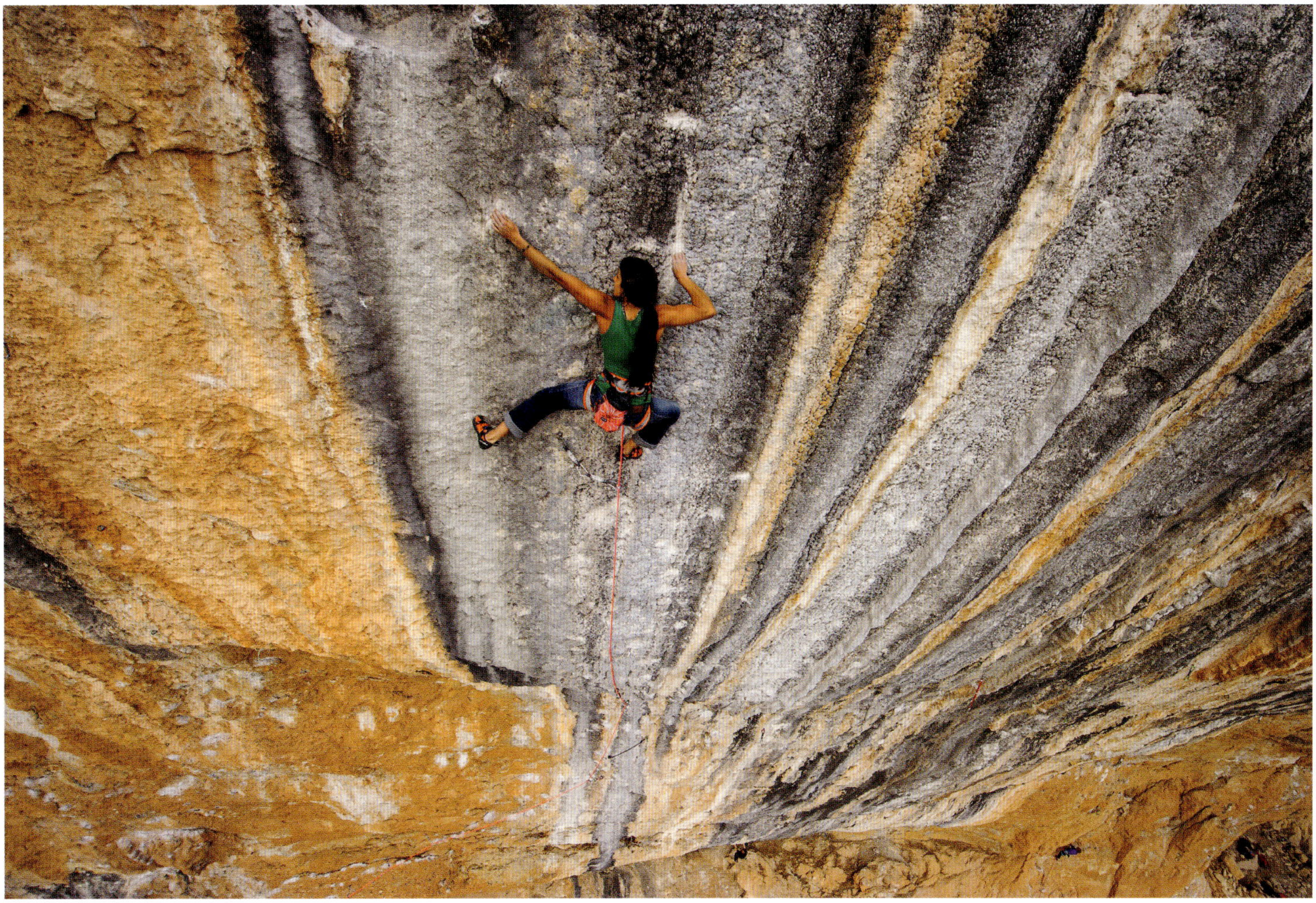

172 IM FLOW

mich meine Freundin Anna, wie ich mich mental vorbereitet hatte. Ich hatte meine Bewegungen visualisiert, daher fühlte ich mich bereits viel sicherer und erklärte: »Yepp, ich glaube, ich kann das klettern.« Und das tat ich auch – später am Tag durchstieg ich die Route. Für mich ist es wichtig, mir vorzustellen, wie ich die Route klettere, wie ich richtig atme, wenn ich gute Rastplätze erreiche, im Fluss bin und am Ende den Standplatz klippe.

Es fällt mir schwer, mich dort zu konzentrieren, wo es laut und viel los ist. Daher klettere ich gern lange, abgelegene Routen wie *Tom et je ris* in der Verdonschlucht oder *Menhir* in den Dolomiten, wo ich mich wirklich allein fühle. Fokussierung führt zu einem Zustand völliger Versenkung, in dem nur noch der nächste Zug zählt. Ohne störende Gedanken klettert man fast unbewusst mit Selbstvertrauen und Kontrolle.

Dass es mir leichter fällt, in ruhiger Umgebung in diesen berühmten Flow zu kommen, erklärt vielleicht, warum ich in Kletterhallen so schlecht klettere! In einer Route an einer stark frequentierten Wand ist mir eine gute Verbindung zu meinem Sichernden sehr wichtig – wir müssen absolut harmonieren, damit ich klettern kann, ohne durch Gedanken oder Sturzangst abgelenkt zu werden. Würde ich ein Projekt nicht genießen können, weil meine Aufmerksamkeit durch Menschenmassen oder Lärm stark beeinträchtigt wird, versuche ich es vielleicht gar nicht erst – Ablenkung beim Klettern kann zu Unfällen und Verletzungen führen.

Den Flow erreicht man am besten in einer Route, die körperlich machbar, aber schwierig genug und damit eine Herausforderung ist. Ein bisschen Angst vor einer Route ist an sich positiv: Das senkt meine Erwartungen, sodass ich mich auf den schrittweisen Fortschritt statt auf das Endergebnis konzentrieren kann. Manchmal probiere ich sogar dann Routen aus, wenn ich nicht weiß, ob ich sie schaffe.

Hat man für eine Route trainiert, kennt jede Sequenz und jede Bewegung, dann kommt es auf die volle Konzentration an, wenn man alles aneinanderreiht, um die gesamte Route zu klettern. An diesem Punkt weißt du, dass du es schaffen kannst, brauchst dafür aber konsequente Aufmerksamkeit. Ich entwickle gern unterschiedliche Strategien, teile die Route in Phasen ein und ändere meinen Fokus von Phase zu Phase. Eine Route ist wie ein Rennen – es gibt Höhen und Tiefen, und man muss lernen, mit ihnen umzugehen, die Ursachen zu erkennen, sich wenn nötig in den Kampfmodus zu versetzen und dann zur Ruhe zurückzukehren.

Die Route in Abschnitte einzuteilen, ermöglicht mir zudem, Hindernissen zuvorzukommen. Wenn ich weiß, dass ich erschöpft an einem Ruhepunkt ankommen werde oder die Schlüsselstelle sehr

> »Es fällt mir schwer, mich dort zu konzentrieren, wo es laut und viel los ist. Daher klettere ich gern lange, abgelegene Routen wie *Tom et je ris* in der Verdonschlucht oder *Menhir* in den Dolomiten, wo ich mich wirklich allein fühle.«

↖ **Mind Control (8c+)**
Daila Ojeda im Flow auf dieser treffend benannten Route in Oliana (Spanien).

IM FLOW

»Mir ging durch den Kopf, was für ein Glück ich hatte, einfach nur hier zu sein. Als ich mich von der Route und meinem Ziel löste, kamen Erinnerungen hoch, wie ich auf den Kanaren mit dem Klettern begonnen hatte. Ich dachte, dass ich jetzt hier in Italien war und das tat, was ich am meisten liebte.«

schwer wird, kann ich vorbereitet sein. Ich habe gern die Kontrolle, daher hilft das Vergegenwärtigen dieser Probleme mir, vorab Lösungen zu finden. Durch diese innere Zwiesprache kann ich mich konzentrieren und das Ziel aus meinem Kopf bekommen.

Wichtig sind Selbstvertrauen, um die Höhen und Tiefen zu überstehen, und immer an sich selbst zu glauben, egal was passiert. Für meine Konzentration muss ich positive Gedanken kanalisieren und rufe mir gern in Erinnerung: »Du bist genau da, wo du sein wolltest.« Zu oft träumen wir von einem Projekt und versäumen es, das Hier und Jetzt zu genießen.

Und selbst mit dem richtigen Training und den richtigen Strategien muss man manchmal in sich gehen und einen tieferen Grund finden, um eine Route zu packen. Ich hatte schon seit Längerem vor, *Menhir* in den Dolomiten zu klettern, mein Kletterpartner hatte allerdings nur eine Woche Zeit. Ich kam voran, doch am letzten Tag verließ mich der Mut, und ich dachte: »Ich kann diese Route nicht klettern. Das war's.« Ich setzte mich für einen Moment hin, um mich zu entspannen und die spektakuläre Landschaft um mich herum zu betrachten. Mir ging durch den Kopf, was für ein Glück ich hatte, einfach nur hier zu sein. Als ich mich von der Route und meinem Ziel löste, kamen Erinnerungen hoch, wie ich auf den Kanaren mit dem Klettern begonnen hatte. Ich dachte, dass ich jetzt hier in Italien war und das tat, was ich am meisten liebte. Das reichte – ich ging zurück zur Wand, zog meine Kletterschuhe an und sagte mir: »Gib dir diesen einen Versuch, klettere für dich selbst, für deine Liebe zum Sport.« Und ich durchstieg die Route mit perfekter Konzentration.

→ **Live the Life (28)**
Garry Phillips nähert sich dem Ende der letzten Seillänge der Megaroute, die er zusammen mit Jake Bresnehan (sichert) am massiven Konglomeratfelsen über dem Lake Huntley in der Tyndall Range tief in der Wildnis Westtasmaniens (Australien) eingerichtet hat. Die Seillängen: 21, 28, 27, 27, 26, 25.

IM FLOW

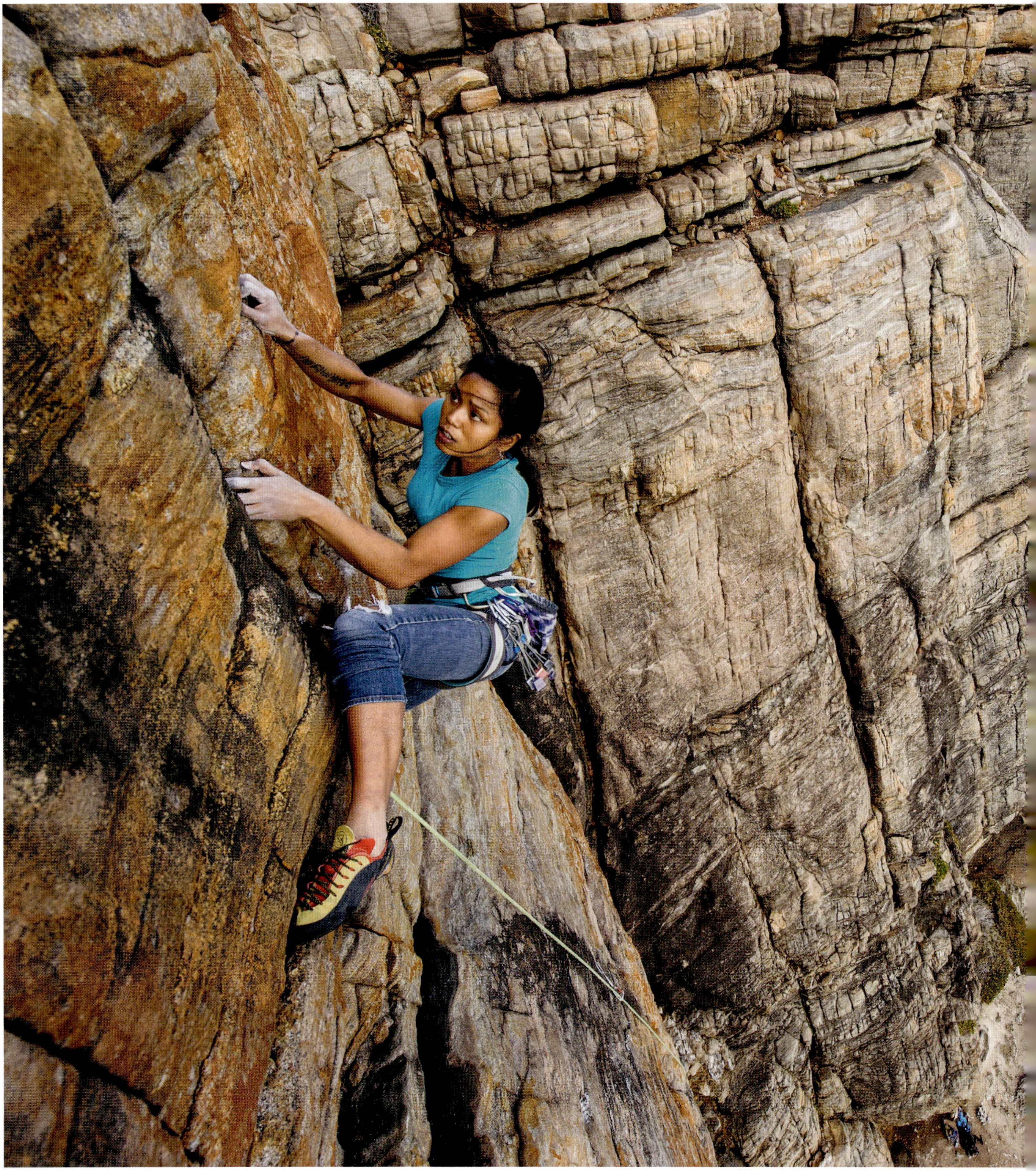

← **Stainless Steel (21)**
Inalee Jahn konzentriert sich auf die letzten Züge dieser schönen Route am windgepeitschten Fels von Wilyabrup, Margaret River (Australien).

IM FLOW

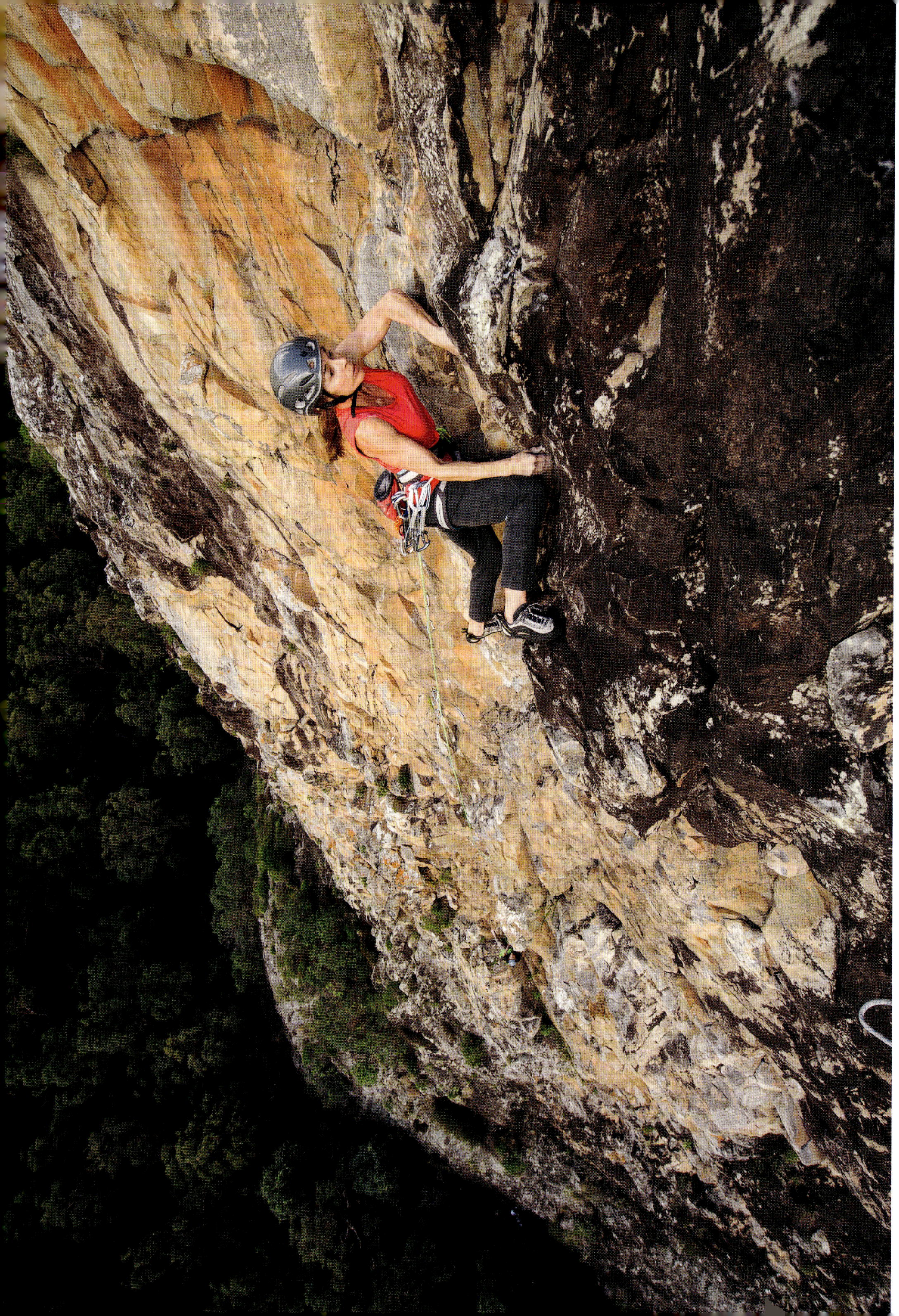

← **Aphelion (22)**
Sabina Allemann steigt am Mount Tibrogargan, Glass House Mountains (Australien), ruhig die Schlüsselstelle der Route in der dritten von vier Seillängen vor. Michael Hirning sichert.

→ **Inespérance (7a)**
Nadine Rousselot muss schnelle Entscheidungen treffen, da die nächsten Griffe – Löcher – schwer zu sehen sind und die Kraftuhr tickt. Hier die dritte Seillänge dieser immer schwerer werdenden Route (Seillängen: 6a+, 6b+, 6c+, 7a) an La Grand Face, Céüse (Frankreich). Monique Forestier sichert.

IM FLOW

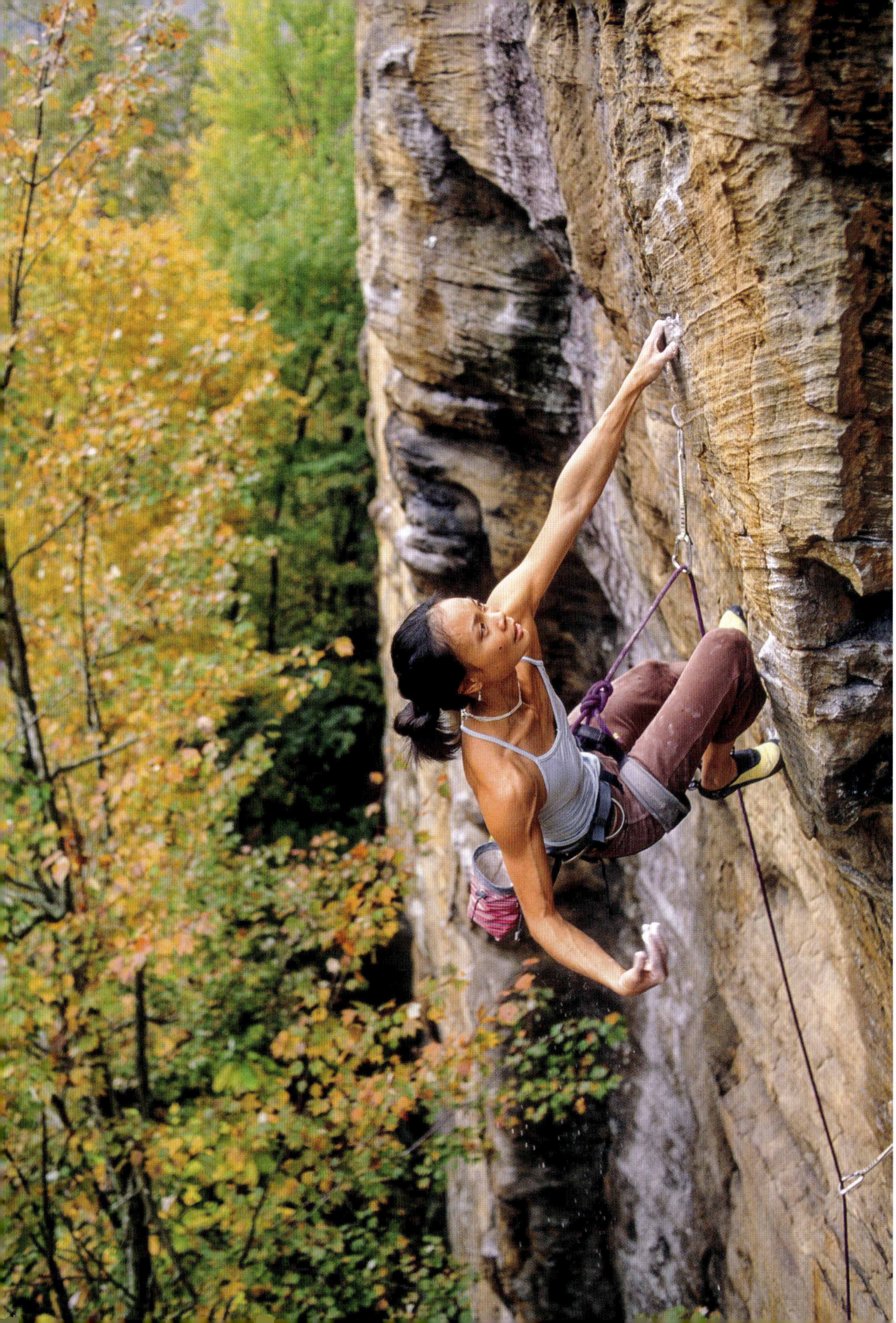

Einige Klassiker von den Tausenden großartiger Kletterrouten, die sich in den Wäldern und Talkesseln der Red River Gorge, Kentucky (USA), weitgehend versteckt halten.

← **Breakfast Burrito (5.10d)**
Olivia Hsu wärmt sich locker für den Tag am Drive-By Crag auf.

→ **Golden Boy (5.13b)**
Leor Gold mit der richtigen Mischung aus Kraft und Ausdauer in dieser beliebten schweren Route an der Gold Coast.

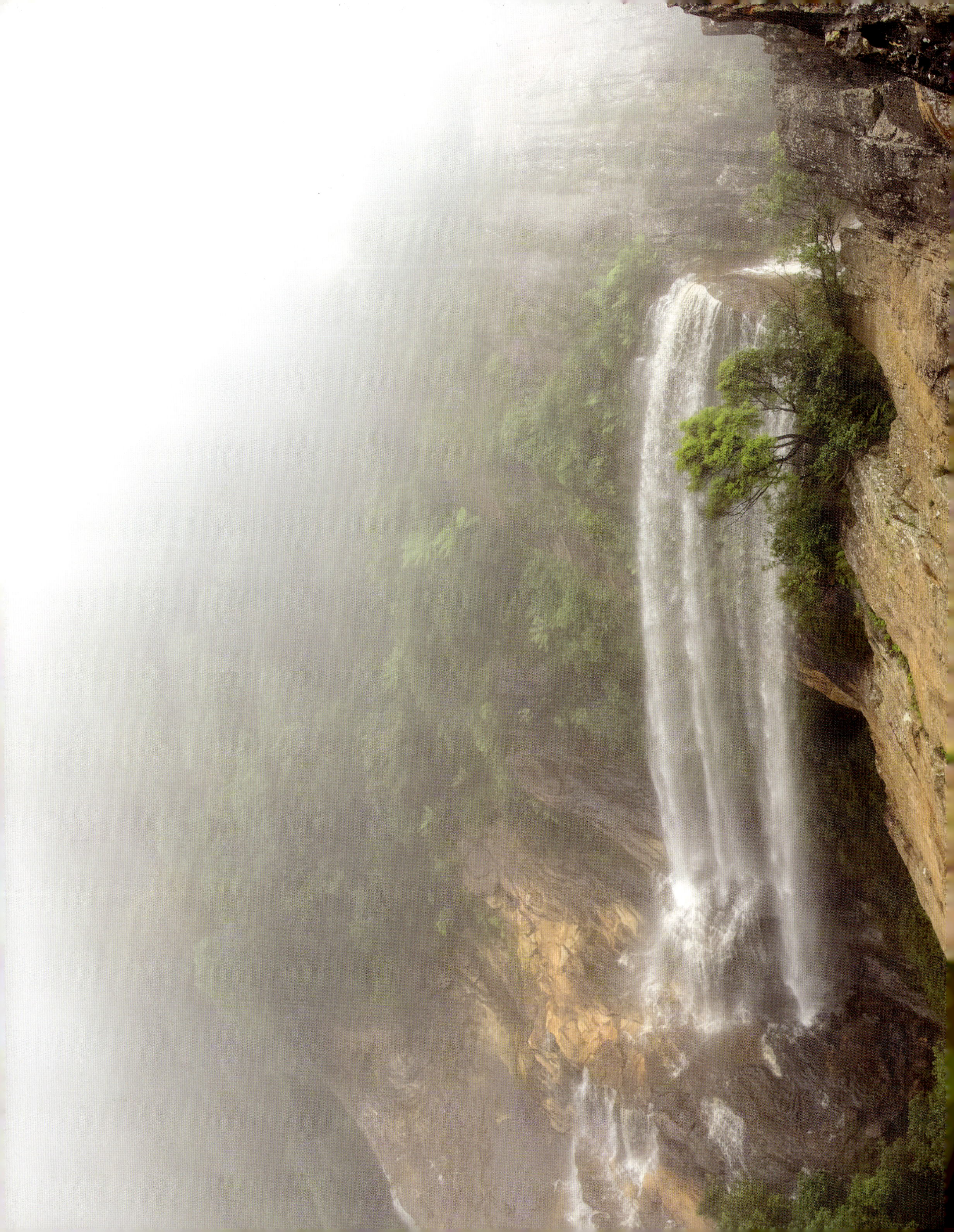

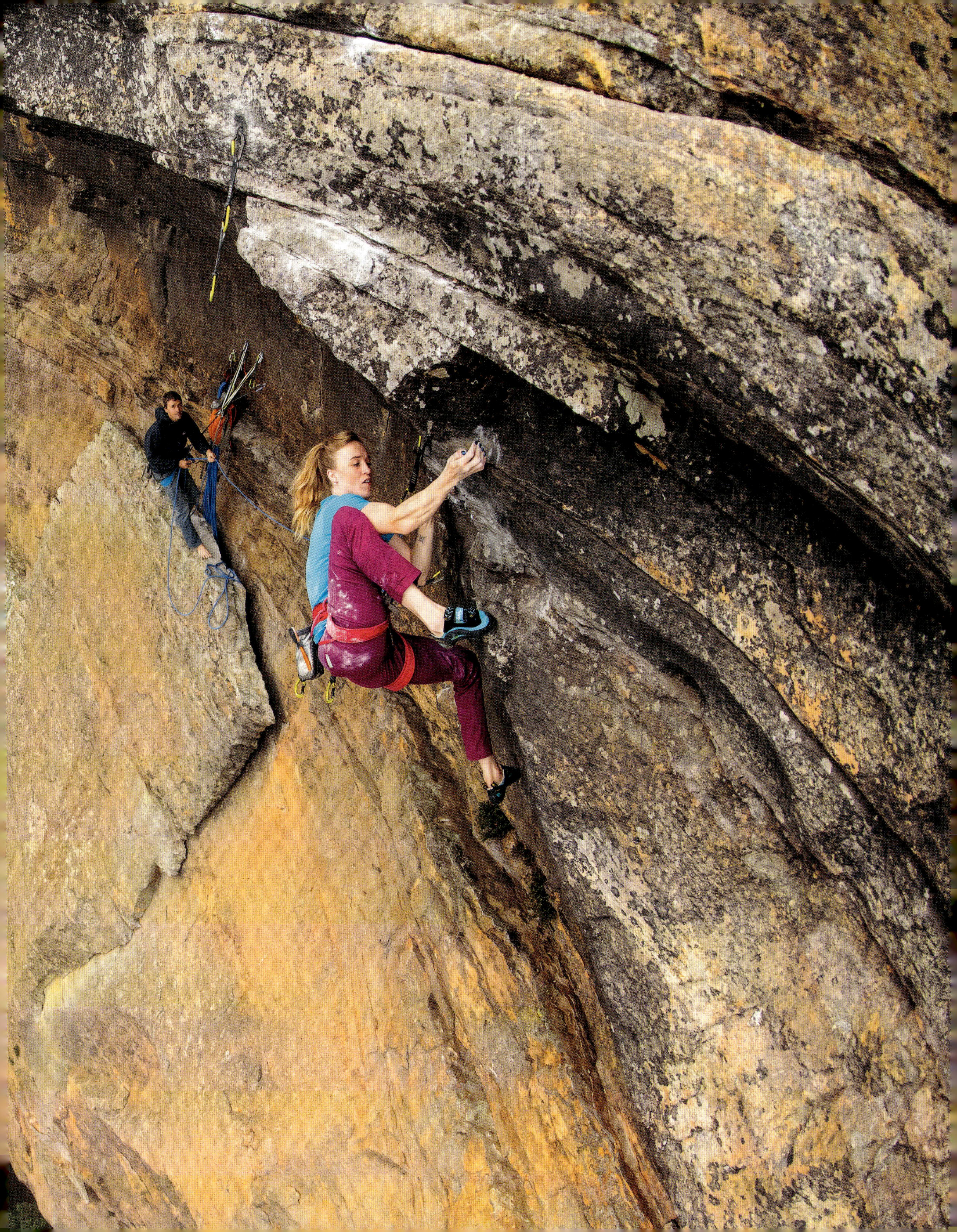

←← **Don't Wet Yourself (23)**
Sarah Rose Williams ist vielleicht gerade zu sehr mit der Schlüsselstelle dieser reizvollen Route in den Blue Mountains (Australien) beschäftigt, um auf die rauschenden Katooomba Falls hinter sich zu achten. Jacques Beaudoin sichert.

→ **Serpentine (29)**
Lynn Hill konzentriert während der erfolgreichen Begehung der harten 40-m-Seillänge dieser sensationellen Route mitten an der Taipan Wall in den Grampians (Australien).

↓ **The Free Route (25)**
Lynn Hill behält auf dem Weg zur Spitze des Totem Pole – einer 65 m hohen Säule aus Vulkangestein am Cape Hauy, Tasmanien (Australien) – das Ziel im Auge. Nancy Feagin sichert.

→→ **The Free Route (25)**
Hazel Findlay bei der Onsight-Begehung dieser Variante der ersten Seillänge am Totem Pole. Die beliebte Variante ist später entstanden und auch als Deep Play Variant (24) bekannt.

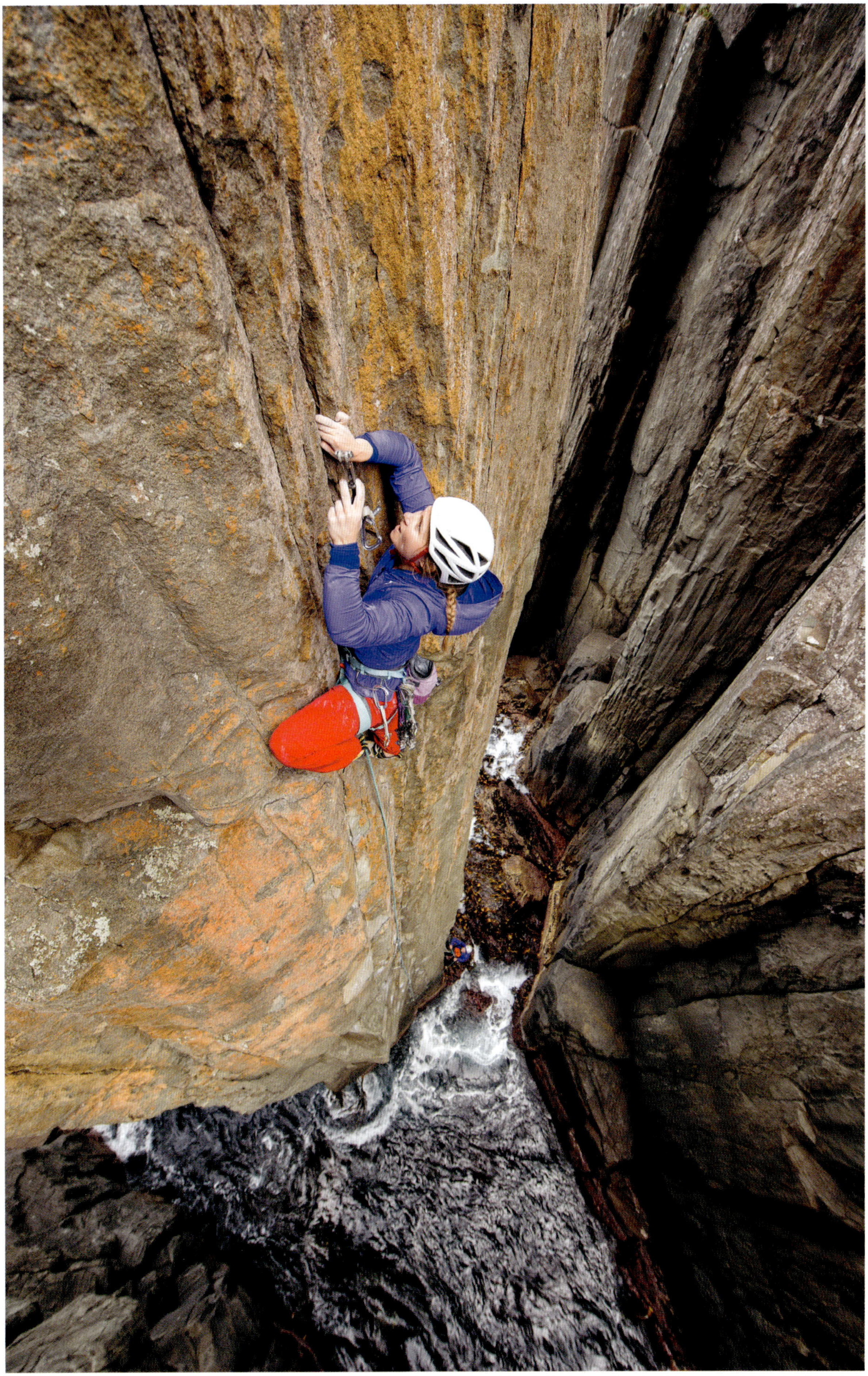

↑ **Tom et je ris (8b+)**
Monique Forestier streckt sich langsam, aber sicher in die letzten kniffligen Züge dieser 60-m-Route in der Verdonschlucht (Frankreich).

→ **Tucán Ausente (7a)**
Fred Moix ist sich zweifelsohne voll bewusst, was der weite Sicherungsabstand in Kombination mit den irrwitzigen und nicht ganz zuverlässigen Konglomerat-Griffklumpen bedeutet. Dies ist die vierte von sieben Seillängen in dieser 280-m-Spitzenlinie am El Macizo del Pisón, Riglos (Spanien). Die Seillängen: 6b+, 6b, 6b, 7a, 7c+, 7a, 6c.

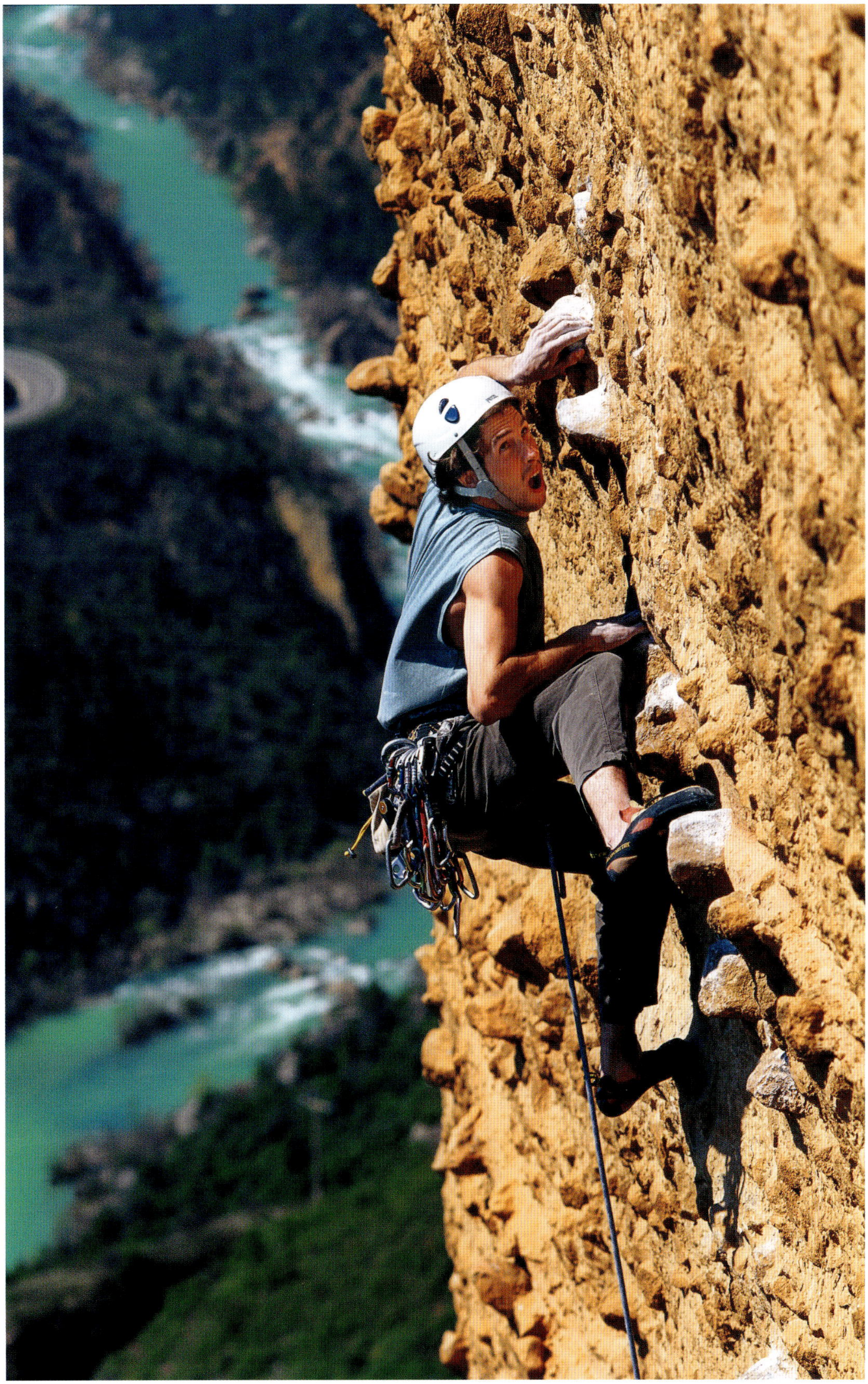

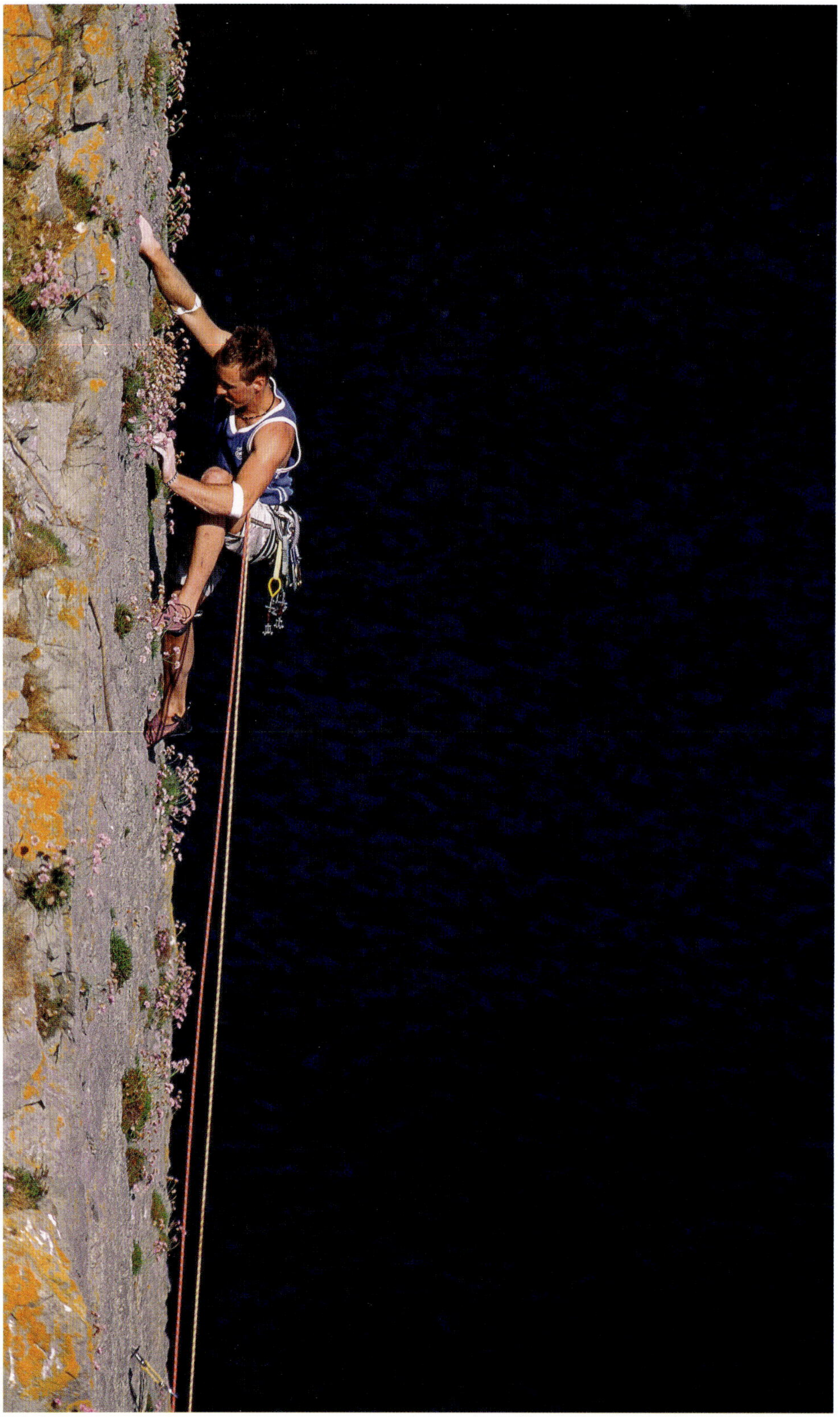

Diese drei Bilder sind im hochinteressanten traditionellen Kletterparadies an den Kalkklippen von Pembrokeshire (Wales) entstanden.

← **Herodes (E1, 5b)**
Charlie Woodburn vielleicht auf der Suche, wo er seine nächste Sicherung im Grün von Mother Carey's Kitchen setzen kann.

→ **Fascist and Me (E3, 5C)**
Ob Steve Monks die zarten Zehen von Mike Weeks am Gipfel dieser Zwei-Seillängen-Route zum Anbeißen findet?

↓ **Sunlover Direct (E3, 5c)**
Mike Weeks sichert seine Aufwärtsbestrebungen ab.

ÜBERHÄNGE

von Adam Ondra

Vom Boden aus auf einen überhängenden Fels zu blicken, ist ein ganz anderes Gefühl als bei einer senkrechten Wand. Ein solcher Fels ist vielleicht ein nach außen gewölbter Abschnitt, ein ausladendes Dach, die Decke einer Höhle oder eine ganze steil überhängende Wand. Überhänge haben andere Reize als die oft ästhetischeren vertikalen Wände. Uns Menschen machen Überhänge und Höhlen das Klettern abenteuerlicher, verrückter, unzugänglicher und sind vielmehr das Reich von Vögeln, Fledermäusen, Spinnen.

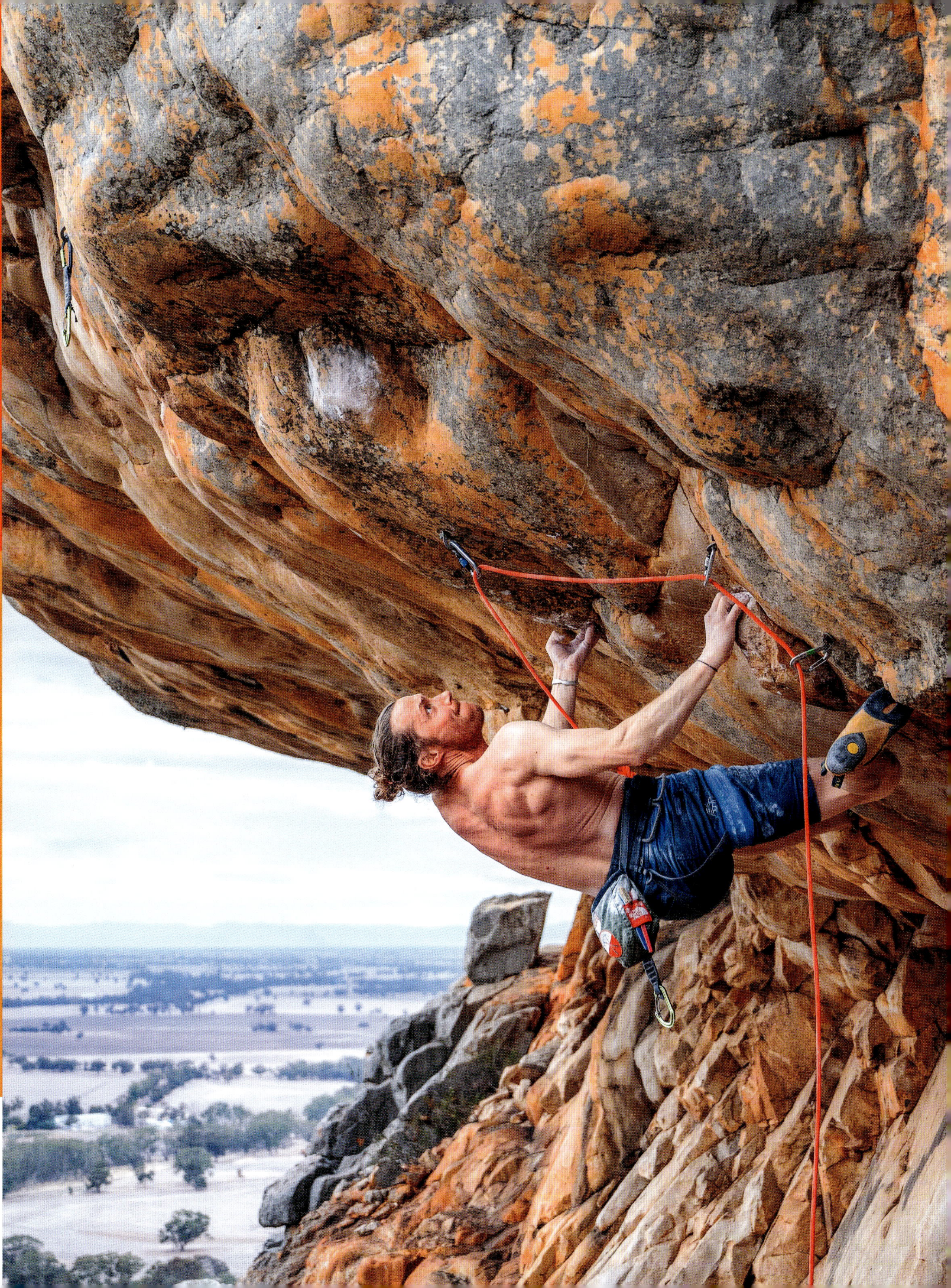

Senkrechte Wände mit fast leerer Fläche und nur wenigen winzigen Strukturen, die sich vielleicht klettern lassen, sind oft ansprechender anzuschauen als Überhänge. Natürlich gibt es auch große leere Überhänge – sie sind aber meist nicht kletterbar. Zum Klettern braucht man Strukturen, erst recht mitten in einer riesigen Höhle oder an einem anderen Überhang. Doch die vielfältigen Verheißungen von Überhängen – wie Abenteuer und Freiheit – toppen leicht die Ästhetik.

Příklepový Strop ist eine alte technische Route in der Macocha-Schlucht, einer riesigen Einsturzdoline im Mährischen Karst in Tschechien, die für mich für den Reiz von Überhängen steht. Jahrelang hatte es an der verwaisten Route keinen Versuch einer freien Begehung gegeben, obwohl Abyss als das letzte große ungelöste Freikletterproblem im Land gelten konnte. Mit 180 m Gesamtlänge und einem Überhang von 60 m ist sie zweifellos die längste und steilste Route in Tschechien. Ich hatte den starken Wunsch, das Rätsel zu knacken und die Route frei zu klettern, die durch eine so ikonische Wand verlief.

Trotz ihrer Wirkung auf mich macht Příklepový Strop nicht unbedingt den Eindruck einer besonders reizvollen Route. Der Ort ist extrem feucht, oft auch zu nass zum Klettern. Zu diesem Gebiet wird nur für wenige Tage im Jahr auf Anfrage Zugang gewährt. Man muss daher Glück mit dem Wetter haben – für einen Durchstieg braucht es Frost, da der Fels sonst von Wasser bedeckt ist. Er sieht auch etwas bröselig und dreckig aus, und die Sicherungen sind eher fragwürdig. Zwar gibt es viele Bohrhaken, die jedoch von 1986 stammen, nur 2 cm tief gehen und durch die extreme Feuchtigkeit in der Höhle stark verrostet sind. Und obwohl es einige Schlaghaken und ein paar neuere Schrauben gibt, sind mehrere Abschnitte ziemlich dürftig oder gar nicht gesichert – allerdings lassen sich Klemmgeräte oder Keile legen.

Die Tschechen Dušan Janák (aus meiner Heimat Brünn) und Jan Straka begannen 2015 und 2017, eine freie Begehung von Příklepový Strop auszutesten. Alle Züge waren machbar und die ersten Schritte zum Durchstieg dieser Monsterroute damit getan. Eine Rotpunktbegehung lag für sie jedoch in weiter Ferne. Mich reizte die Idee, es zu probieren – und noch mehr der Onsight-Versuch (die Begehung ohne Probelauf oder Vorkenntnisse). Doch als ich mich mit 20 Expressen am Gurt und einem Satz Keilen und Klemmgeräten auf den Weg machte, schien es, als könne sich das Gewicht der Ausrüstung – plus das meiner Erwartungen – als zu schwer erweisen.

Die erste Seillänge ist 40 m lang und war Onsight pur: ohne Spuren von Chalk, überall nur dreckiger Fels und lauter Fragezeichen, wo man Sicherungen legen sollte. Bei etwa 30 m stürzte ich nach einem unglaublichen Kampf, einem der größten in meinem Leben – und

»Jahrelang hatte es an der verwaisten Route keinen Versuch einer freien Begehung gegeben, obwohl *Abyss* als das letzte große ungelöste Freikletterproblem im Land gelten konnte.«

←← **Projekt**
Ben Cossey frustrierend kurz vor dem Erfolg an diesem kurzen, superheftigen Projekt, das vor mehreren Jahrzehnten an The Bluffs, Mount Arapiles (Australien), von Jerry Moffat gebohrt wurde.

→ **Los Revolucionarios (9a)**
Adam Ondra bringt mit dieser Erstbegehung eines steilen Projekts an Sector Odyssey, Kalymnos, erstmals den Grad 9a nach Griechenland (2009).

ÜBERHÄNGE

ÜBERHÄNGE

> »Dieses Gefühl von Freiheit bedeutet für mich, auch zu wissen, dass ein Sturz in Ordnung geht. Sogar ein großer Sturz. Ein steiler Überhang ist eine der wenigen sicheren Stellen, auch wenn man weit fällt.«

← Jaws (8c)
Adam Ondra navigiert bei seinem Flash dieser 50-m-Route durch das Stalaktitdach der Sikati-Höhle auf Kalymnos (Griechenland).

paradoxerweise einer der Kletterleistungen, auf die ich am meisten stolz bin.

Später, beim zweiten Versuch, durchstieg ich die Seillänge und kletterte am nächsten Tag die ganze Route bis zum Rand der Schlucht frei. Nur eine halbe Autostunde von meinem Zuhause entfernt, war es eines der besten Abenteuer, das ich je erlebt habe. Das Gefühl, an diesem massiven Überhang unbedeutend, ja sogar unerwünscht zu sein, war extrem. Es fühlte sich seltsam an, im Reich der Fledermäuse und Spinnen zu klettern. Waren die schlechte Absicherung und der bröckelige Fels schon ein Extra und ein Abenteuer, so war das Klettern in diesem Loch fast ohne Tageslicht etwas Besonderes. Ich konnte den Himmel nicht sehen. Lief das nicht der Idee des Freikletterns zuwider, das eng mit »Freiheit« verbunden ist? Kann man sich frei fühlen, wenn man nur auf dunklen Fels und Spinnweben starrt?

Beim Höhlenklettern in Flatanger in Norwegen habe ich etwas ganz anderes erlebt. Der Fels dort ist praktisch perfekt – makellos und fest – und bietet ein unstrittiges Gefühl von Freiheit, wenn man über die herrlichen norwegischen Schären blickt. Wie *Macocha* zählt Flatanger zu den besten Klettererinnerungen meines Lebens. Als ich bei Sonnenuntergang in einem Meer aus perfektem Granit kletterte, fühlte ich mich genauso frei wie in der tiefen, dunklen Höhle, frierend, zu Hause. Sich frei fühlen heißt für mich: an den unmöglichsten Orten klettern, weiße Flecken auf der Landkarte entdecken und sichtbar machen – und sei es nur durch meine kurze Anwesenheit. Es geht darum, dass ich weiß, ich kann dort klettern – will dort klettern, egal wie sinnlos es anderen erscheinen mag. Große Höhlen überall auf der Welt bieten dieses Gefühl von Einzigartigkeit, Freiheit und Staunen. Es gibt keine einfachen Abseilmöglichkeiten an diese Orte wie bei den senkrechten Wänden.

Dieses Gefühl von Freiheit bedeutet für mich, auch zu wissen, dass ein Sturz in Ordnung geht. Sogar ein großer Sturz. Ein steiler Überhang ist eine der wenigen sicheren Stellen, auch wenn man weit fällt: Es gibt nichts, wo man aufprallen kann (außer natürlich, man landet auf dem Boden). Das ist wahrscheinlich der größte Bonus des Überhangkletterns, auch wenn er oft übersehen wird. Beim Klettern sollte es darum gehen, weiter hinauf zu kommen, aber auch zu stürzen, denn nur dann macht man wirklich Fortschritte. Wer nicht fällt, wird auch nicht besser – zumindest nicht so schnell.

Man kann das Klettern genießen, egal wie steil der Fels oder wie groß die Angst ist. Ob an steilen Überhängen oder in dunklen Höhlen: Angst zu haben und über sie hinwegzuklettern, kann die unvergesslichsten und lebensbejahendsten Momente des Lebens mit sich bringen. Hab keine Angst vor der Angst. Manchmal ist Angst gut.

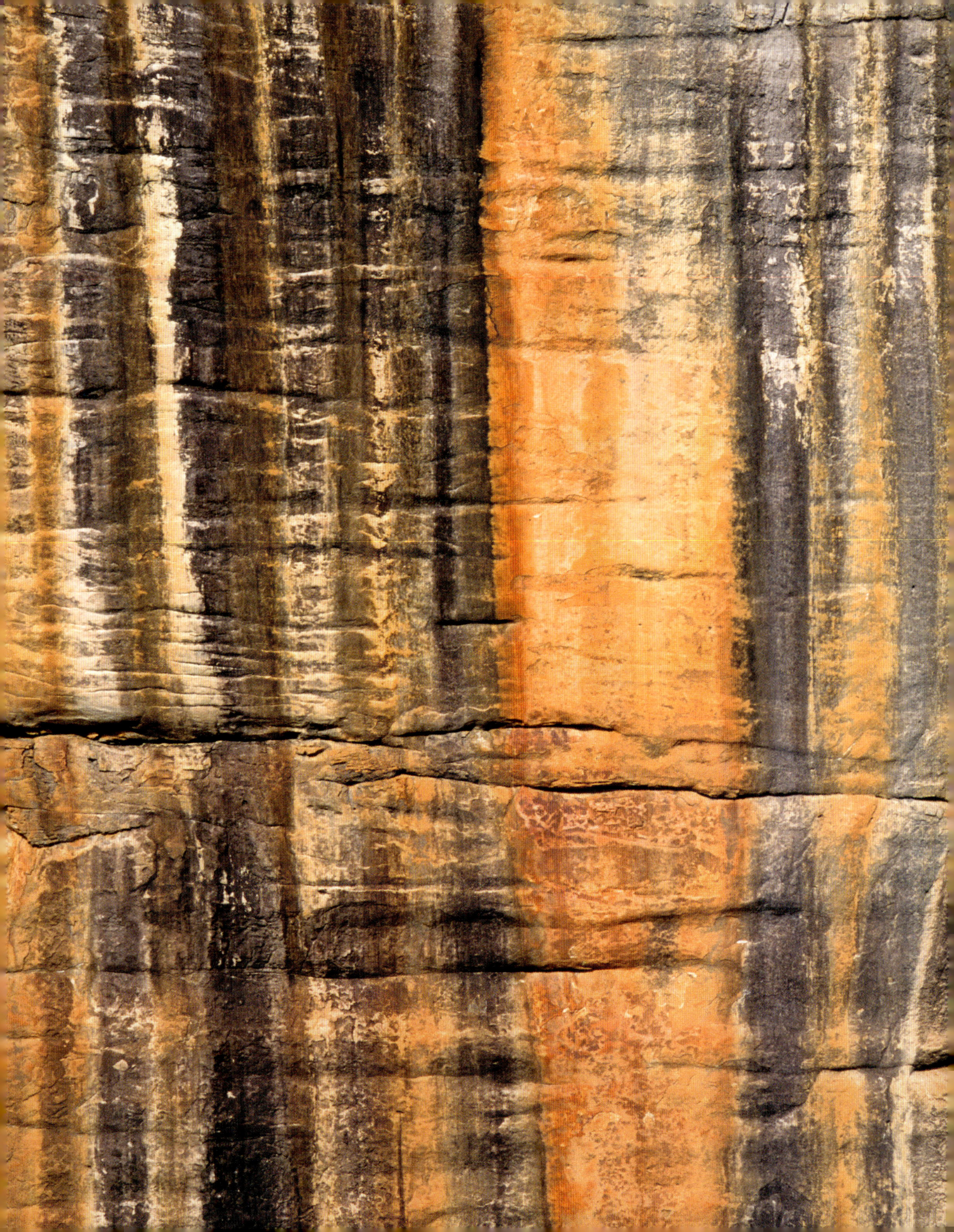

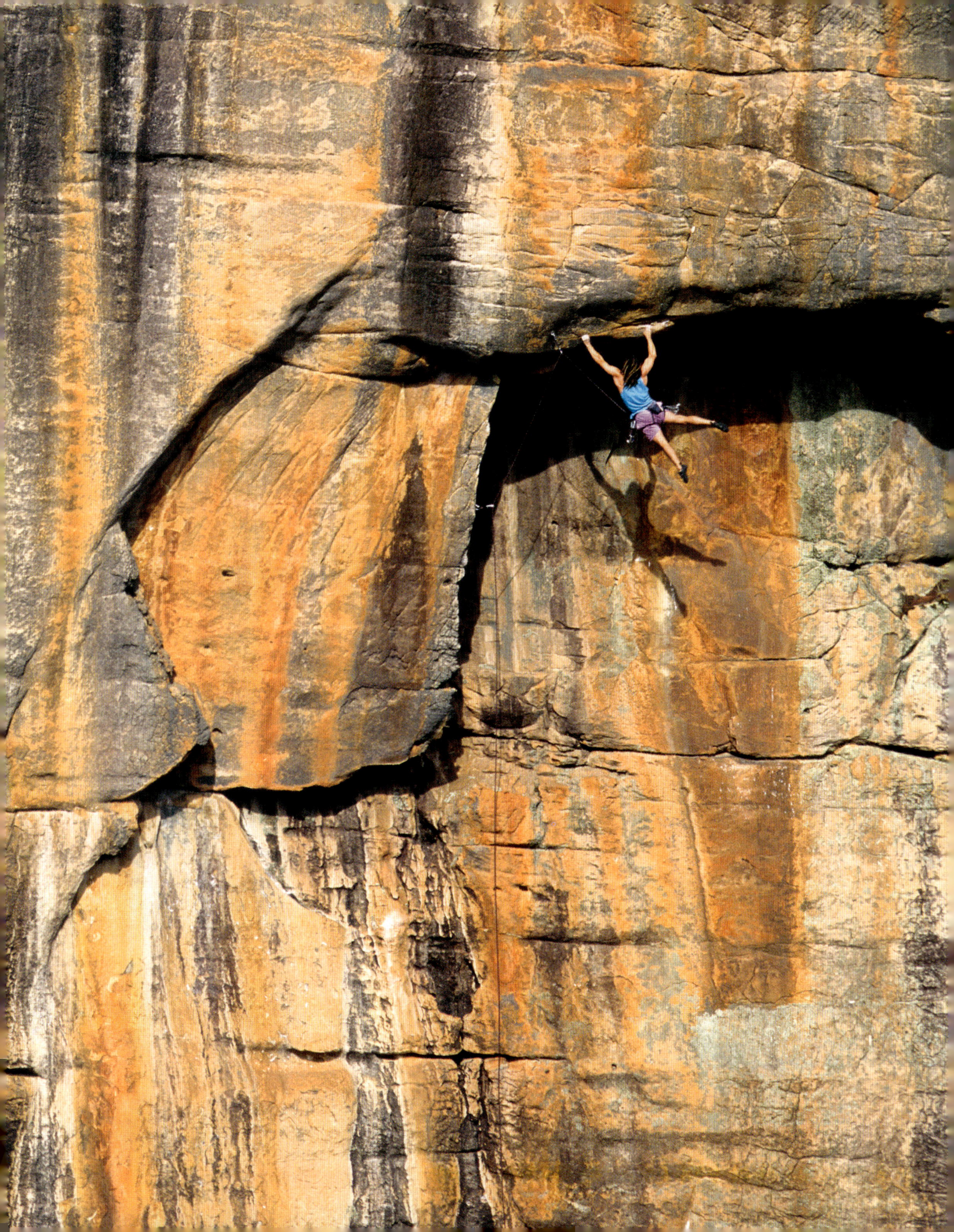

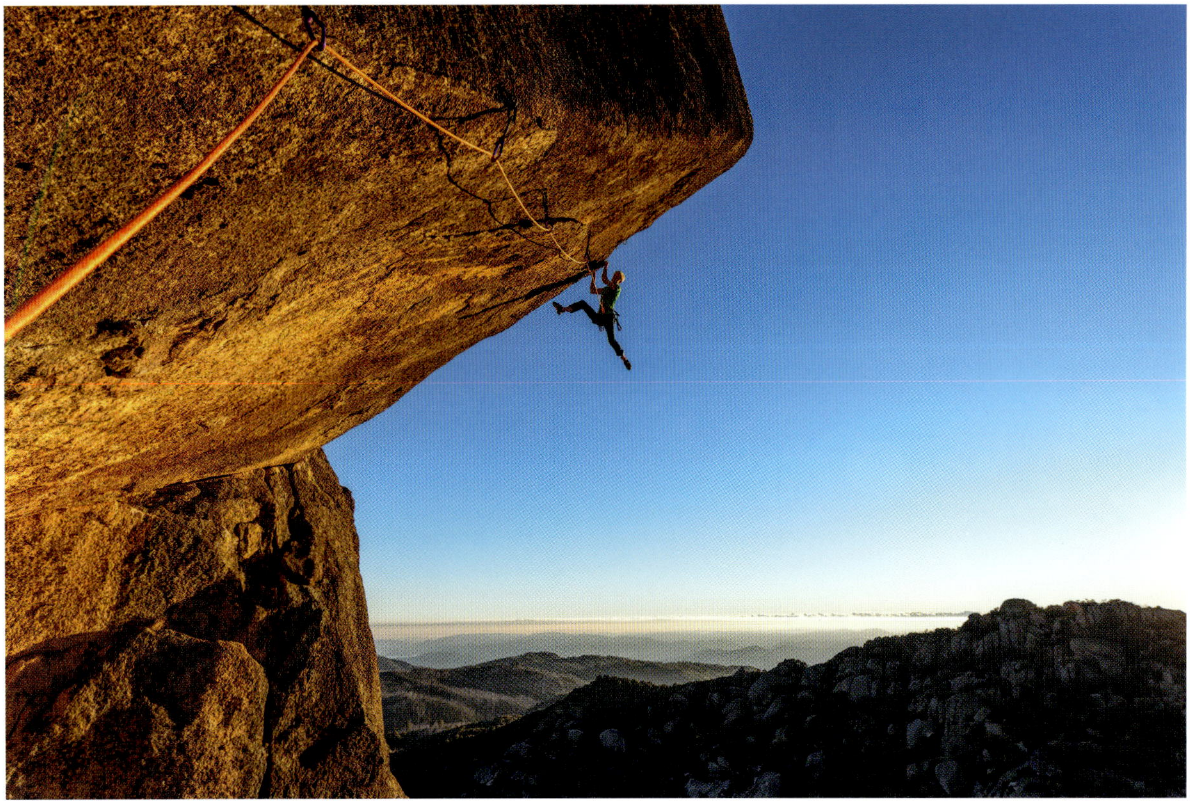

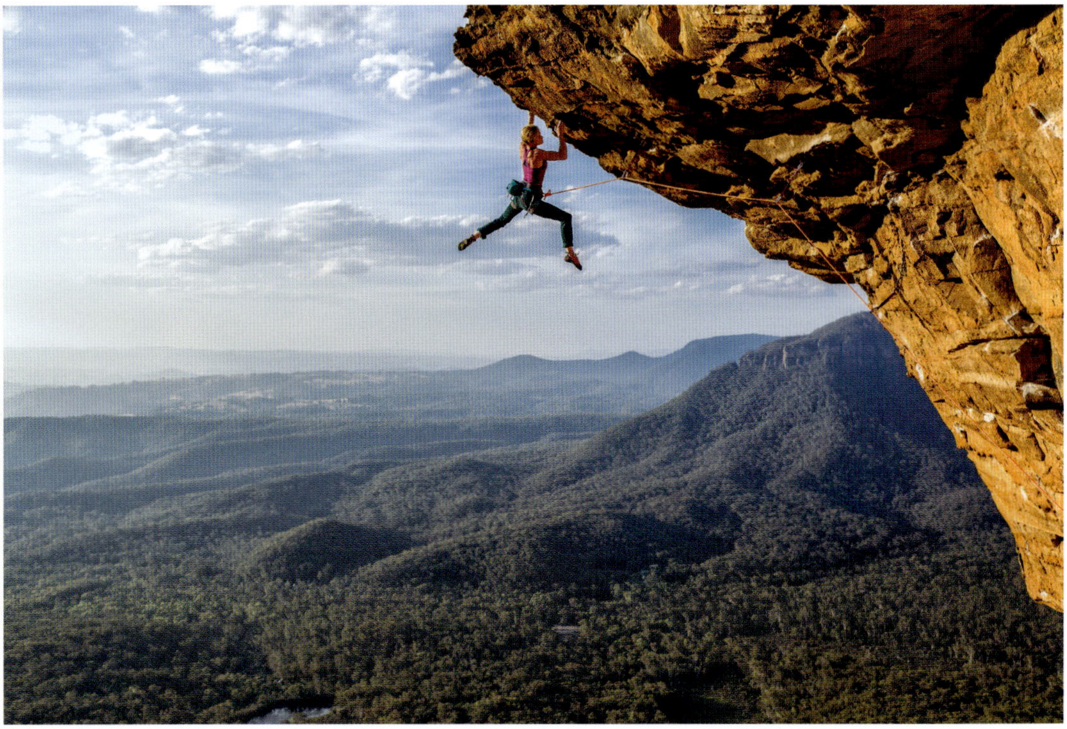

←← **Milupa (28)**
David Jones hat den einzigen echten Überhang an der Wall of Fools, Grampians (Australien), gefunden.

← **Divine Intervention (29 M0)**
Monique Forestier in einem Dach an der Unterseite von The Cathedral, hoch auf dem Plateau des Mount Buffalo (Australien).

↙ **Mr Mean Goo (31)**
Monique Forestier in einer 25-m-Route, die über den herausragendsten Überhang des Sportklettergebiets Diamond Falls in den Blue Mountains (Australien) führt.

↓ **Superstyling (25)**
Monique Forestier mit Aussicht auf den Pazifik am Point Perpendicular (Australien).

→ **Ghetto Superstar (28)**
Sean Powell hangelt sich durch dieses 22-m-Dach an
The Hideaway – eine Überraschungsentdeckung
im Buschland am Stadtrand von Sydney (Australien).

ÜBERHÄNGE

ÜBERHÄNGE

↓ **Burnt Offerings (7a+)**
Monique Forestier genießt den steilen Fels und den Schatten dieser kleinen Höhle mit schönem Blick auf Ton Sai (Thailand).

→ **Le Denti (7c+)**
Chloé Minoret gibt an diesem Tag ein letztes Mal alles in dieser großen Höhle in Goudes mit Blick auf das Mittelmeer, Les Calanques (Frankreich).

ÜBERHÄNGE

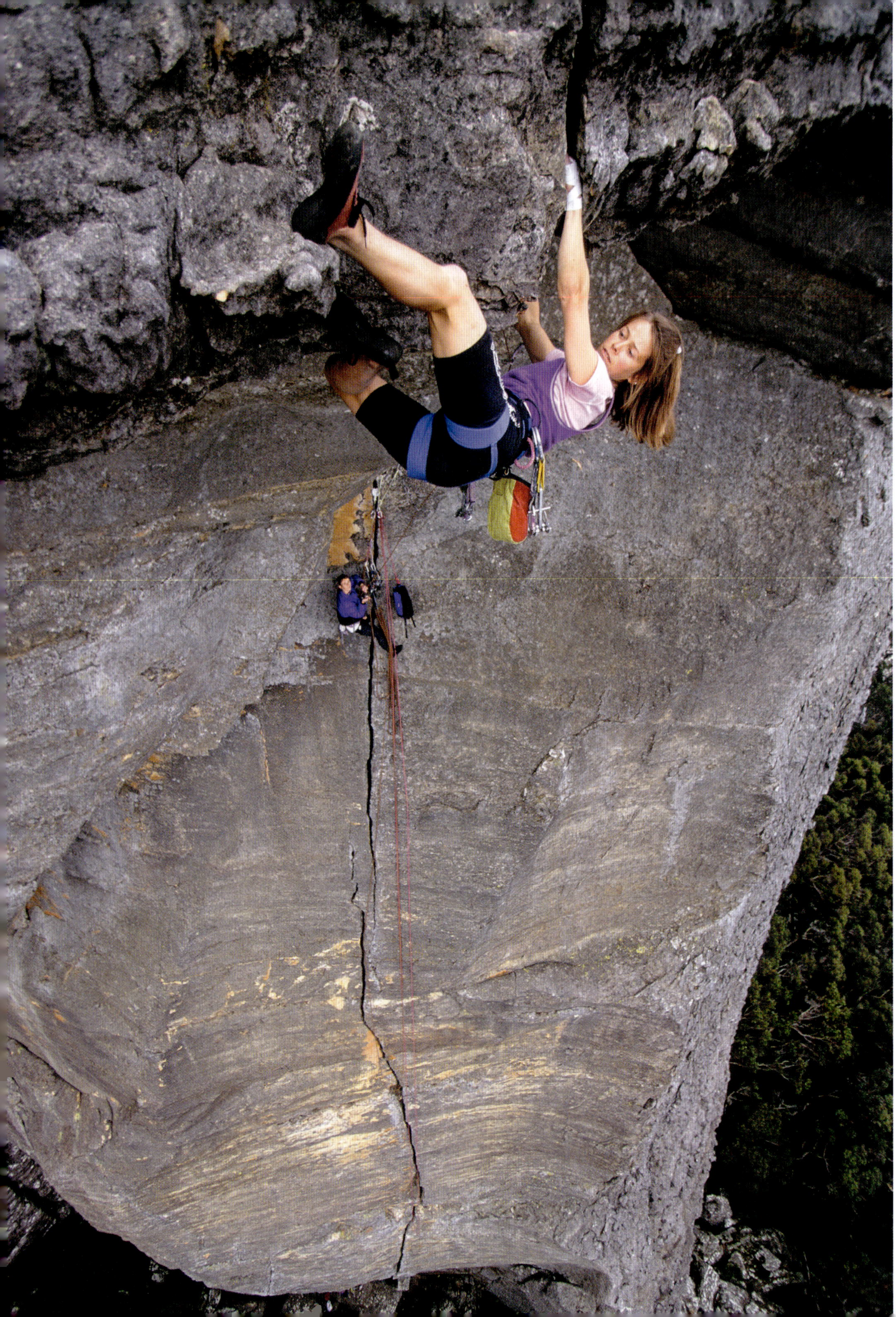

Passport to Insanity (27)
Das 6 m abfallende Dach mit einem durchlaufenden Riss ist in der zweiten von drei Seillängen der Höhepunkt (und die Crux) dieser verrückten Route in The Fortress, Grampians (Australien).

← Jill McLeod windet sich um die Dachkante, Kirsty Hamilton sichert.

↗ Malcolm Matheson am Ende des 6-m-Dachs.

ÜBERHÄNGE

↑ **Gutbuster (5.14c)**
Jason Campbell hat für dieses Testpiece am Mount Charleston bei Las Vegas, Nevada (USA), die überhängendste Linie aus der Souls Cave heraus gefunden.

↗ **Space Odyssey (27)**
Nathan Hoette nähert sich dem Ende der zweiten und letzten Seillänge an diesem ausladenden Überhang an The Lost World, Grampians (Australien).

→ **Great Divide (28)**
Jacques Beaudoin in diesem immer steiler werdenden, schmalen, cleanen Riss, den er in der Disbelief Cave auf dem Newnes Plateau, Blue Mountains (Australien), entdeckt hat. Dave Dave sichert.

↘ **Double Adapter (31)**
Roman Hofmann quert einen Höhlenrand an Gateway in den Blue Mountains (Australien).

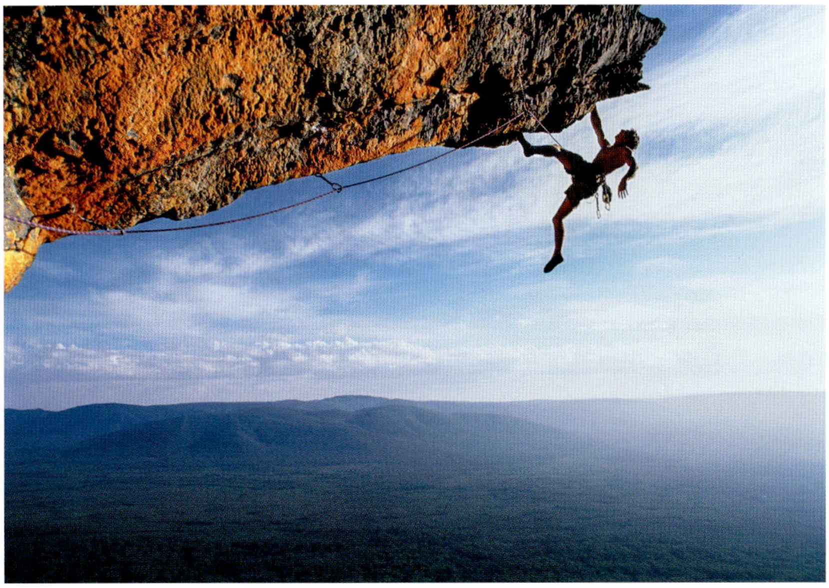

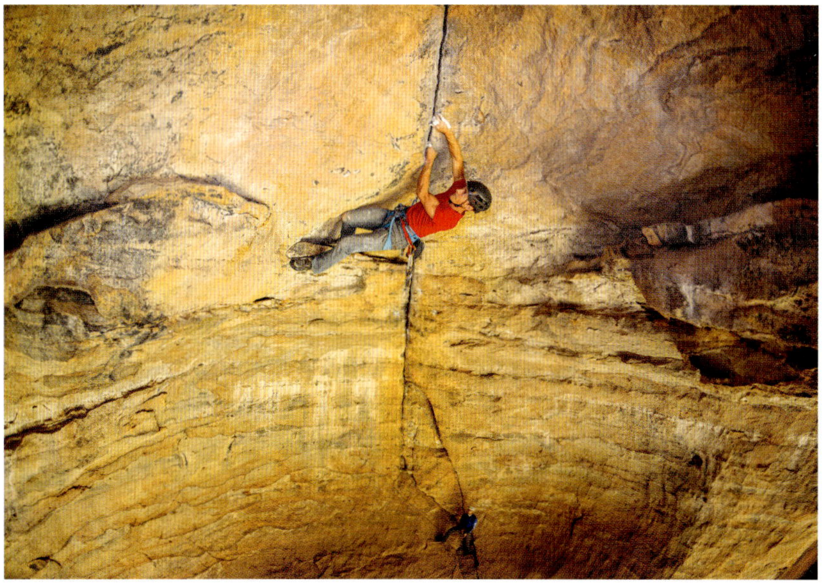

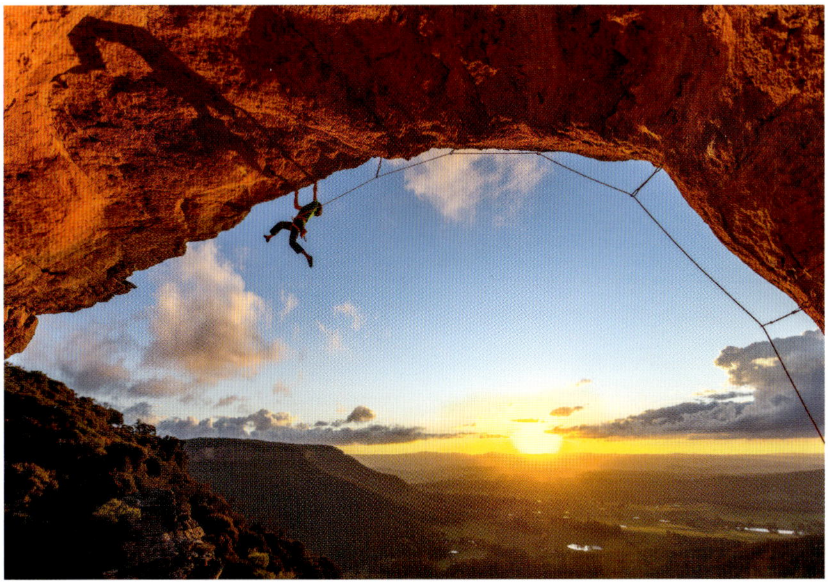

→ **Priapos (7c)**
Evan Stevens sucht sich seinen Weg durch die unübersichtlichen Stalaktiten der mächtig überhängenden 40-m-Route in der Grande Grotta, Kalymnos (Griechenland).

ÜBERHÄNGE

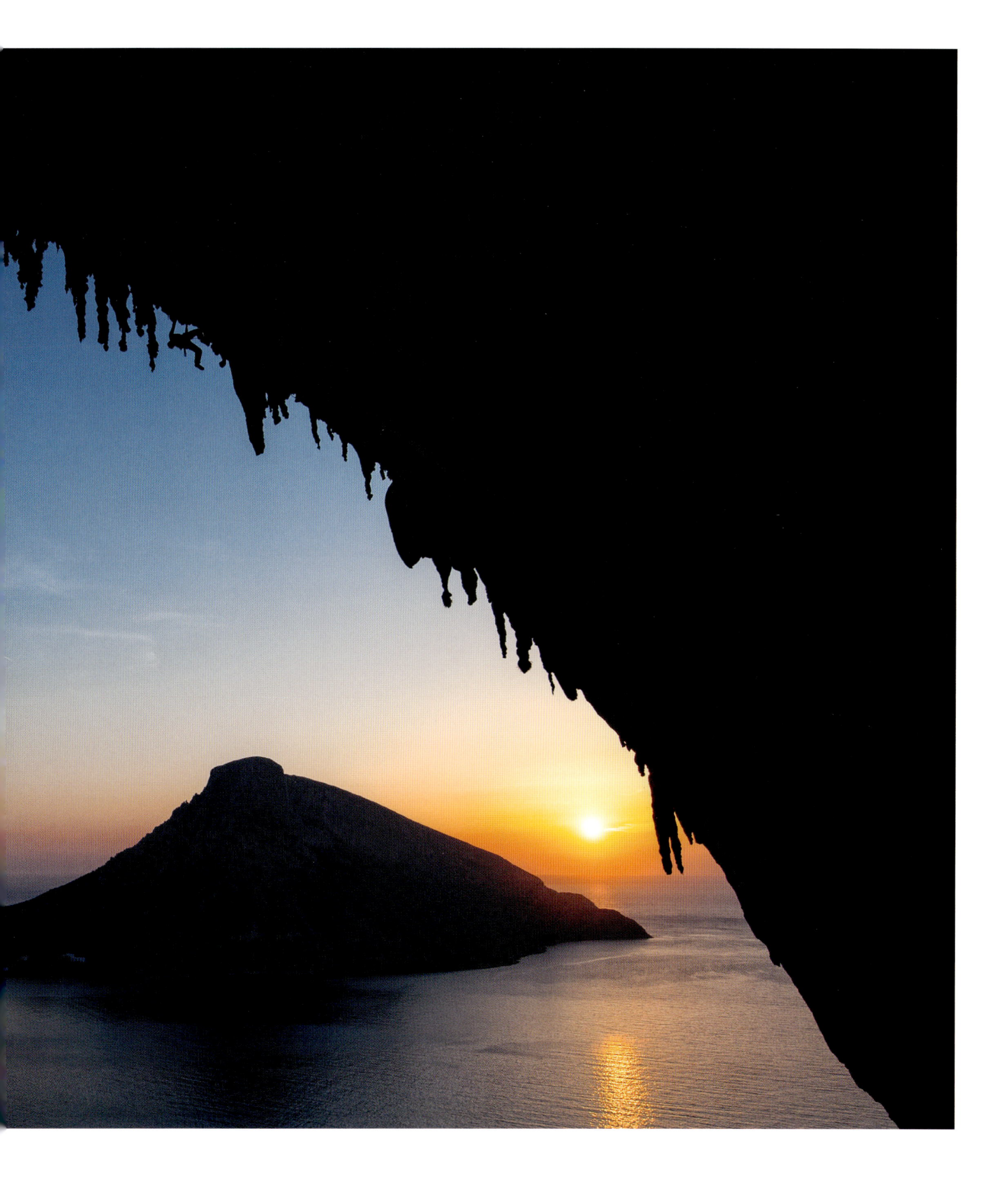

ÜBERHÄNGE

↑ **Typhoon (7c+)**
Olivier Michellod steigt in der Kristallhöhle auf Telendos bei Kalymnos (Griechenland) diese 40-m-Route vor. Sie ist so lang und überhängend, dass zum Abseilen am Ende ein 100-m-Seil nötig ist. Simon Montmory sichert.

↗ **Tantrum (8b)**
Grant Rowbottom beeindruckt die Gäste der nahe gelegenen Strandbar mit seinem erfolgreichen Versuch an diesem glatten Dach in Tonsai (Thailand).

→ **Clocks (22)**
Catherine Destivelle steigt diesen einst beliebten Überhang am Balls Head vor, im Hintergrund Sydney (Australien).

ÜBERHÄNGE

ÜBER WASSER

von Tim Emmett

Über dem Meer oder an Gewässern zu klettern, übt einen besonderen Reiz aus. Klippen bieten nicht nur feinste Kletterei – irgendwie kann das nahe Wasser interessante Auswirkungen auf unsere Psyche haben. Der Wellenschlag kann starke Angst auslösen, besonders wenn er zu nahe kommt. Eine ruhige See und ein schöner, nahe gelegener Strand können für Spaß und Erholung sorgen. Und dann erlaubt uns das Meer manchmal, auf das Seil zu verzichten, wird selbst zum Crashpad, und wir können in völliger Freiheit klettern.

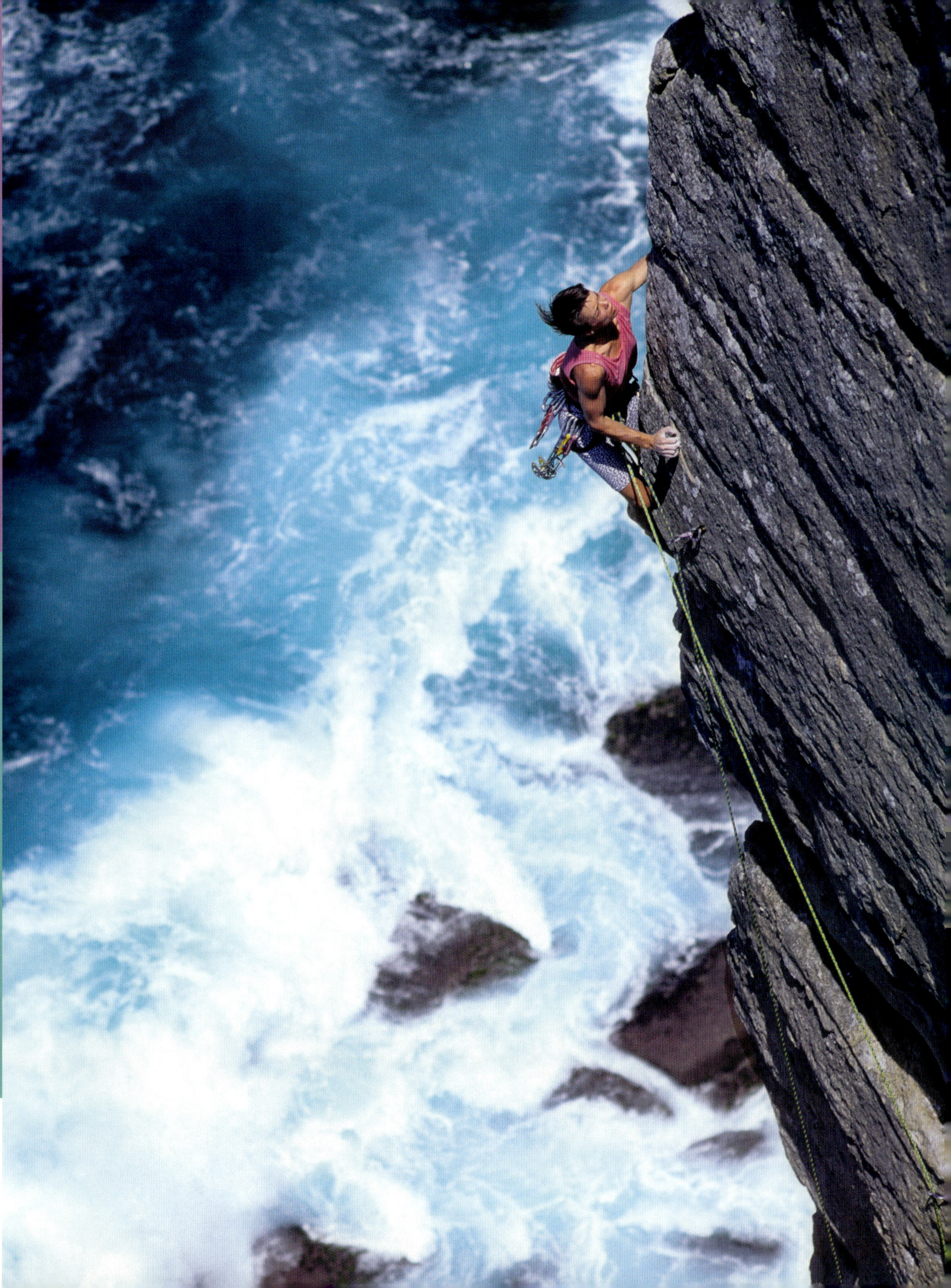

»Für mich ist das Deep Water Soloing die reinste Form des Kletterns: keine Ausrüstung, keine Sicherung, kein Seil, kein zusätzliches Gewicht.«

Als ich mich der Kante näherte, spürte ich mein Herz hämmern. Ich ahnte nicht, dass ich den Grundstein einer neuen Sportart sehen sollte, die abenteuerlustige Kletterer aus aller Welt anziehen würde. Ich kniete mich hin und legte meine Hände vorsichtig auf den Rand der Klippe. Um über die Kante zu schauen, ohne das Gleichgewicht zu verlieren und hinunterzufallen, machte ich mich flach und lehnte mich nach vorn.

Ich konnte nicht glauben, was ich sah – die überhängende Wand war *hoch*. Der Fels sah unberührt aus, und seine deutlich kontrastierenden Grau- und Orangetöne erinnerten an die Streifen auf dem Rücken eines Tigers. In rund 20 m Höhe löste die Überlegung, wie ein Sturz von hier oben wäre, ein Gedankenkarussell aus. Das Klettern an einer Klippe wie dieser, ungesichert und nur mit dem Wasser darunter, erinnerte mich an meine Jahre als Base-Jumper. 20 m wären genau zwei Sekunden freier Fall.

Das hört sich nach nicht viel an, doch in der Luft können einem zwei Sekunden wie eine Ewigkeit vorkommen. Man denke nur an das letzte Mal, als man beim Bouldern von einem Highball gefallen ist, oder stelle sich vor, man steigt im sechsten Stock aus dem Fenster.

Unten ist Wasser. Der schwierige Zug zum nächsten Griff misslingt. Man fällt ... und fällt ... fällt immer noch ... und dann – platsch! – landet man im Wasser. Erfrischt und belebt schwimmt man an die Oberfläche, öffnet den Mund, füllt die Lungen mit Luft und schaut nach oben an die Stelle, wo man gerade rausgefallen ist.

Die ungezügelte Kraft des Ozeans beflügelt mich jedes Mal, wenn ich am Meer klettere. Es ist aber auch eine sichere Landezone und ermöglicht damit das Deep Water Soloing. Für mich ist das Deep Water Soloing die reinste Form des Kletterns: keine Ausrüstung, keine Sicherung, kein Seil, kein zusätzliches Gewicht. Es ähnelt stark dem Bouldern: Man reiht eine Folge von Zügen aneinander, ohne anzuhalten. Reiht man nun mehrere Boulderprobleme aneinander und stellt sich eine riesige Bouldermatte darunter vor – das Wasser –, beginnt man zu verstehen. Der Erregungsfaktor erhöht sich, je höher es geht.

Beim Deep Water Soloing muss man den Kletterfluss nicht unterbrechen, um zu klippen oder eine Sicherung zu legen. Man muss nur den nächsten Griff halten, ziehen, den nächsten suchen, weitermachen. Die Aufregung steigt mit der Höhe: Je weiter man vom Wasser entfernt ist, desto größer sind die Folgen eines falschen Aufpralls. Manchmal ist der Ausstieg verlockend nah – und doch so fern, wenn man in Not ist, die Arme gepumpt sind, sich die Finger selbst von den größten Griffen lösen. Das Spannungsfeld von Annäherung an den Aufstieg und gleichzeitigen Überlegungen zu einem Schnellabgang ins Wasser ist fesselnd und schafft einen Moment der Magie, in dem man entweder die Wand in Angriff – oder den Luftweg nimmt. Sehr zur Erheiterung derer, die von oben zusehen.

←← **Liquid Insanity (23)**
Robyn Cleland konzentriert sich auf die Kante über dem brodelnden Kessel am Point Perpendicular (Australien).

→↗ **The Shrubbery (7c+)**
Tim Emmett hatte einige Male Wasserkontakt, bis er dieses Deep Water Solo an der 12 m hohen Holy Grail Wall auf der Kornateninsel Mana (Kroatien) durchstieg.

ÜBER WASSER

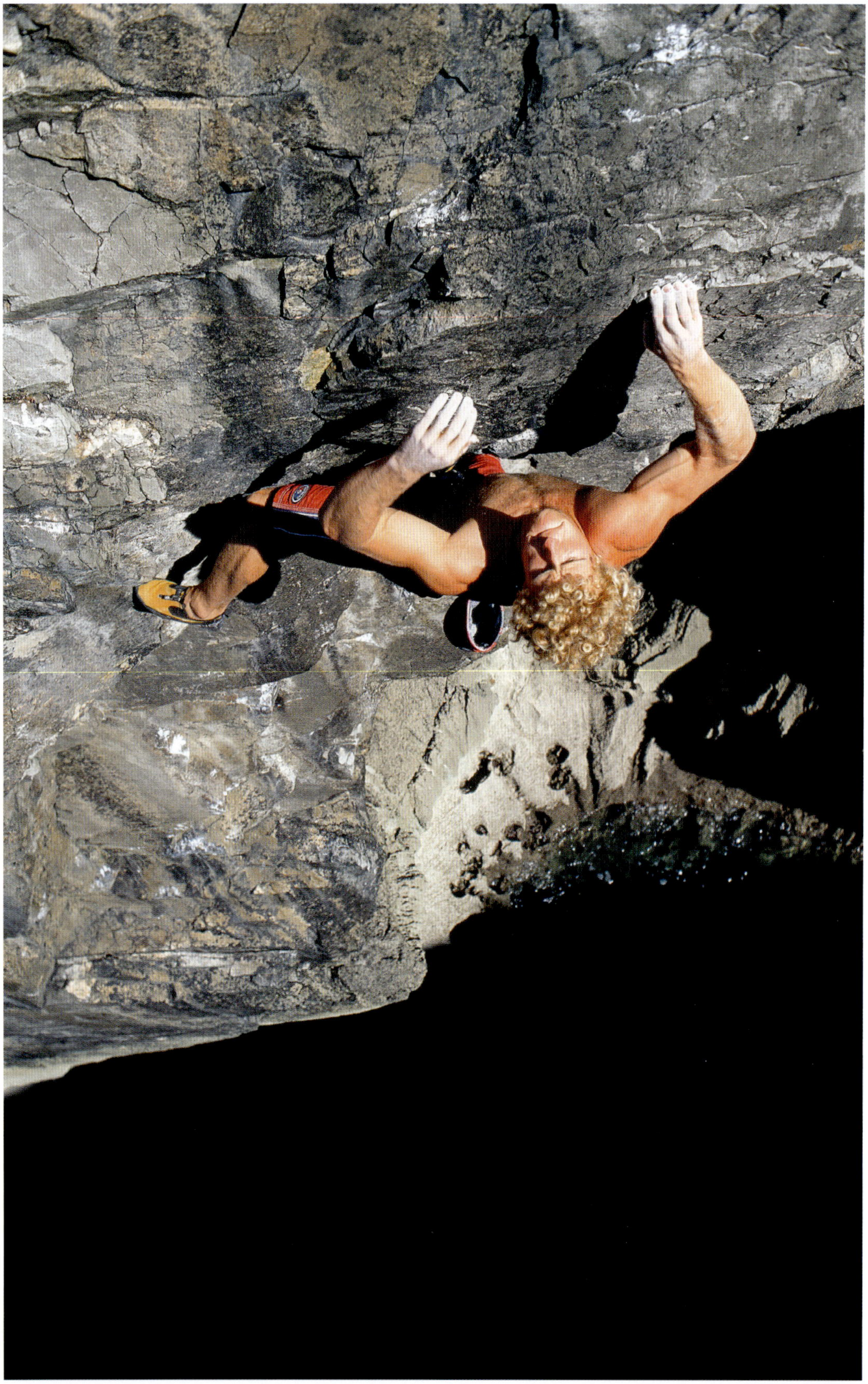

»Wie Geister kommen [die Wellen] schubweise alle 20 bis 30 Minuten, sodass sich eine recht ruhige See schnell und ohne Vorwarnung in einen Hexenkessel verwandeln kann.«

Ich kletterte in Kroatien auf den Kornaten und verbrachte lange Tage und Nächte mit Freunden auf einem Boot. Wir segelten umher und suchten nach dem ultimativen von Menschenhand unberührten Fels. Nur mit Schuhen, Shorts und Chalkbag bewaffnet, hielten wir nach markanten Klippen Ausschau, die geklettert werden wollten. Auf dem Meer zu leben und ins Unbekannte vorzudringen, ist ein wahres Abenteuer.

Ob Deep Water Soloing oder Clean Climbing: Am Meer zu sein, ist einzigartig. Man ist nicht nur von unendlichem Raum umgeben, die Umgebung kann auch sehr dynamisch und energievoll sein. Starke Winde befeuern große Wellen, die beim Aufprall auf Land regelrecht explodieren können – die Gischt durchnässt einen durchaus noch ganz oben auf einer 30 m hohen Klippe. Umgeben vom Meer gibt es meist keinen anderen Weg aus einer Route als den Gipfel. Das macht es noch einmal mehr zum Abenteuer, vor allem, wenn man ehrgeizig ist und an der eigenen Leistungsgrenze klettert.

Clean Climbing an einer Klippe wie Gogarth in Nordwales ist eine besondere Erfahrung: Vom ganzen Nervenkitzel abgesehen, kann der Fels so weich sein wie Lehm. Quarz ragt aus dem weichen Gestein heraus. Er ist als Einziges fest genug, um sich daran hochzuziehen oder eine Schlinge zu legen – mehr für die Psyche als sonst etwas.

An exponierten Klippen rollen die größten und stärksten Wellen heran. Wie Geister kommen sie schubweise alle 20 bis 30 Minuten, sodass sich eine recht ruhige See schnell und ohne Vorwarnung in einen Hexenkessel verwandeln kann. Auch die Gezeiten können den Pegel schnell und drastisch verändern. In dieser Umgebung zu klettern, ist nichts für Zartbesaitete. Es braucht einen bestimmten Typ Mensch, der die Unberechenbarkeit der Natur wirklich als spannend empfindet.

Am Wasser zu klettern bedeutet auch, die Umwelt mit ihren Bewohnern zu teilen. Häufig sind es Vögel, vor allem an abgelegeneren Klippen, wie man sie in Schottland findet. Möwen sind das eine, doch vor Eissturmvögeln muss man sich unbedingt hüten. Sie verteidigen sich primär, indem sie eine widerliche Flüssigkeit hochwürgen und mit furchtbarer Treffsicherheit und erstaunlicher Reichweite speien. Ihr zähflüssig-klebriger Angriff ist so ekelhaft, dass sich einem der Magen umdreht.

Klippenklettern auf Inseln ist vielleicht abenteuerlicher als alles andere: Manchmal muss man schwimmen, um zum Fels zu gelangen. Oft weiß niemand, dass man dort ist. Man ist isoliert von der Welt der Menschen und ist nur umgeben von der Tierwelt.

Die physische Präsenz des Meeres – krachende Wellen, kreischende Seevögel, salzige Gischt und die tanzende Sonne auf der Wasseroberfläche – gibt dem Klettern eine weitere Dimension. Beim Deep Water Soloing und beim Klippenklettern verbinden sich Energie, Freiheit und Unsicherheit zu einer berauschenden Mischung.

← **The Gateaux Thief (E6 6b)**
Tim Emmett bei der Erstbegehung dieses Deep Water Solos an Stennis Ford, Pembrokeshire (Wales), das mit 18 m zum Wohlfühlen zu hoch ist und selten – wenn überhaupt – wiederholt wurde.

ÜBER WASSER

← **Free Born Man (E4 6a)**
Dave Pickford klettert dieses beliebte 17 m hohe Deep Water Solo an Conner Cove, Swanage, Dorset (Großbritannien).

→ **Davy Jones's Locker (E4 6a)**
Dave Pickford war nicht sonderlich besorgt, dass bei diesem langen Deep Water Solo die rauen Wellen einen Sturz schlimmer machen würden als sonst. Die Traverse liegt an Conner Cove, Dorset (Großbritannien).

↓ **Projekt**
Leo Houlding macht bei diesem Deep Water Solo einen gewaltigen dynamischen Zug, erwischt den Griff aber nicht ganz – gleich wird er auf der Kornateninsel Panitula (Kroatien) in der Adria baden gehen.

ÜBER WASSER

← **Choy Sum (23)**
Lee Cossey klettert an der Popeye Wall, Point Perpendicular (Australien), über einer lebhaften See. Ben Cossey sichert.

ÜBER WASSER

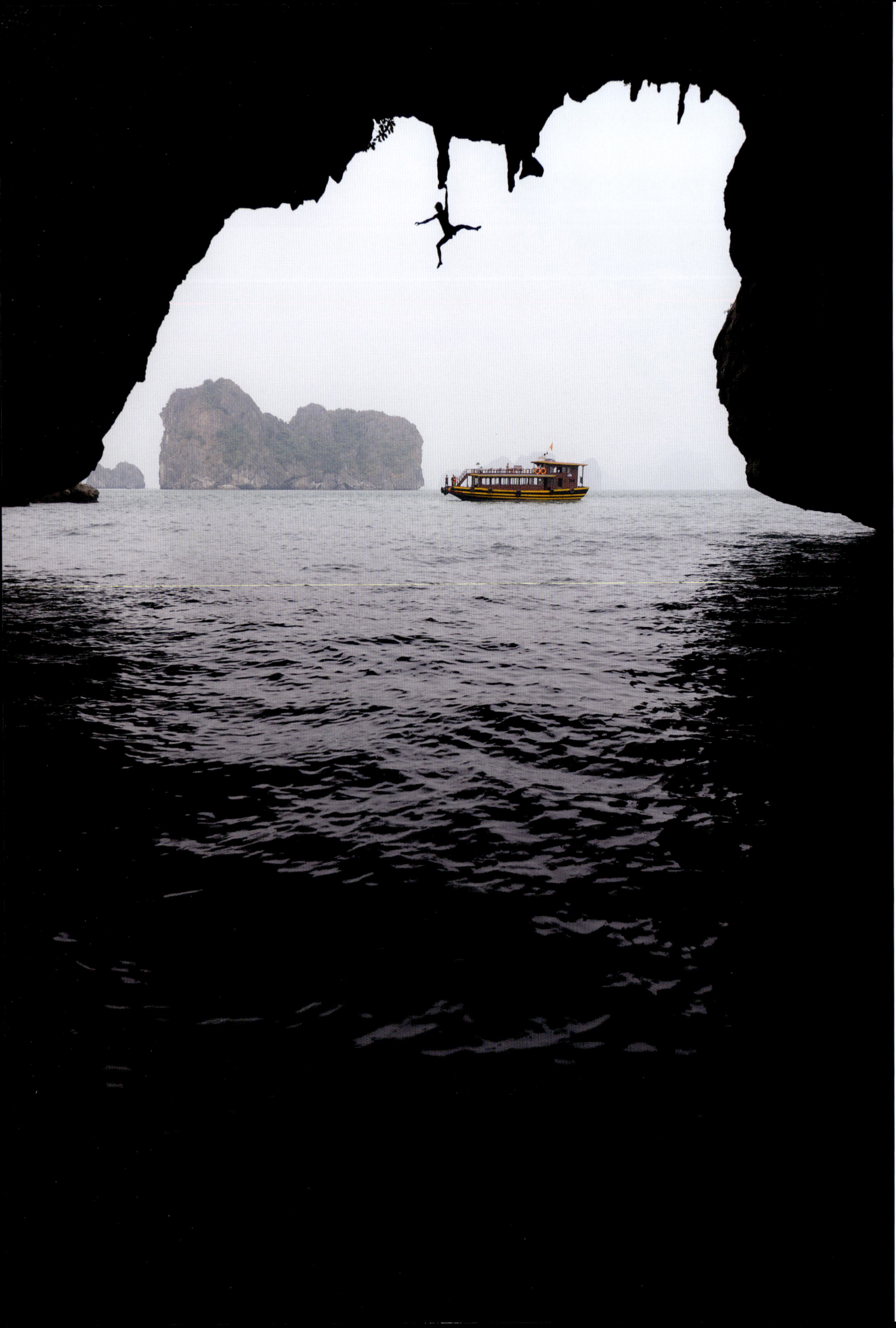

← **Turtle Cave (7a+)**
Am Ziel dieses Deep Water Solos, etwa 10 m über der Wasseroberfläche, geht Monique Forestier ihre Optionen durch. Die Route in der Halong-Bucht (Vietnam) beginnt am linken Bildrand und führt den Stalaktiten hinunter.

↘ **The Diving Board (7a+)**
Lee Cujes muss diese coole Struktur nur noch irgendwie hochmanteln, um die Route ganz abzuhaken. Sie liegt an der Unemployment Wall in der Halong-Bucht (Vietnam).

↑ **River Rage (27)**
Jason Piper vor seiner erfolgreichen Erstbegehung in diesem über 15 m hohen Deep Water Solo an Crafty's am Hawkesbury River bei Sydney (Australien).

→ **Prowess (23)**
Amanda Morrissey an den Klippen der Bow Wall in Vaucluse, Sydney (Australien).

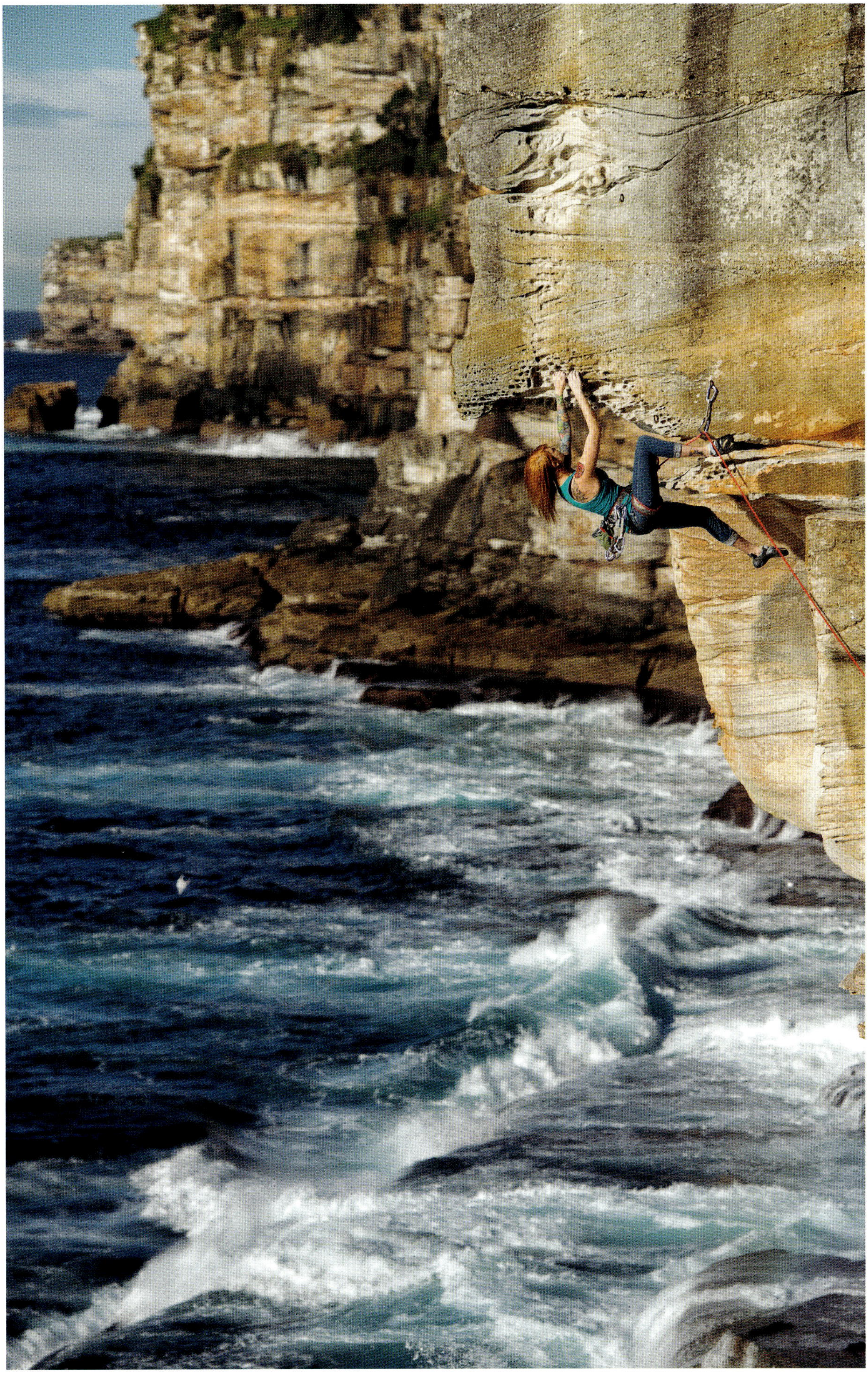

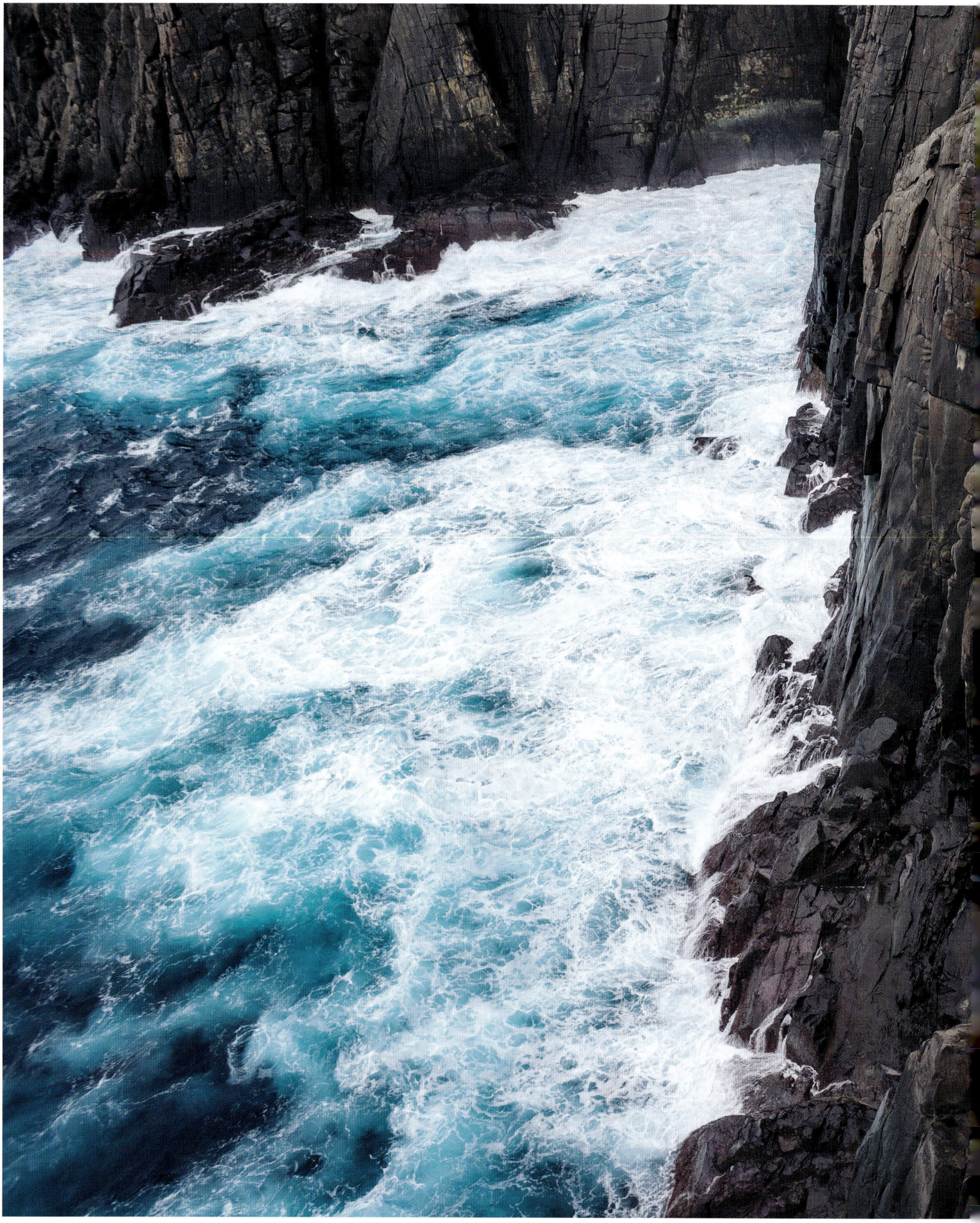

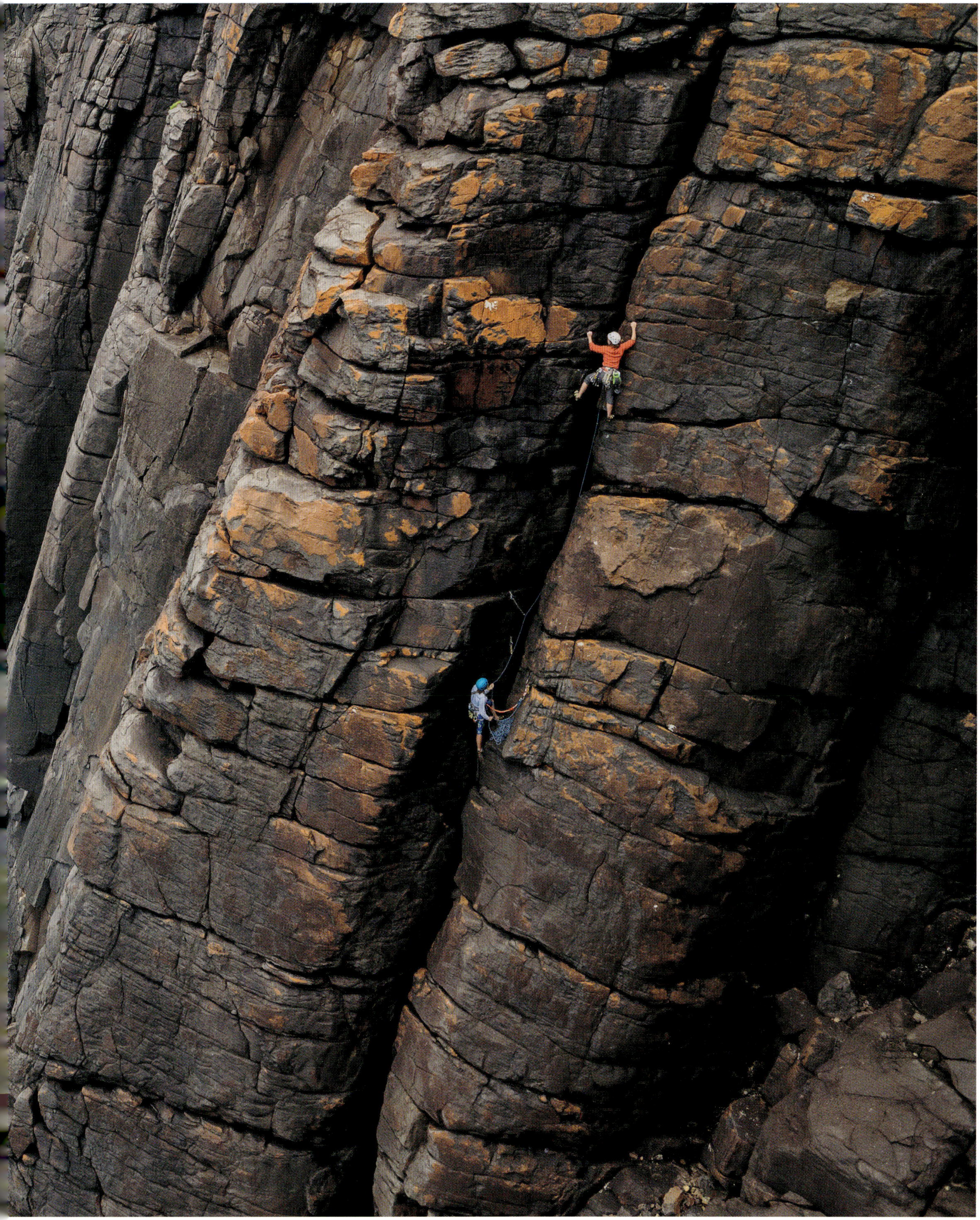

←← **Southern Ocean Swell (12)**
Ali Chapman steigt die zweite von zwei Seillängen dieser cleanen Route an der Southern Ocean Wall vor, Ashlee Peeters sichert. Schon der Name deutet es an: Die Wand am West Cape Howe (Australien) ist unter Kletterern berüchtigt für ihre riesigen Wellen.

↑ **Friendless Variant (17)**
Chris Kavazos steigt eine weitere stimmungsvolle Route an den Klippen von West Cape Howe (Australien) vor, Ashlee Peeters sichert.

→ **La Commune (6b)**
Nadine Rousselot steigt die letzte Seillänge zum Ausstieg aus dieser ausgefallenen Neun-Seillängen-Traverse am Mittelmeer in Les Calanques (Frankreich) vor – die Route beginnt am Steinstrand oben links im Bild!

ÜBER WASSER

↑ **Travels with my Aunt (6a)**
Rachel Carr ist dankbar, am Strand der Hin Tak Wall, Koh Phi Phi (Thailand) nicht – wie am Vortag – von wildlebenden Affen belästigt zu werden.

→ **Look to the West (28)**
Jack Folkes bei einem seiner zahllosen Versuche, die er – immer zurück auf Start – an 44 Tagen über zweieinhalb Jahre hinweg unternahm, bis ihm die Erstbegehung dieses kniffligen Deep Water Solos am Shoalhaven River bei Nowra (Australien) gelang.

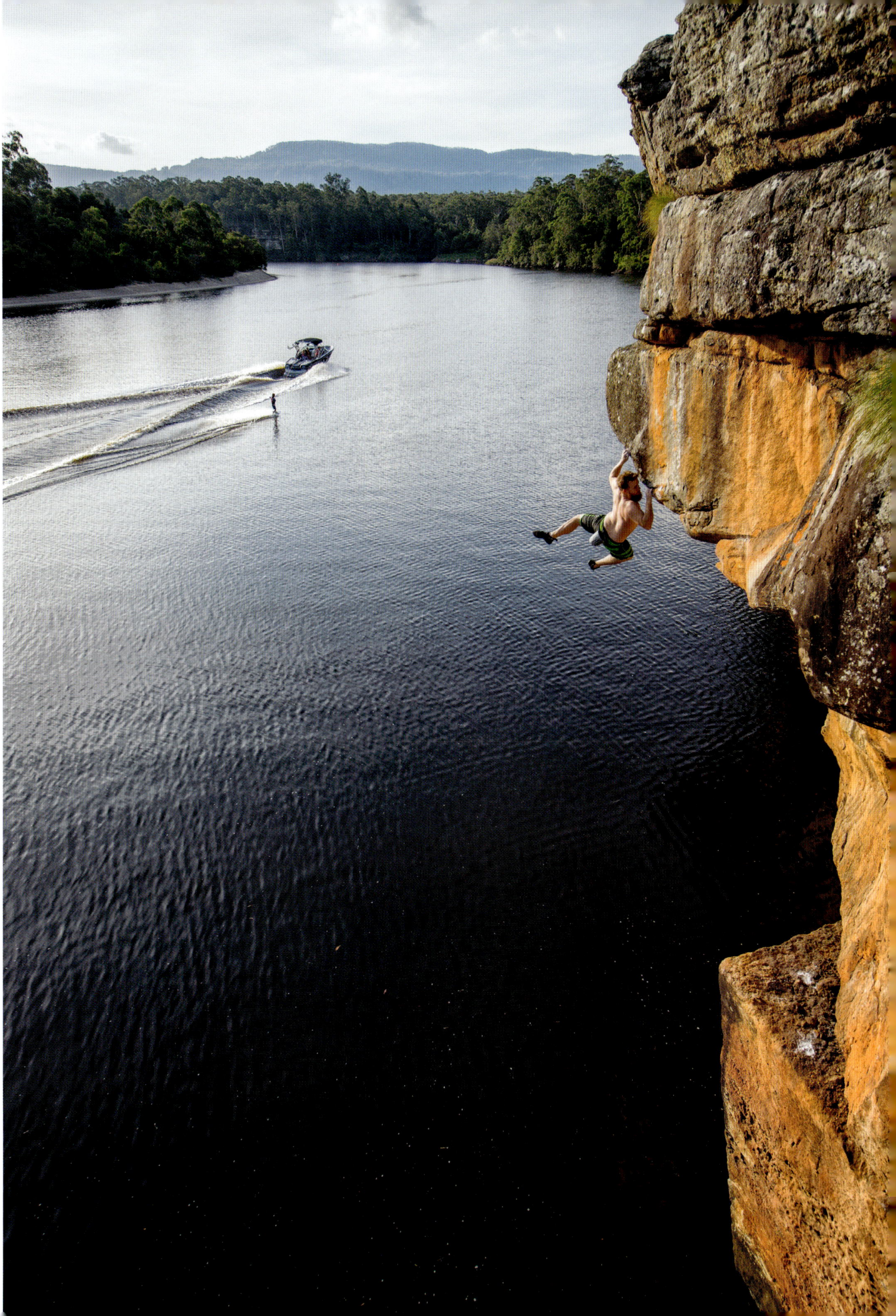

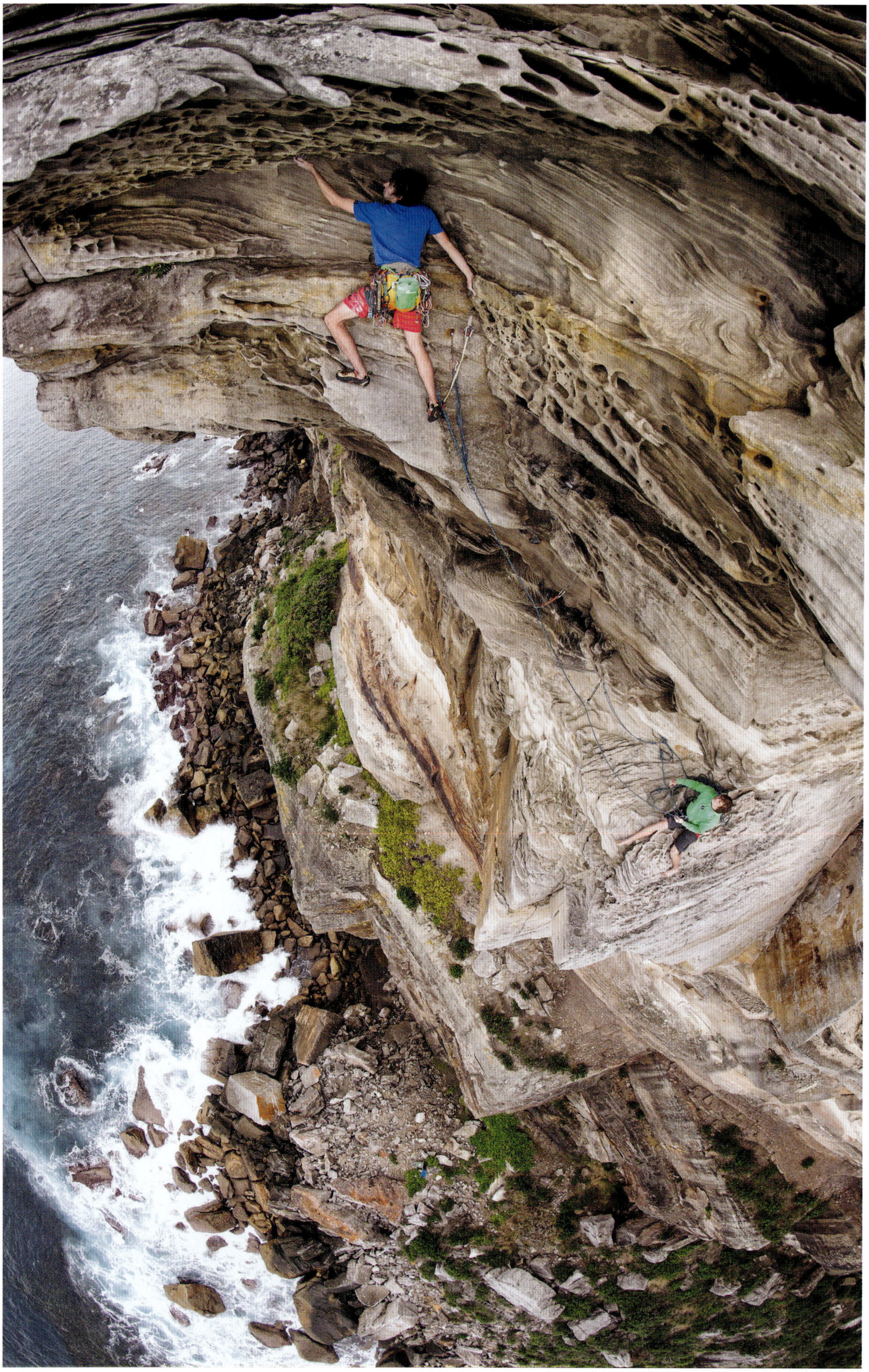

← **The Fear (19)**
Die See ist eines der Elemente, die diese Zwei-Seillängen-Route so beängstigend machen – neben der unzureichenden Absicherung, dem sandigen Fels und der wahnsinnigen Kulisse am North Head von Sydney Harbour (Australien). Chris Firth traut sich, Chris Diemont sichert.

↗ **Smoked Bananas (17)**
Wer weiß, diese Technik setzt sich vielleicht einmal durch? Dave James nutzt einen Doppelfaust-Kopf-Klemmer an diesem breiten Riss am Frog Buttress (Australien).

KLETTERFOTOGRAFIE
von Simon Carter

KLETTERAUSRÜSTUNG

Meine Ausrüstung beim Fotografieren ist etwas anders als meine normale Kletterausrüstung. Als Fixseil verwende ich lieber ein statisches als ein dynamisches Seil: Es dehnt sich weniger, was den Einsatz von Steigklemmen erleichtert, und ist robuster. Auch bei einem Statikseil nutze ich einen Seilschutz und binde mein Seil unterhalb von scharfen Stellen in Zwischensicherungen ein. Steigklemmen sind unverzichtbar, damit ich die Hände für die Kamera frei habe und schnell eine neue Position weiter oben am Seil erreichen kann.

Zusätzlich zum normalen Klettergurt ist für mich beim Fotografieren ein Brustgurt unentbehrlich. Mit Brustgurt hänge ich bequemer im Seil und kann mich vom Felsen weglehnen, damit ich einen besseren Blickwinkel auf die Route habe. Wenn ich mich wohlfühle, kann ich mich auf die Kamera konzentrieren, den Bildausschnitt präzise festlegen und diese Position lange halten. Ein Brustgurt ist leichter, vielseitiger und in der Praxis schneller als beispielsweise ein »Bootsmannstuhl«, der aber beim Videodreh und/oder wenn man lange eine Position halten muss, eine gute Option sein kann.

- Statikseil. Situationsabhängig, aber häufig wird ein 60-m-Seil verwendet.
- Bequemer Klettergurt.
- Brustgurt. Bequeme und funktionelle Brustgurte sind schwer zu finden, aber unbezahlbar.
- Kletterausrüstung. Expresssets, Verschlusskarabiner und Bandschlingen. Mobile Sicherungen (Klemmgeräte und Keile) können je nach Situation nützlich oder erforderlich sein.
- Steigklemmen.
- Abseilgerät.
- Rope Hook. Hilft beim Seilhandling und wenn man das Ablassseil schnell hoch- und aus dem Bild herausholen muss.
- Zusätzliche Klemmgeräte. Zum Abspannen an einem zweiten Seil.
- Seilschutz.
- Helm. Wird bei Gefahr von Steinschlag eingesetzt.

→ **A Girl's Best Friend (24)**
Douglas Bell reißt aus dem Überhang dieser Sportroute bei Lasseter's, Nowra (Australien), eine riesige Schuppe heraus. Zum Glück verfehlte sie seinen Sichernden, und Doug blieb weitgehend unverletzt.

Den Reiz des Kletterns machen in weiten Teilen die sportliche Leistung und die Kunst des Problemlösens in wunderschöner Natur aus. Das Fotografieren am Fels fügt eine ganz andere Dimension hinzu. Für eine fesselnde Aufnahme braucht man das perfekte Bild und muss für die größtmögliche Wirkung spektakuläre natürliche Gegebenheiten optimal nutzen. Die Herausforderung ist, sich und die Ausrüstung zur richtigen Zeit an die richtige Stelle zu bringen – und dabei mitunter in gewagten Positionen zu baumeln.

Ich halte es für wichtig, ein starkes Konzept für eine Aufnahme zu haben und vorbereitet zu sein. Planung und Vorbereitung verbessern die Chancen. In der Kletterfotografie lässt sich jedoch nicht alles vorhersagen oder garantieren – man muss auch spontan sein und eine sich bietende Gelegenheit ergreifen.

Eine wichtige Frage, die ich mir stelle: »Was ist das Besondere an dieser Route, diesem Ort, und wie stelle ich das heraus?« Vielleicht ist etwas an der Felsstruktur, der Umgebung oder den Kletternden für das Bild interessant. Die Antwort ergibt oft ein überzeugendes Fotokonzept, das dann vorgibt, wo ich als Fotograf (und die Kletternden) idealerweise wann sein sollte.

Meine Methoden hängen von der Situation, meinen Vorstellungen für die Aufnahme und meinen Ortskenntnissen ab. Ich lerne einen neuen Ort meist mehrere Tage lang kennen, klettere einige Routen, schaue mich nach interessanten Klettereien um, beobachte das Licht zu unterschiedlichen Tageszeiten, seile mich an verschiedenen Stellen ab, schaue mir Blickwinkel an und welche Kompositionen möglich wären. In den Blue Mountains etwa wollte ich die majestätische Inversionswetterlage einfangen, die bei Tagesanbruch manchmal über den Tälern liegt. Ich fand eine Route an einer längst vergessenen Wand, die schön gelegen war und das Morgenlicht einfing. Nach drei gescheiterten Versuchen waren eines Morgens die Wolken dick genug und alles passte (siehe S. 76–77).

Die größte Herausforderung bei der Kletterfotografie ist zwangsläufig, an die richtige Stelle zu gelangen, um für das gewünschte Bild den richtigen Blickwinkel auf das Geschehen und die Umgebung zu haben. Manchmal kann man zum Beispiel ganz einfach zum Wandfuß – oder zur Spitze – laufen und hat von dort einen guten Blickwinkel. Vielleicht geht es mit ein bisschen Kraxeln zu einem Aussichtspunkt. Oft jedoch macht nur ein standplatzgesichertes Seil die richtige Aufnahme möglich. So sind auch die meisten Bilder in diesem Buch entstanden.

Allein die Umgebung gibt vor, wie schwierig es ist, ein Seil sicher zu verankern. Es kommt vor, dass ich eine Route hochklettern muss, um mein Seil zu sichern, doch oft machen dankenswerterweise die Kletternden – die Modelle – das für mich. Gelegentlich kann ich das Seil von oben legen und dorthin laufen oder kraxeln. Sobald ein Seil sicher verankert ist, seilt man sich einfach ab oder klettert mithilfe von Steigklemmen am Seil nach oben.

KLETTERFOTOGRAFIE

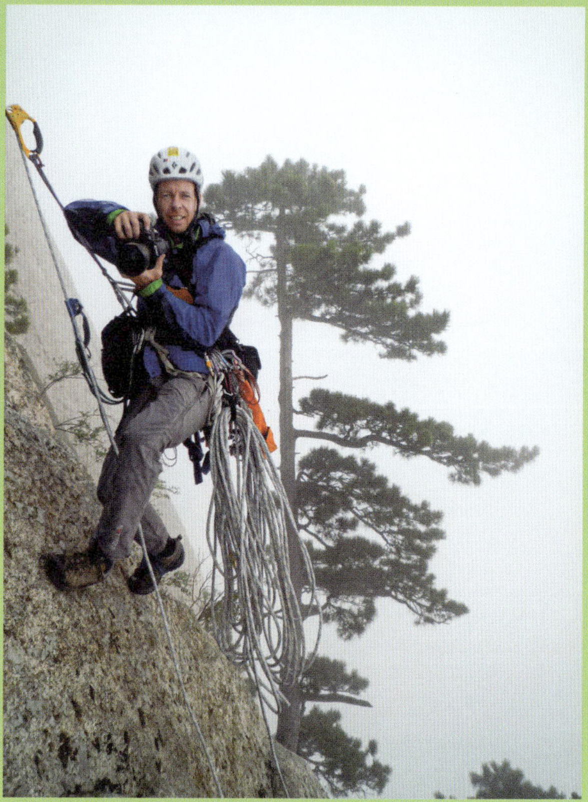

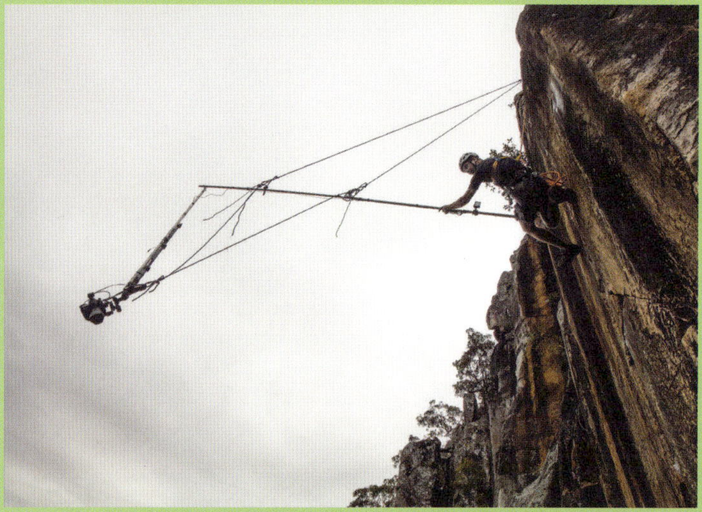

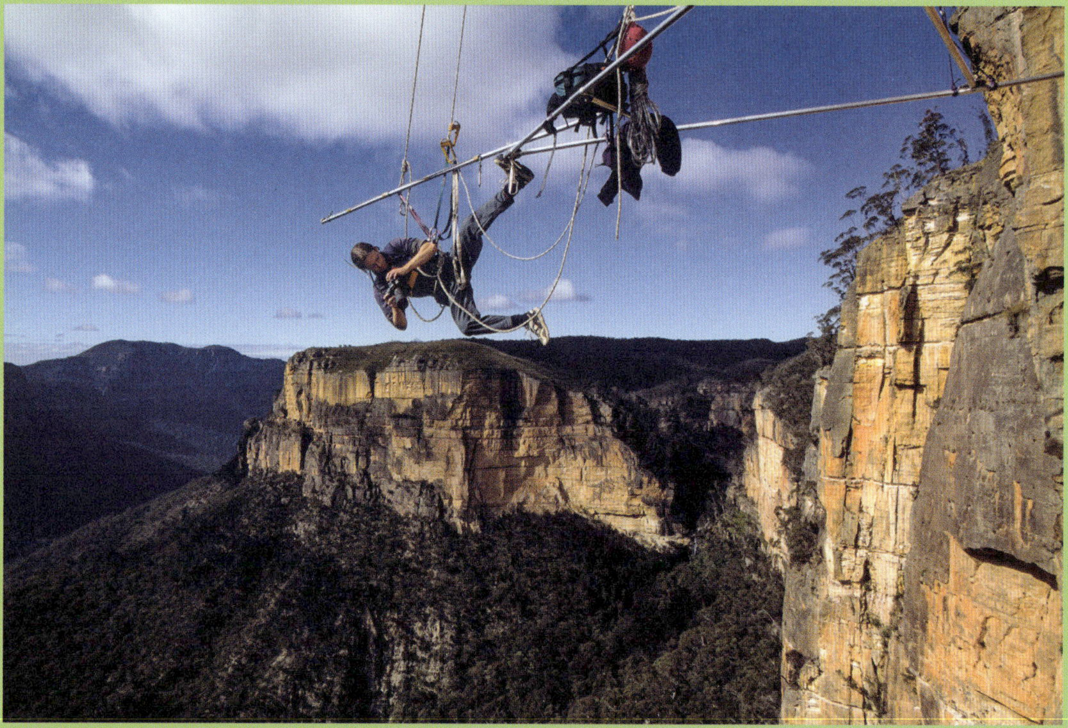

FOTOAUSRÜSTUNG

Das heutige Fotoequipment erleichtert mir zweifellos die Arbeit – und liefert technisch bessere Ergebnisse. Meine erste Kamera war eine Nikon F90X. Einige Jahre später bekam ich eine Nikon F100, die mir viele weitere Jahre gute Dienste leistete. Als ich mich ab etwa 1994 ernsthaft mit der Kletterfotografie beschäftigte, war mein Lieblingsfilm der Fuji Velvia. Der war allerdings nicht sehr lichtempfindlich, weshalb er sich für Actionaufnahmen bei wenig Licht nicht eignet. Trotzdem verwendete ich ihn wegen seiner schönen Farben immer wieder. Der Film und die Entwicklung eines Bildes kosteten umgerechnet etwa 50 Cent, also musste jede Aufnahme sitzen.

Nicht nur der Film, auch die Objektive hatten Einfluss auf die Bildqualität. Damals waren Festbrennweiten wesentlich schärfer als Zoomobjektive. Trotz des lästigen Objektivwechsels packte ich also diverse Festbrennweiten ein – zum Beispiel 16 mm (Fischauge), 20 mm, 35 mm, 50 mm, 85 mm und 135 mm. Als Nikon 2007 ein verzeichnungsfreies, lichtstarkes und bahnbrechend scharfes 14–24 mm f2.8 Ultraweitwinkel herausbrachte, wurde es sofort zu meinem Lieblingsobjektiv.

Mit der Zeit fanden weitere Zoomobjektive ihren Weg in meine Standardausrüstung: aktuell ein 14–30 mm f4, ein 24–70 mm f4 und ein 70–200 mm f2,8. Auch mein geliebtes 16-mm-Fischauge ist noch da. Es hat wohl einen festen Platz in meiner Tasche gefunden, nur für den Fall der Fälle. Gewöhnlich ist alles in einer Think-Tank-Speed-Racer-Kameratasche untergebracht. Es gibt größere Objektive, die ich für die Kletterfotografie aber nicht standardmäßig brauche.

Und dann kam die Digitalfotografie. Ich widerstand so lange wie möglich, bis die Bildqualität unbestreitbar besser war. 2008 wechselte ich endgültig, aber erst nach mehreren Shootings, bei denen ich versuchte, analog und digital parallel zu fotografieren. Meine erste Digitalkamera war eine Nikon D3, dann kamen die D3s, D600 und D750. Der nächste große Schritt waren spiegellose Systemkameras. 2019 probierte ich die Nikon Z6 aus und rüstete dann auf die Z9 hoch, die über einen mehrschichtigen Sensor und leistungsstarken Autofokus verfügt, mit schlechten Lichtverhältnissen hervorragend zurechtkommt und 20 Bilder pro Sekunde aufnehmen kann. Doch bei aller Weiterentwicklung: Mein wichtigster Ratschlag wäre immer noch, sich mehr um das Konzept zu kümmern als um die Ausrüstung.

↖ Simon Carter fotografiert die Erstbesteigung des Westgipfels des Hua Shan (China); siehe Fotos auf den Seiten 6–7 und 242.

← Simon Carter mit seiner »Fotostange« am Frog Buttress (Australien).

↙ Simon Carter in seinem »Fotorahmen« am Hanging Rock in den Blue Mountains (Australien).

Es gibt ein paar Tricks, um vom Fixseil aus effektiv zu arbeiten. Eine große Herausforderung sind überhängende Routen: Das Seil hängt frei, und nichts verhindert, dass ich als Fotograf mich unkontrolliert drehe. Nur ein zweites Seil unterbindet den Drehimpuls – unter Umständen reicht dafür auch das andere Ende des Hauptseils. Das Seil muss dazu an einem Fixpunkt befestigt werden, oft an einer Bohrlasche oder einem Baum – an irgendetwas, um das zweite Seil abzuspannen, damit das Drehen unterbunden werden kann und die eigene Position besser unter Kontrolle ist. Mit zwei Seilen an unterschiedlichen Punkten kann man sich in eine vorteilhafte Position mit einzigartiger Perspektive einspannen. Ein gutes Beispiel ist das Bild auf Seite 19, bei dem ich an einem Seil hing, das an der Spitze des Totem Pole gesichert war, und mich ein zweites Seil, das etwa 40 m hinter mir am Festland befestigt war, von der Säule wegzog.

Zweifelsohne ist der Blickwinkel oft besser, wenn man sich ein wenig vom Fels entfernt und mehr von der Route oder der Situation zeigt. Eine größere Herausforderung bei der Kletterfotografie ist es daher, wenn es keinen Fixpunkt oder Fels gegenüber für ein zweites Seil gibt – was bei größeren Felsen häufig der Fall ist. Dort gibt es nichts, nur leeren Raum. Wie bekommt man also für einen besseren Blickwinkel sich selbst oder zumindest die Kamera vom Fels weg?

1996 fing ich an, mich mit möglichen Lösungen für dieses Problem zu beschäftigen, und konstruierte einen A-Rahmen. Ich nannte ihn »Fotorahmen« und ließ ihn von einem Aluminiumhersteller zusammenschweißen. Der Fotorahmen ermöglichte einzigartige und auf anderem Weg unmögliche Blickwinkel, war aber umständlich im Aufbau und – da weitgehend positionsfest – nicht sehr flexibel.

Als ich 2006 in der Red River Gorge in Kentucky (USA) war, ließ ich mich von den Herbstfarben inspirieren und spielte mit einer Weiterentwicklung des Konzepts. Mir wurde klar, dass ich die Kamera auch ohne mich vom Fels wegbringen konnte. Also befestigte ich eine 8 m lange Malerstange am Fels, an deren Ende die Kamera hing. Die Kamera übertrug ein Video auf einen kleinen Monitor, sodass ich Kameraposition und Bildausschnitt anpassen konnte, und mit einer Fernbedienung betätigte ich den Auslöser. Ich nannte die Vorrichtung meine »Fotostange«. Im Laufe der Jahre habe ich sie weiterentwickelt, sodass sich die Kamera zu mir heranholen lässt, ohne meine Position zu verändern. Dies hat mir einzigartige Bilder ermöglicht, beispielsweise die Fotos vom Devil's Tower auf den Seiten 116 und 117.

Die Kameras verändern und entwickeln sich technisch ständig weiter. Das vereinfacht einige Aufnahmen sicherlich oder ermöglicht sie sogar erst, und es gibt viele Wege, wie Technologie in der Kletterfotografie kreativ eingesetzt werden kann und wird. Und doch überrascht es mich, wie wenig sich über die Jahre verändert hat: Die zentrale Herausforderung, zur richtigen Zeit am richtigen Ort zu sein, ist noch immer so entscheidend wie früher.

> **SICHERHEIT**
>
> »Eigenverantwortung« ist ein grundlegendes Konzept beim Klettern. Die Verantwortung für unsere Entscheidungen und Handlungen zu übernehmen, statt externen Faktoren die Schuld zu geben, trägt letztlich zu unserer Sicherheit bei. Das mag hart erscheinen, ist aber auch sehr befreiend – ohne gäbe es den Sport kaum.
>
> Eigenverantwortung ist auch beim Fotografieren wichtig. Und da wir dabei am Fels das Verhalten der Kletternden beeinflussen können, müssen wir uns der Interaktion und der eingegangenen Risiken voll bewusst sein. Der Fall des Free-Solo-Kletterns – ohne Seil – ist offensichtlich, doch gibt es viele weitere gefährliche Situationen, die eintreten können. Kletterfotograf*innen würden nie einen Unfall (mit-)verursachen wollen und sind daher moralisch verpflichtet, über den eigenen Einfluss auf das Geschehen sorgfältig nachzudenken.
>
> Ich rate angehenden Kletterfotograf*innen, einige Jahre selbst zu klettern, bevor sie versuchen, das Fotografieren hinzuzunehmen. Für die zehn Jahre unterschiedlichster Klettererfahrung, bevor ich mich ernsthaft mit der Kamera befasste, bin ich sehr dankbar. Es geht nicht darum, besser oder extremer zu klettern, sondern um Kenntnisse und Erfahrungen. Es geht um die Arbeit und Absicherung am Seil für die eigene Sicherheit und Produktivität. Es geht auch darum zu verstehen, was um einen herum am Fels passiert und was die Kletternden durchleben.
>
> Das Fotografieren mit dem Klettern zu verbinden bedeutet zusätzliche Komplikationen, da mehr schief gehen kann. Ungesichert an Wänden und Felsvorsprüngen herumzuturnen, vor allem mit Ausrüstung, ist gefährlich. Der Gefahr, Steine oder anderes loszutreten, was auf Kletternde unter ihnen fallen könnten, sollten sich Fotograf*innen bewusst sein. Man kann viele Fehler machen und Fehleinschätzungen treffen. Bequemlichkeit, Übermut und Hektik können potenzielle Probleme verschärfen. Kein Stress da draußen.

Die Zukunft lässt sich freilich kaum vorhersagen. Drohnen sind immer häufiger im Einsatz – nicht nur für Videos, für die sie seit langem von unschätzbarem Wert sind, sondern auch für Fotos: Die Technologie und Qualität verbessern sich ständig, sodass heute qualitativ hochwertige Nahaufnahmen möglich sind, und das sogar im Hochformat. Natürlich wird es immer Orte geben, an denen Drohnen verboten oder nicht erwünscht und für Kletterer schlichtweg lästig (oder schlimmer!) sind – vor allem, wenn sie nah an das Geschehen herankommen. Ich möchte also nicht spekulieren, bezweifle aber, dass Drohnen generell zum arbeitsparenden Königsweg werden. Kurz: Keines der Bilder in diesem Buch wurde mit einer Drohne aufgenommen. Beim Klettern ist der Stil wichtig. Vielleicht auch in der Kletterfotografie?

GLOSSAR

ABSEILEN Methode, um sich an einem Seil abzulassen.

AUSGESETZT Weit weg von festem Boden; führt häufig zu verstärkter Nervosität.

BETA Zum Klettern eines Felsabschnitts erforderliche Bewegungsabfolge. Das »Beta« erläutern heißt, Wissen zu Bewegungsabläufen oder andere Informationen über eine Route weiterzugeben. »Mikrobeta« steht für erforderliche Minimalbewegungen.

BIGWALL Große Felswand mit besonders langen Routen, die bis zu mehreren Tagen Kletterei erfordern.

BLOCKIEREN Sich hochziehen und mit angewinkeltem Arm festhalten, sodass man stabil steht und den anderen Arm bewegen kann.

BOHRHAKEN In einem gebohrten Loch befestigter Haken, der als dauerhafter Fixpunkt oder Zwischensicherung dient.

BOULDERN Seilfreies Klettern in Absprunghöhe. Stürze werden von auf den Boden gelegten Bouldermatten (Crashpads) abgefangen.

CLEAN CLIMBING oder traditionelles Klettern. Es werden mobile Sicherungen verwendet (Schlingen, Keile, Klemmgeräte).

DACH Horizontaler oder fast horizontaler, maximal überhängender Fels.

DEEP WATER SOLOING Klettern ohne Seil oder Sicherung über tiefem Wasser, meist dem Meer.

EXPRESSSET (EXPRESSE, EXE) Zwei mit einer kurzen, starken Nylonschlinge verbundene Karabiner. Das Seil wird an den Sicherungspunkten in ihr eingehängt.

FLASH Eine Route beim ersten Versuch vorsteigen, aber mit einer gewissen Vorkenntnis der Schwierigkeiten oder der Abfolge der Züge.

FREIKLETTERN Mit Händen und Füßen (und jedem anderen Körperteil) am natürlichen Fels klettern. Seil und Sicherungen werden genutzt, aber nicht belastet oder als direkte »Hilfsmittel« zum Aufstieg verwendet.

GRAD Subjektive Bewertung des Schwierigkeitsgrads einer Kletterei. Es gibt verschiedene Bewertungssysteme für technisches Klettern, Freiklettern und Boulderprobleme. Die internationale Bewertungstabelle auf Seite 241 zeigt die Umrechnung zwischen den gebräuchlichsten Freikletterskalen.

GROUND-UP Vom Boden aus ohne vorherige Prüfung oder Vorbereitung von oben (z. B. durch Abseilen) klettern.

HENKEL Sehr großer Griff.

HIGHBALL Bouldern in großer Höhe. Ungesichertes Klettern an so hohen Felsblöcken, dass ein Sturz übel wäre.

KALKTUFF Lamellenartige Kalksteinformation.

KANTE Spitzer Vorsprung, der wie die Kante eines Gebäudes aus einer Felswand herausragt.

KARABINER Unverzichtbarer Ausrüstungsgegenstand: außergewöhnlich starke Metallkarabiner als vielfältiges Bindeglied zwischen Kletterern, Seilen und Sicherungen.

KLEMMER Rissklettertechnik, bei der zum Halten eine Hand, ein Fuß oder ein anderes Körperteil in einem Riss verkeilt wird.

KLEMMGERÄT Kletterzubehör, das zur mobilen Sicherung verwendet wird. Das Klemmgerät wird in Risse gelegt, spreizt sich auf und verklemmt sich so an Ort und Stelle.

KLETTERGEBIET Felswand oder -wände.

LEISTE Kleiner Griff, der nur Platz für die Fingerspitzen bietet.

LOSE, BRÖCKELIG, DRECKIG (engl. CHOSS) Lockerer, minderwertiger Fels.

MEHRSEILLÄNGE Längere Route mit mehr als einer Seillänge.

MIKROBETA Siehe Beta.

NACHSTEIGER*IN Person, die eine Route oder Seillänge nach der vorsteigenden Person klettert. Sie wird von oben gesichert.

OFFWIDTH Schwierig zu kletternder breiter Riss.

ONSIGHT Erfolgreiches Vorsteigen einer Route im ersten Versuch und ohne Vorkenntnisse über die spezifischen Schwierigkeiten der Route. Es wird allgemein als die beste Form des Vorstiegs angesehen.

PIAZEN Gegendrucktechnik, bei der man sich mit den Händen an einem Riss oder einer Kante seitlich auf Zug festhält und die Füße gegen die Wand drückt.

PLATTE Große, geneigte Felswand mit wenig Struktur, die meist mit Gleichgewichts- und Reibungstechniken geklettert wird.

PORTALEDGE Tragbare Leichtplattform aus Metall und Stoff zum Übernachten im Fels beim Bigwallklettern. Mit Überzelt ist sie wie ein Zelt für Felswände.

PROJEKT Eine Route, die versucht, aber noch nicht frei geklettert worden ist. Eine Route zu »projektieren« bedeutet, sie mehrere Tage zu versuchen und zu üben – mit dem Ziel, die Route frei zu begehen.

PUMPEN Anstrengendes Klettern. Dabei sammelt sich Milchsäure an, die zu Muskelermüdung führt und die man vor allem in den Unterarmen spürt.

ROTPUNKT Kletterstil, der allgemein als Mindeststandard für eine »freie« Begehung gilt. Die Route muss sturzfrei und ohne Zuhilfenahme von Seil oder Sicherungen begangen werden.

ROUTE Geplanter Verlauf einer Kletterei. Routen haben in der Regel einen Namen und einen Schwierigkeitsgrad.

SCHLAGHAKEN Massiver Metallstift, der in kleine Felsrisse gehämmert wird und als Sicherungspunkt dient.

SCHLÜSSELSTELLE (CRUX) Schwierigster Abschnitt einer Route.

SEILLÄNGE Kletterabschnitt zwischen zwei Standplätzen, der die Länge des Seils nicht übersteigt.

SEILRUTSCHE An einem Seil entlanggleiten, das in luftiger Höhe zwischen zwei Felsformationen gespannt ist.

SLOPER Runder, glatter Griff, der mit offener Hand gehalten wird.

SICHERER Sichert die kletternde Person mit dem Seil.

SICHERN Abfangen eines Klettersturzes durch ein Seil mithilfe eines Fixpunkts und/oder Sicherungspunkten und unter Verwendung eines Sicherungsgeräts mit Blockierfunktion zum Halten des Seils.

SICHERUNGEN Verschiedene Arten von Vorrichtungen, die am Fels angebracht werden, um einen Sturz beim Klettern abzufangen. Natürliche oder traditionelle Sicherungen sind mobil (bleiben nicht im Fels). Feste Sicherungen sind dauerhaft im Fels verankerte Fixpunkte (wie Bolzen oder Schlaghaken).

SOLO Allein klettern. Beim Freiklettern wird entsprechend ohne Seil geklettert (Free Solo), beim technischen Klettern mit Seil (Solo).

SPORTKLETTERN Permanente, feste Sicherungen (in der Regel Bohrhaken) ermöglichen betont gymnastische Bewegungsabläufe.

STEIGKLEMME Mechanisches Gerät zum Aufstieg am Seil. Es gleitet nach oben, Zähne blockieren ein Rutschen nach unten.

TAFELBERG Allein stehender Berg mit flachem Gipfelplateau und Steilwänden ringsum. In Südamerika auch als »Tepui« bezeichnet.

TECHNISCHES KLETTERN Klettern mit Hilfsmitteln. Sicherungen oder andere Ausrüstung helfen, den Körper zu halten, und werden als direkte »Hilfe« zum Aufstieg verwendet. Eine »technische Route« wird mit Hilfsmitteln geklettert.

TESTPIECE Eine Route mit Symbolcharakter, die als Maßstab für den Schwierigkeitsgrad dient.

TOPROPE Klettern mittels Seilsicherung oder Fixpunkt von oben.

TOTPUNKT Schnelle, dynamische Bewegungstechnik, bei der der nächste Griff genau auf dem Scheitelpunkt der Aufwärtsbewegung gepackt wird.

TRAVERSE oder Quergang. Waagerechtes Klettern seitwärts.

ÜBERHANG Ein besonders steiler (überhängender) Felsabschnitt.

VORSTEIGER*IN Erste Person einer Seilschaft, die eine Route klettert. Sie hängt das Seil in die Zwischensicherungen der Route ein und wird dabei von unten gesichert.

BEWERTUNGS-SKALEN

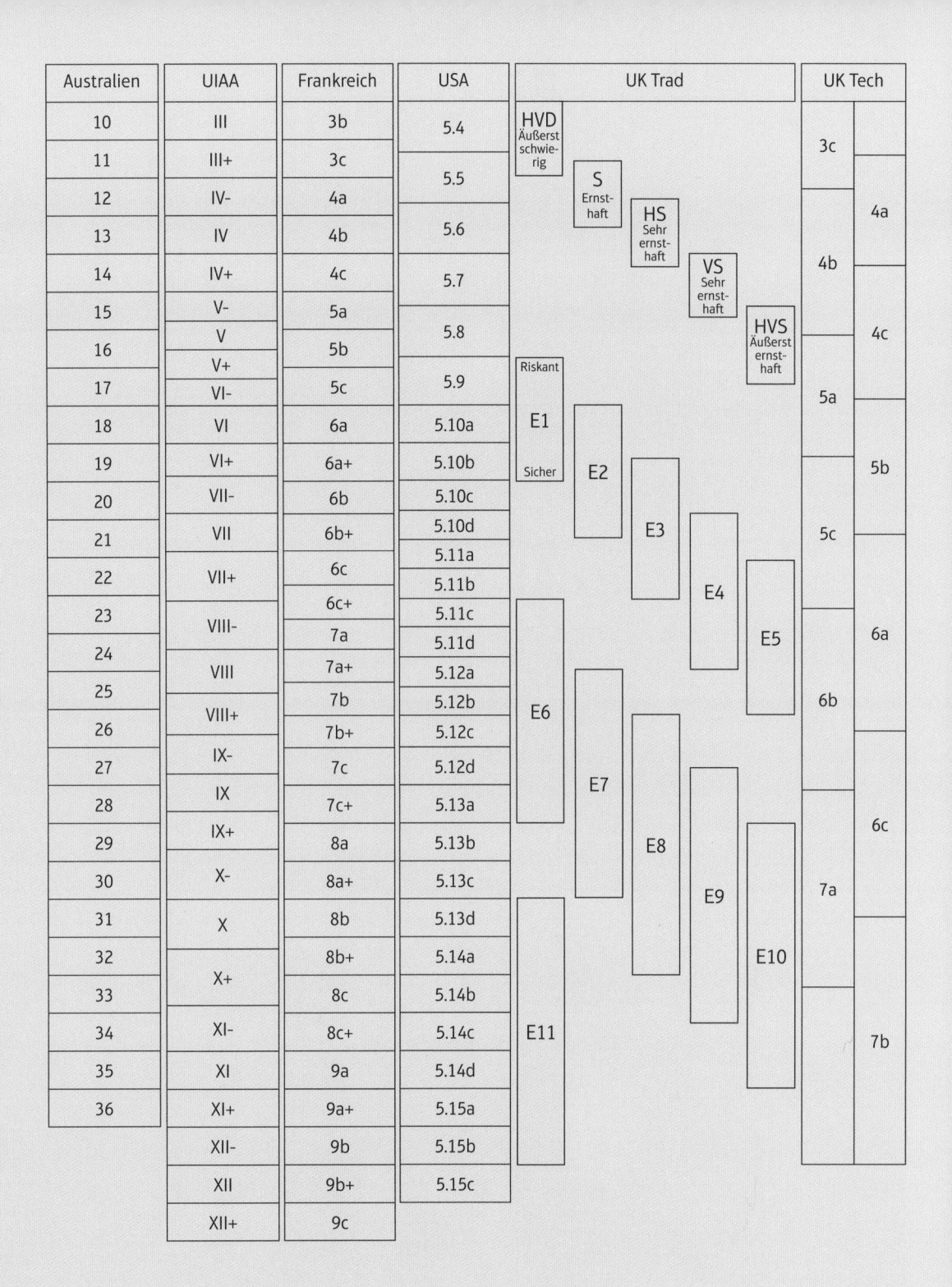

Australien	UIAA	Frankreich	USA	UK Trad	UK Tech
10	III	3b	5.4	HVD Äußerst schwierig	3c
11	III+	3c	5.5		
12	IV-	4a		S Ernsthaft	4a
13	IV	4b	5.6	HS Sehr ernsthaft	
14	IV+	4c	5.7		4b
15	V-	5a		VS Sehr ernsthaft	
16	V	5b	5.8		4c
	V+			HVS Äußerst ernsthaft	
17	VI-	5c	5.9		5a
18	VI	6a	5.10a	E1 Riskant	
19	VI+	6a+	5.10b	E2	
20	VII-	6b	5.10c	Sicher	5b
21	VII	6b+	5.10d	E3	5c
			5.11a		
22	VII+	6c	5.11b	E4	
23	VIII-	6c+	5.11c		
		7a	5.11d	E5	6a
24	VIII	7a+	5.12a		
25		7b	5.12b	E6	6b
26	VIII+	7b+	5.12c		
27	IX-	7c	5.12d	E7	
28	IX	7c+	5.13a		
29	IX+	8a	5.13b	E8	6c
30	X-	8a+	5.13c	E9	7a
31	X	8b	5.13d		
32	X+	8b+	5.14a	E10	
33		8c	5.14b		
34	XI-	8c+	5.14c	E11	7b
35	XI	9a	5.14d		
36	XI+	9a+	5.15a		
	XII-	9b	5.15b		
	XII	9b+	5.15c		
	XII+	9c			

AUSGEWÄHLTE ROUTEN
#01 THE NORTHERN CELESTIAL MASTERS (5.12+ oder E6)

Leo Houlding bei der Erstbegehung der 600 m langen 14-Seillängen-Route, die er zusammen mit Wang Zhi Ming und Carlos Suarez auf dem Westgipfel des Hua Shan (China) eingerichtet hat; Foto auf den Seiten 6–7.

Ziel dieser Mini-Expedition war die bis dahin unbestiegene Hauptwand am Westgipfel des Berges. Wir hatten ein paar Tage, um die Lage zu sondieren. Leo und seine Partner beschlossen, den bewachsenen Grat des Berges frei zu klettern statt die steilere, saubere Wand links davon, die eine technische Begehung erfordert hätte. Da ich von oben abseilen musste, war das Schwierigste für mich, die Stelle zu finden und zu erahnen, wo die Route enden würde. Ich hatte das Glück, dass ein Träger meine Ausrüstung die Hunderte von in den heiligen Berg gehauenen Stufen hinauftrug. Am Folgetag gelang die Durchsteigung trotz des Regens, und ich war in Position und hatte die Bilder im Kasten.

AUSGEWÄHLTE ROUTEN
#02   POLE DANCER (22)

Steve Moon klettert einen Pfeiler am äußersten Ende von Cape Raoul in Tasmanien (Australien); Foto auf der Seite 32.

Der Zustieg zu den Pfeilern am Ende von Cape Raoul ist lang und schwierig. Um die Zeit dort draußen bestmöglich zu nutzen, machte sich unsere vierköpfige Gruppe nachmittags auf die 7 km lange Wanderung zu den Klippen, und wir zelteten dort. Bei Tagesanbruch seilten wir uns zunächst 25 m ab und liefen dann 20 Minuten lang über ein riesiges Felsband. Danach kletterten wir eine cleane Zwei-Seillängen-Route im 18. Grad zum Gipfel der großen »Wedding Cake«-Formation, überquerten ihn und seilten uns auf der anderen Seite 25 m ab. Einige Kraxeleien brachten uns zu einer weiteren Abseilstelle an plattigen Felsbändern und an den Fuß der Route *Pole Dancer*. Für das Foto musste ich einfach an einem Aussichtspunkt warten, während Steve und Monique weitergingen und die Route kletterten. Der Rückweg verlief an den zurückgelassenen Seilen umgekehrt: An den Abseilstellen mussten wir hochklettern und dort, wo wir hochgeklettert waren, abseilen. Es war schon lange dunkel, als wir wieder bei den Autos waren.

AUSGEWÄHLTE ROUTEN
#03   MANARA-POTSINY (8A)

Toni Lamprecht in der achten Seillänge dieser 600-m-Route an Tsaranoro Be (Madagaskar); Foto auf den Seiten 86–87. (Das Foto auf Seite 1 ist ebenfalls von dieser Route, aber an einem anderen Tag.)

Wir verließen das Lager gegen 4 Uhr morgens, damit wir nach der einstündigen Wanderung zur Wand und dem Aufstieg an Fixseilen rechtzeitig zu Sonnenaufgang in dieser achten Seillänge der Route waren. Erfreut sah ich, dass sich im dahinter liegenden Tal Inversionswolken gebildet hatten – ich wusste, dass dieses Phänomen dort gelegentlich auftritt, konnte es mit der begrenzten Wettervorhersage jedoch nicht absehen. Die Wolken lösten sich schnell auf, aber ich konnte auch einige Bilder von Felix Frieder und Benno Wagner machen, die Toni dabei halfen, die Route in typischer Tsaranoro-Manier Ground-up, also von unten, zu begehen.

AUSGEWÄHLTE ROUTEN
#04   OZYMANDIAS DIRECT (28)

Steve Monks steigt die zweite von neun Seillängen der Route vor, die er an der Nordwand des Mount Buffalo (Australien) frei kletterte; Foto auf Seite 108.

Dieses Foto wurde weit unten in der 270-m-Route aufgenommen. Die schnellste Methode, um Steve zur zweiten Seillänge zu bringen, damit er sie für die Kamera nochmals vorsteigen konnte, war, Statikseile bis dort hinunter zu legen – etwa 240 m. So hatte ich auch ein Seil, von dem aus ich fotografieren konnte. Zum Glück sind es nur zehn Minuten zu Fuß bis zum oberen Ende der Route, und Steves Vertrautheit mit der Wand half beim Aufbau. Es war allerdings viel Seil, das wir anschließend hinaufklettern und hochziehen mussten.

AUSGEWÄHLTE ROUTEN
#05   TOM ET JE RIS (8b+)

Monique Forestier in einer 60 m langen Tuffroute in der Verdonschlucht (Frankreich); Foto auf der Seite 115.

Der Zustieg besteht aus 80 Minuten Fußmarsch und anschließendem Abseilen über die 60 m lange Route. Nach mehreren Tagen gelang es Monique, die Route zu klettern. Einige Tage später kamen wir mit einem Sicherer wieder, und sie kletterte die Route in Abschnitten erneut, sodass ich Fotos und Videos machen konnte. Ich arbeitete am Abseilstrang. Da die Route überhängend ist und ich frei hing, musste ich das Seilende an Bohrhaken weiter oben in der Route befestigen, um mich zum Filmen und Fotografieren zu stabilisieren.

AUSGEWÄHLTE ROUTEN
#06   MR CLEAN (5.11a)

Brittany Griffith in einer der makellosen Linien am Devil's Tower, Wyoming (USA); Foto auf der Seite 116.

Ich hatte einige Jahre zuvor Lisa Gnade in dieser Route fotografiert, war mit dem Ergebnis aber nicht ganz zufrieden. Es kam nicht zur Geltung, wie außergewöhnlich die sechseckigen Säulen sind. Der Gedanke, dass ich die Kamera irgendwie nach »draußen« bringen musste, weg von der Wand, ließ mich jahrelang nicht los und führte zur Entwicklung meiner »Fotostange«. Es war befriedigend, Jahre später die 8-m-Malerstange zu montieren, sie am Seil, das Brittany für mich gelegt hatte, hochzuziehen und die Fotos zu machen – obwohl der Wind mir fast die Stange aus der Hand gerissen und meine Nikon D3s an den Fels geschmettert hätte (zum Glück nur fast).

AUSGEWÄHLTE ROUTEN
#07   PROJEKT

Chris Sharma versucht die vierte Seillänge seines 250-m-Projekts am Mont-rebei (Spanien), vorläufige Schwierigkeitsgrade 6c+, 9a, 8b, 8c, 8c, 7b und 8c+; Foto auf der Seite 143.

Chris hatte diese Route Ground-up eingerichtet und über mehrere Jahre daran gearbeitet. Wenn sie frei erstbegangen ist, wird sie eine der schwierigsten Mehrseillängenrouten der Welt sein. Der Zustieg dauert eineinviertel Stunden – und dann muss man den Fluss überqueren, was uns mithilfe eines mitgebrachten Schlauchboots gelang. Als Chris und Klemen Bečan an verschiedenen Seillängen arbeiteten, musste ich für die Bilder lediglich mit Steigklemmen die bereits vorhandenen Fixseile hochklettern. Als wir die vierte Seillänge erreichten, wurde es bereits dunkel, aber mit dem hohen ISO der Digitalkamera konnte ich dieses Foto machen. Dann mussten wir nur noch abseilen, über den Fluss setzen und in die Dunkelheit wandern.

AUSGEWÄHLTE ROUTEN
#08   ZODIAC (A2 5.7 oder 5.13d)

Alexander Huber stellt in dieser 600-m-Route am El Capitan in Yosemite, Kalifornien (USA), gerade einen Geschwindigkeitsrekord auf: 2 Stunden, 31 Minuten und 20 Sekunden; Foto auf der Seite 149.

Um auf den Gipfel des El Capitan zu gelangen, kletterte ich mit Steigklemmen an vier Fixseilen – von fragwürdiger Qualität – in der Abseilroute *East Ledges* hinauf und wanderte zum Gipfel. Dann seilte ich mich zu meiner Position 60 m unterhalb des Gipfels ab. Da ich wusste, wann Alex und Thomas Huber starten wollten und wie schnell sie sein könnten, erwartete ich, eine Stunde zu haben, bis sie in Sicht kommen würden. Ich nutzte die Zeit für Bildkompositionen und für Planungen zu Objektivwechseln (damit ich die Szenerie wie auch die Action im Detail fotografieren konnte) und zu Sprints das Seil hinauf in höhere Positionen. Am Ende ging alles schneller, als ich es mir hätte vorstellen können.

AUSGEWÄHLTE ROUTEN
#09   SERPENTINE (29)

Lynn Hill steigt die härteste Seillänge dieser ikonische Route am höchsten Abschnitt der Taipan Wall, Grampians (Australien), vor; Foto auf der Seite 184.

Das Foto wurde von einem Abseilstrang aus bei Lynns Rotpunktbegehung aufgenommen. Ich musste also hauptsächlich entscheiden, wann ich mich auf das Fotografieren konzentriere (und auf den Filmwechsel, da ich analog arbeitete) und wann ich am Fixseil schnell höher steige, während Lynn klettert. Um mein 65-m-Statikseil, die Kletterausrüstung und die Kameraausrüstung ans Ende der Route zu bringen, kletterte ich eine Zustiegsroute im 8. Grad am linken Ende der Taipan Wall und kraxelte dann – größtenteils ausgesetzt – zum Ende von *Serpentine*.

AUSGEWÄHLTE ROUTEN
#10   TUCÁN AUSENTE (7a)

Fred Moix steigt die vierte von sieben Seillängen der 280 m langen Route am El Macizo del Pisón in Riglos (Spanien) vor; Foto auf der Seite 187.

Während Fred und sein Partner die Route kletterten, nahmen Monique Forestier und ich eine Nachbarroute rechts davon: *Carnavalada* mit den Seillängen 6a+, 6a+, 6a, 7a+,7a, 6b. Monique war meine Seilpartnerin und stieg vor. Ich folgte ihr kletternd oder mit Steigklemmen am Fixseil, das sie ebenfalls gelegt hatte, damit ich anhalten konnte, wenn sich die Gelegenheit bot, Fred zu fotografieren. Nach Schwierigkeiten bei der Routenfindung kurz vor dem Ende überraschte uns am Gipfel so starker Wind, dass wir kaum aufrecht stehen konnten. Das Abseilen von der Rückseite der Felsformation war beängstigend – bei Dunkelheit, nahezu unterkühlt, kämpften wir gegen Knäuel, die der Wind in unsere Seile knotete. Aus einer einfachen Abseiltour auf den geschützten Pass wurden drei kurze Abseilpassagen und ein Seilmanagement-Alptraum. Wir erreichten um 1 Uhr morgens schließlich den Wandfuß und wurden von einem besorgten Fred in Empfang genommen.

BIOGRAFIEN

SIMON CARTER wurde 1966 in Canberra (Australien) geboren. Als Teenager entstand bei ihm die Faszination für die Fotografie und das Klettern. 1990 schloss er einen Bachelor of Arts in Erlebnispädagogik an der La Trobe University in Bendigo ab. Er begann, als professioneller Fotograf zu arbeiten, und gründete 1994 Onsight Photography and Publishing (www.onsight.com.au).

Simon ist Autor mehrerer weiterer Bildbände, darunter *Rock Climbing in Australia* und *World Climbing: Rock-Odyssee*. Er wurde unter anderem mit der King Albert Medal of Merit für Verdienste in der Bergwelt (2000), der Rick White Memorial Medal für Verdienste und Leistungen im australischen Klettersport (2009) sowie als Camera Extreme Laureate des Explorer's Festival Poland (2010) ausgezeichnet.

Simon lebt in den Blue Mountains bei Sydney. Er arbeitet als Outdoorfotograf und gibt Kletterführer heraus.

ALEXANDER HUBER, 1968 in Bayern geboren, ist Profibergsteiger und Extremkletterer. Zusammen mit seinem älteren Bruder Thomas sind die „Huberbuam" eine der stärksten Seilschaften unserer Zeit. Alexander widmet sich ganz dem Extremalpinismus und zählt zu den erfolgreichsten Allroundbergsteigern weltweit.

STEVE McCLURE ist einer der führenden Allroundkletterer der Welt. Seit mehr als 20 Jahren steht er an der Spitze des britischen Sportkletterns und hat jeweils die erste 9a+ und 9b des Landes geklettert. Er glänzt aber auch in allen anderen Bereichen des Felskletterns wie dem Clean Climbing, in Mehrseillängen, im Bouldern und Deep Water Soloing und hat überall auf der Welt geklettert, von Südamerika bis Asien, Australien, Afrika, Europa, Grönland, den USA und Kanada.

GREG CHILD klettert seit mehr als einem halben Jahrhundert. Er ist an Wänden und Bergen weltweit unterwegs. Auf sein Konto gehen unter anderem mehrtägige Bigwall-Begehungen in Yosemite und auf Baffinland nördlich des Polarkreises sowie hochalpine Routen wie 1990 die Besteigung des K2. Er ist Autor mehrerer Kletterbücher und lebt im Süden Utahs.

ALISON OSIUS lebt im Westen Colorados. Sie war früher für die Zeitschriften *Climbing, Rock and Ice* und *Ascent* tätig und arbeitet heute als Reiseredakteurin bei *Outside*.

AMITY WARME ist professionelle Kletterin und immer auf der Suche nach dem nächsten Abenteuer. Sie lebt mit ihrem Mann Connor im Wohnmobil und verbringt einen Großteil des Jahres auf dem Weg zu verschiedenen Kletterzielen. Amity ist zudem Sport-Ernährungsberaterin.

LIV SANSOZ ist zweimalige Kletterweltmeisterin, dreimalige Weltcup-Gesamtsiegerin, Mitglied der französischen Nationalmannschaft und Bergführerin mit unstillbarem Hunger nach den Bergen. Kürzlich hat sie alle 4000er der Alpen in nur etwas mehr als einem Jahr abgehakt – mit Skiern auf 82 Gipfel hinauf und mit dem Gleitschirm hinunter.

DAILA OJEDA wurde auf den Kanaren geboren. Mit 18 Jahren begann sie mit dem Klettern und zog später nach Katalonien, einem der globalen Epizentren des schweren Sportkletterns. Daila ist aktive Kletterin, geht Routen bis 5.14c/8c+ und reist in ihrer Leidenschaft als Profisportlerin rund um die Welt.

ADAM ONDRA begann mit dem Klettern, als er laufen lernte. Heute ist er viermaliger Weltmeister im Sportklettern und zweimaliger Europameister (Vorstieg). 2017 kletterte Adam sein Projekt *Silence* in Norwegen und eröffnete damit die härteste Route der Welt (9c).

TIM EMMETT ist Profisportler, Redner und Trainer. Er hat zahlreiche Erstbegehungen weltweit verbucht und ist ein Pionier des Deep Water Soloing und des Hike and Fly (Klettern und Base-Jumping). Tim betreibt viele weitere Sportarten wie Skifahren, Snowboarden, Apnoetauchen, Skeleton, Mountainbiking und Heliboarding.

REGISTER

Kursiv gedruckte Seitenzahlen verweisen auf Abbildungen

A
Acorn, Doug 88
Alexander, James 167
Allemann, Sabina 178
American Alpine Club (AAC) 102

B
Barry, Kumari 167
Baylosis, Cherry 126
Beaudoin, Jacques 182–3, 207
Bečan, Klemen 145, 248
Bell, Douglas 235
Belshaw, Doug 98
Berthod, Didier 53, 65
Birchler, Ronny 34
Bloom, David 163
Bodet, Stéphanie 166
Brenna, Cristian 53, 158
Bresnehan, Jake 33, 155, 175
Brown, A. J. 164–5
Braun, Joe 98, 101
Bull, Andrew 62

C
Caldwell, Tommy 120
Campbell, Jason 206
Carne, Alan 115
Carr, Rachel 230
Carter, Annie 72
Carter, Harvey 72
Chapman, Ali 226–227
Child, Greg 68–73, 70, 73, 252
Cleland, Robyn 213
Coppard, Chris 29
Corroto, Lucas 150
Cossey, Ben 140, 191, 220–221
Cossey, Lee 60–61, 220–221
Cubbon, Andrew 152–153
Cujes, Lee 36, 56–57, 160–161, 223

D
Dave, Dave 207
Davis, Crystal 117
Day, Vince 150, 151
Destivelle, Catherine 211
Diemont, Chris 232
Donhari, Chris 39
Dowrick, Bruce 93
Doyle, Mike 139
Dugit, Fabien 146, 148
Dumas, Jean-Philippe 154
Dumerac, Eric 79
Durr, John 42
Dyal, Nicky 111

E
Edwards, Sam 63
Emmett, Tim 67, 212–217, 215, 216, 252
Evrard, Matt 93
Ewbank, John 20

F
Fantini, Johannes 13
Fawcett, Ron 101
Feagin, Nancy 184
Ferguson, Ross 99
Findlay, Hazel 185
Firth, Chris 232
Florine, Hans 138
Folkes, Jack 231
François, Vanessa 146, 148
Forestier, Monique 19, 40–41, 64, 74, 80–81, 90–91, 97, 115, 119, 126, 134–135, 156–157, 179, 186, 198, 199, 202, 222, 246, 246, 251
Fotografie, Kletter~ 234–238
Frieder, Felix 244

G
Gadd, Will 78
Garcia, Xavier 40–41
Geoffray, Mathieu 128–129
Gliddon, David 75
Globis, Renee 70
Glowacz, Stefan 140
Gnade, Lisa 247
Gold, Leor 181
Bewertungsskalen 241
Gran Canaria 170, 174
Greber, Jacob 164–165
Griffith, Brittany 110, 116, 247, 247
Güllich, Wolfgang 54, 145

H
Hamilton, Kirsty 204
Hampton, Chris 30–31
Hendy, Ashlee 137
Hill, Lynn 184, 250, 250
Hirning, Michael 178
Hodžić, Jasna 55
Hoette, Nathan 207
Hofmann, Roman 207
Hong, Matty 159
Houlding, Leo 219, 242, 242
Hsu, Olivia 52, 169, 180
Hua, Tracey 67
Huber, Alexander 149, 249, 249
Huber, Thomas 149, 249

I/J
Isaac, Sean 103
Jahn, Inalee 176–177
James, Dave 233
Janák, Dušan 192
Jones, David 196–197

K
Kavazos, Chris 228
Kejžar, Klemen 95
Kellar, Alan 20
Kim, Tae 141
Kor, Layton 72
Kuylaars, Andy 30–31

L
Lamprecht, Toni 86–87, 244, 244
Lantz, Anders 130
Law, Mike 110, 111
Law, Mikl 71
Lawton, Heather 122
Lebret, Guillaume 114
Leonfellner, Nina 43
Leoni, Fabio 158
Llewellin, Gareth 74
Lokey, Enga 108
Loniewski, Greg 89

M
McCarthy, Jason 150
McClure, Steve 44–51, 45, 46, 50, 252
McConnell, Doug 28
Mach, Miras 94
McLeod, Jill 204
Maddaloni, Matt 106
Masel, Jack 82–83
Matheson, Malcolm 15, 104, 105, 125, 205
Mázi, Luboš 124
Mentz, Simon »Simey« 20–24, 22, 26, 27
Michellod, Olivier 210
Miledi, Rico 131
Minoret, Chloé 203
Moffat, Jerry 47, 191
Moix, Fred 19, 92, 187, 251, 251
Monks, Steve 20–24, 22, 25, 26, 27, 108, 109, 132, 189, 245, 245
Monteith, Neil 99
Montmory, Simon 210
Moon, Steve 32, 244
Morrissey, Amanda 225

O/P
O'Brien, John J. 56–57
Ojeda, Daila 168–174, 171, 172, 253
Ondra, Adam 190–195, 193, 194, 252
Osius, Alison 96–102, 252
Peeters, Ashlee 226–227, 228
Peisker, Chris 21
Petit, Arnaud 166
Phillips, Garry 29, 155, 175
Pickford, Dave 218, 219
Piper, Jason 224
Poitevin, Marion 146, 148
Pollitt, Andy 14
Powell, Sean 200–201

R
Reffet, Jean-François 133
Robertson, Mikey 66
Rollins, Dean 28
Rousselot, Nadine 128–129, 179, 229
Rowbottom, Grant 211
Russell, Dave 131
Rutherford, Kate 89

S
Sansoz, Liv 142–148, 143, 144, 147, 252
Saunders, Rob 127
Schiller, Stefan 162
Scott, Tony 98, 102
Sharma, Chris 58, 59, 248, 248
Smith, Jason 112–113
Smith-Gobat, Maya 54
Smoothy, John 76–77
Stahl, Duncan 141
Stevens, Evan 208–209
Straka, Jan 192
Suarez, Carlos 242
Suzuki, Hidetaka 84

T/V
Tappin, Simon 43
Tresch, Jvan 85
Tribout, Jean-Baptiste 55
Varco, John 100
Vaus, Katharina de 69

W
Wagner, Benno 245
Wang Zhi Ming 242
Warme, Amity 118–123, 121, 252
Watkins, Abby 78, 103
Wochen, Mike 189
Wells, Roxanne 21, 106–107
Weiß, Wilf 98
Whitford, Jo 15
Wiessner, Ben 136
Wilkinson, Jane 20–24, 22, 26
Williams, Sarah Rose 182–183
Wirtz, Heidi 163
Woodburn, Charlie 188

VERZEICHNIS DER KLETTERGEBIETE UND AUSGEWÄHLTEN ROUTEN

Australien

NEW SOUTH WALES

Blue Mountains 46, 76–77, 97, 110–111, 119, 126, 134–135, 140, 150, 182–183, 198, 207, 234, 236
Corroboree Walls 119
Diamond Falls 46, 198
Disbelief Cave, Newnes Plateau 207
Engineer's Cascade 110
Gateway 207
Great Outdoors Wall, Hanging Rock, Grose Valley 150
Grose Valley 126, 150
Hanging Rock 236
Katooomba Falls 182–183
Mount Piddington 111, 134–135
Perrys Lookdown 97
Pierce's Pass, Grose Valley 110, 150, 151
Porter's Pass 140
Shipley Lower 73
Bluff Mountain, Warrumbungles 164–165
Nowra 62
Lasseter's, Nowra 235
Shoalhaven River, Nowra 231
Point Perpendicular 13, 122, 199, 213, 220–221
Popeye Wall, Point Perpendicular 220–221
South Wall, Bungonia Gorge 167

Sydney
Balls Head 211
Bow Wall, Vaucluse 225
Crafty's, Hawkesbury River 224
North Head, Sidney Harbour 232
The Cathedral 99
The Hideaway 200–201

VICTORIA

Grampians 15, 60–61, 69, 70, 71, 104, 136, 137, 156–157, 184, 196–197, 204–205, 207, 250, 250
The Fortress 204–205
Koalasquatsy Crag 137
The Lost World 104, 207
Mount Fox 69
Serpentine, Taipan Wall 184, 250, 250

Taipan Wall 15, 60–61, 156–157, 184, 250, 250
Van Dieman's Land 136
Wall of Fools 196–197
Mount Arapiles 12, 14, 15, 54, 74, 191
The Bluffs, Mount Arapiles 191
Mount Buffalo 108, 109, 125, 198, 245, 245
Ozymandias Direct, North Wall, Mount Buffalo 108, 109, 245, 245

TASMANIA

Fortescue Bay 132
Moai 30–31
Mount Brown 155
Mount Wellington 33, 63
Pillars of Hercules 32
Pole Dancer, Cape Raoul 32, 243, 243
Totem Pole (»The Tote«), Cape Hauy 19, 20–29, 21, 184, 185, 237
Free Route, Totem Pole 19, 20–24, 21, 25, 26, 27
Tyndall Range 175
The Star Factory, Freycinet Peninsula 152–153
White Water Wall, Freycinet Peninsula 106–107

QUEENSLAND

Frog Buttress 64, 99, 141, 233, 236
Mount Ninderry 67
Mount Tibrogargan, Glass House Mountains 178
Summit Caves, Mount Tibrogargan 56–57

WESTERN AUSTRALIA

Southern Ocean Wall, West Cape Howe 154, 226–227
West Cape Howe 226–227, 228
Wilyabrup, Margaret River 82–83, 176–177
Great Wall, Moonarie, South Australia 105, 127

China

Banyan Tree Crag, Yangshuo 80–81
Moon Hill, Yangshuo 169
Riverside, Yangshuo 75
White Mountain, Yangshuo 52
Westgipfel, Hua Shan 236, 242
The Northern Celestial Masters, Westgipfel des Hua Shan 242

Griechenland

Grande Grotta, Kalymnos 208–209
Sektor Odyssey, Kalymnos 193
Sikati-Hohle, Kalymnos 194
Kristallhohle, Telendos 210

Großbritannien

Sharpnose, Cornwall 67
Conner Cove, Swanage, Dorset 218, 219
Cenotaph Corner (*The Corner*), Dinas Cromlech, Llanberis Pass, North Wales 98, 101, 102
Evolution, Raven Tor, Peak District 47–48
Mutation, Raven Tor, Peak District 48, 49, 51
Raven Tor, Peak District 47–48, 49, 51
Llanberis Pass, Wales 98, 101, 102
Llanberis Slate Quarries, Wales 45, 50
Mother Carey's Kitchen, Pembrokeshire, Wales 188
Stennis Ford, Pembrokeshire, Wales 66, 216
Rainbow Slab, Llanberis Slate Quarries, Wales 45

Frankreich

Les Calanques 128–129, 203, 229
Goudes, Les Calanques 203
La Grande Candelle, Calanque 128–129
Ceuse 145, 179
La Grand Face, Ceuse 179
Gorges du Tarn, Lozere 143, 144, 145
Tennessee, Gorges du Tarn, Lozere 144, 147
Verdonschlucht, Alpes de Provence 12, 115, 166, 173, 186, 247, 247
Tom et je ris, Verdonschlucht 173, 246, 246

Italien

Massone, Arco 53
Transatlantico, Arco 158
Menhir, Dolomiten 173, 174
Cinque Torri, Dolomiten 95
Valle dell Orco 65
The Corporal, Valle dell Orco 65
Delagoturm, Vajolet-Turme, Rosengarten 131

Kanada

Lake Louise, Rocky Mountains, Alberta 78, 79
Stanley Headwall, British Columbia 78
Stawamus Chief, Squamish, British Columbia 103, 106

Kroatien

Holy Grail Wall, Mana 50, 215
Ring of Fire, Holy Grail Wall, Mana 50
Kornaten 215, 217, 219
Panitula, Kornaten 219

Madagaskar

Manara-Potsiny, Tsaranoro Be 86–87, 244, 244
Nosy Anjombalova, Nosy-Hara-Archipel 92, 133

Malaysia

Berhala Island, Borneo 90–91

Neuseeland

Chasm Crag, Cleddau Valley, Milford Sound (Südinsel) 93
Cleddau Valley, Milford Sound (Südinsel) 93
The Sundial, Remarkables Range (Südinsel) 34, 35

Norwegen

Flatanger 195

DANK

Schweiz

Rawyl, Sitten *53*
Sustenpass, Uri *85*

Spanien

Bessona Inferior, Agulles *40–41*
El Macizo del Pison, Riglos *187*, 251, *251*
Tucán Ausente, El Macizo del Pison, Riglos *187*, 251, *251*
El Puro, Riglos *43*
Oliana, Katalonien *58*, *59*, *114*, 170, *171*, *172*
Fish Eye, Oliana, Katalonien 170, *173*
La Momia, Sant Benet, Montserrat *130*
Projekt, Mont-Rebei-Schlucht 248, *248*

Tschechien

Adersbach-Weckelsdorfer Felsenstadt *94*, *124*
Chramove, Adersbach-Weckelsdorfer Felsenstadt *124*
Přiklepový Strop, Macocha-Schlucht, Mahrischer Karst 192, *195*

Thailand

Hin Tak Wall, Koh Phi Phi *230*
Ton Sai *202*, *211*

USA

Sarchasm, Rocky-Mountain-Nationalpark, Colorado 120, *123*

KALIFORNIEN

Buttermilk Boulders, Bishop *84*
Houser Buttress, Joshua Tree *88*
Lost Pencil, Joshua Tree *42*
North Astro Dome, Joshua Tree *89*
Suicide, *102*
Tahquitz, *102*
Yosemite-Nationalpark *138*, 146, 148, *149*, *162*, *163*, 249, *249*
El Capitan, Yosemite-Nationalpark 146, 148, *149*, 249, *249*
Medlicott Dome, Tuolumne Meadows, Yosemite-Nationalpark *162*, *163*
Killer Pillar, Yosemite-Nationalpark *138*
Zodiac, El Capitan, Yosemite-Nationalpark 146, 148, *149*, 249, *249*

KENTUCKY

Gold Coast, Red River Gorge *181*
Drive-By-Crag, Red River Gorge *180*
Red River Gorge *159*, *180*, *181*, *237*
Souls Cave, Mount Charleston, Nevada *206*
Jane's Wall, Red Rocks, Las Vegas, Nevada *141*
Smith Rock, Oregon *55*, *121*
Monkey Face, Smith Rock, Oregon *139*

UTAH

Fisher Towers, Moab *38*, *39*
Ancient Art, Fisher Towers, Moab *38*
Excommunication, The Priest, Castle Valley, Moab *70*, *71–72*, *73*
Indian Creek *100*
Cat Wall, Indian Creek *112–113*
Necessary Evil, Virgin River Gorge *145–146*
Devil's Tower, Wyoming *116–117*, 237, *247*, *247*
Mr Clean, Devil's Tower, Wyoming 116, *247*, *247*

Vietnam

Halong-Bucht *36–37*, *160–161*, *222*, *223*
The Face, Halong-Bucht *160–161*
Unemployment Wall, Halong-Bucht *223*

Mein aufrichtiger Dank geht an alle, die über die Jahre bei den Fotoshootings geholfen haben. Einige waren sehr arbeitsintensiv, nicht alles verlief reibungslos. Kletternde, Sichernde und andere halfen auf vielerlei Art: ob am Fels oder beim Weg dorthin, ob vor zwei oder 20 Jahren, ob es die Bilder in die Endauswahl geschafft haben oder nicht – sie alle waren Teil eines Prozesses, an dessen Ende dieses Buch steht.

Ich bin sehr dankbar für die Inspiration und das Positive vieler Kletternder. Das war entscheidend für mich, um weiterzumachen.

Viel Arbeit ist auch im Verborgenen abgelaufen. Ich bin all jenen sehr dankbar, die an mich geglaubt und meine Arbeit und mein Unternehmen unterstützt haben. Natürlich danke ich meiner Familie, meinen Freund*innen und Kolleg*innen sehr für ihre Unterstützung im Lauf der Zeit. Es sind viel zu viele, um alle einzeln aufzulisten.

Vielen Dank an das Team, das das Konzept für dieses Buch umgesetzt hat, insbesondere Lucas Dietrich und Helen Fanthorpe von Thames & Hudson und der Designer Callin Mackintosh.

Dieses Buch ist meiner Tochter Coco und ihrer Generation gewidmet. Ich hoffe, ihr habt die gleichen Möglichkeiten, die Welt so interessant, sinnstiftend und positiv zu erkunden und zu erleben wie ich.

Published by arrangement with Thames & Hudson, London,
The Art of Climbing © 2024 Thames & Hudson Ltd, London
Contributor texts © 2024 the respective authors

Autor Simon Carter
Mit Beiträgen von Steve McClure, Greg Child, Alison Osius, Amity Warme, Liv Sansoz, Daila Ojeda, Adam Ondra, Tim Emmett
Design und Layout Callin Mackintosh

Fotografien Simon Carter (außer S. 12: Carter collection; S. 13: Ray Vran/Carter collection; S. 236 oben: Ben Pritchard/Carter collection; S. 236 Mitte: John J O'Brien/Carter collection; S. 236 unten: Lucas Trihey/Carter collection).

This edition first published in Germany in 2024 by
Dorling Kindersley Verlag, Munich
German edition © 2024 Dorling Kindersley Verlag

Für die deutsche Ausgabe:
Verlagsleitung Monika Schlitzer
Programmleitung Heike Faßbender
Redaktionsleitung Dr. Kerstin Schlieker
Herstellungsleitung Dorothee Whittaker
Herstellungskoordination Antonia Wiesmeier
Herstellung Sabine Hüttenkofer

Übersetzung Antje Becker
Korrektorat Dr. Melanie Knünz
Vorwort Alexander Huber

© der deutschsprachigen Ausgabe by
Dorling Kindersley Verlag GmbH, München, 2024
Ein Unternehmen der Penguin Random House Group
Alle deutschsprachigen Rechte vorbehalten

Jegliche – auch auszugsweise – Verwertung, Wiedergabe, Vervielfältigung oder Speicherung, ob elektronisch, mechanisch, durch Fotokopie oder Aufzeichnung, bedarf der vorherigen schriftlichen Genehmigung durch den Verlag.

ISBN 978-3-7342-0812-6

Druck und Bindung Toppan Leefung Printing Limited, China

www.dk-verlag.de

Titelbild: Olivier Michellod in *Typhoon* (7c), Telendos (Griechenland)

Rückseite: Tony Barron in *Agamemnon* (10), Mount Arapiles (Australien)

Seite 1: Toni Lemprecht in *Manara-Potsiny* (8a), Tsaranoro Be (Madagaskar)

Seite 2: Ashlee Hendy im Vorstieg, Elizabeth Chong sichert, in *The Man Who Sold the World* (25), Grampians (Australien)

Seite 4: Ben Heason in *Slipstream* (E6, 6b), Rainbow Slab, Llanberis Slate Quarries (Wales)

Seiten 6-7: Leo Houlding in *The Northern Celestial Masters* (5.12+), Hua Shan (China)

Seiten 10-11: Mike Doyle im Vorstieg, Monique Forestier sichert, am Monkey Face, The Backbone, Smith Rock, Oregon (USA)

Seiten 16-17: Michael Schön in *Finlandia* (6b), Torre Grande, Cinque Torri, Dolomiten (Italien).

Die angegebenen Schwierigkeitsgrade entsprechen den Bewertungsskalen auf S. 241.

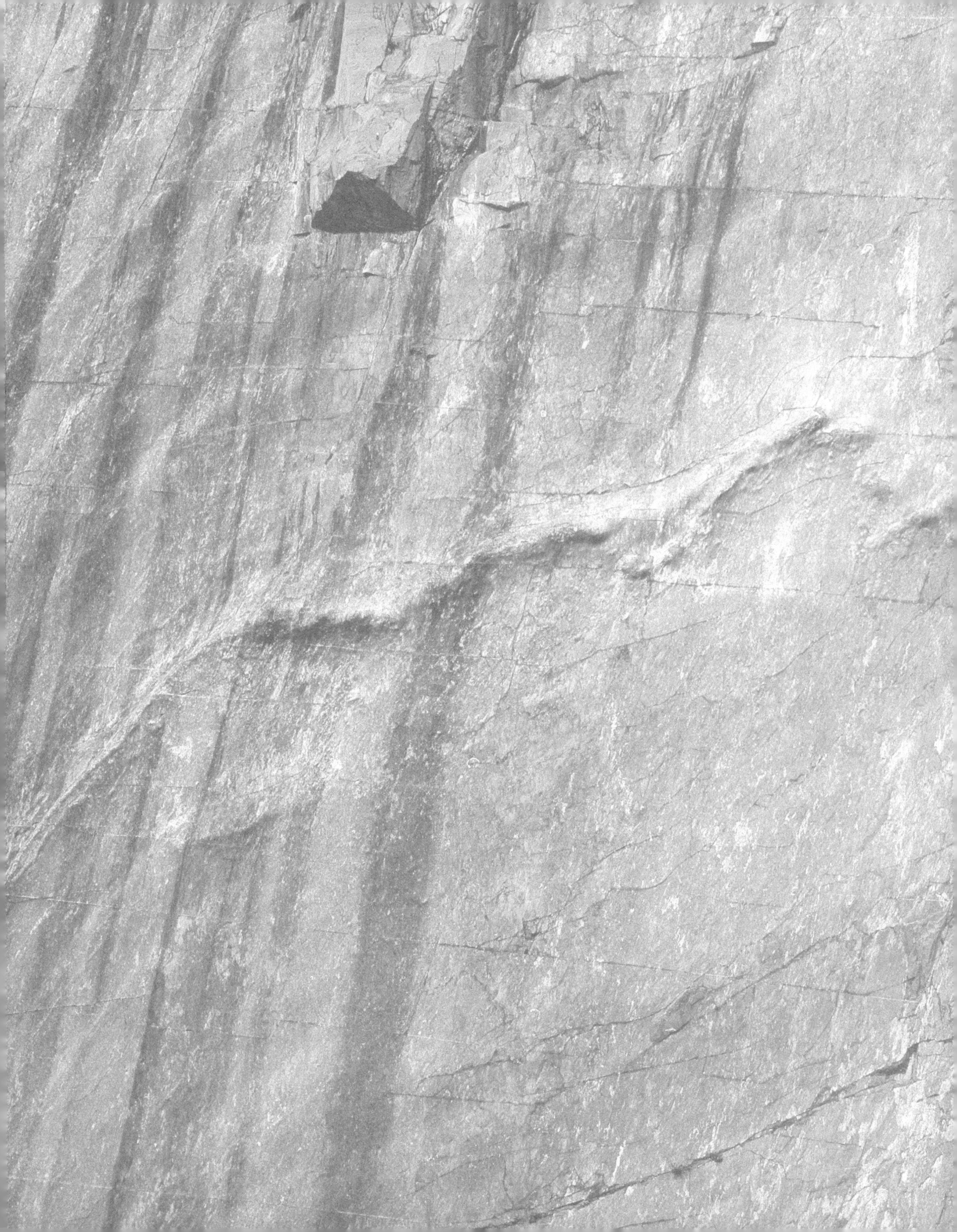

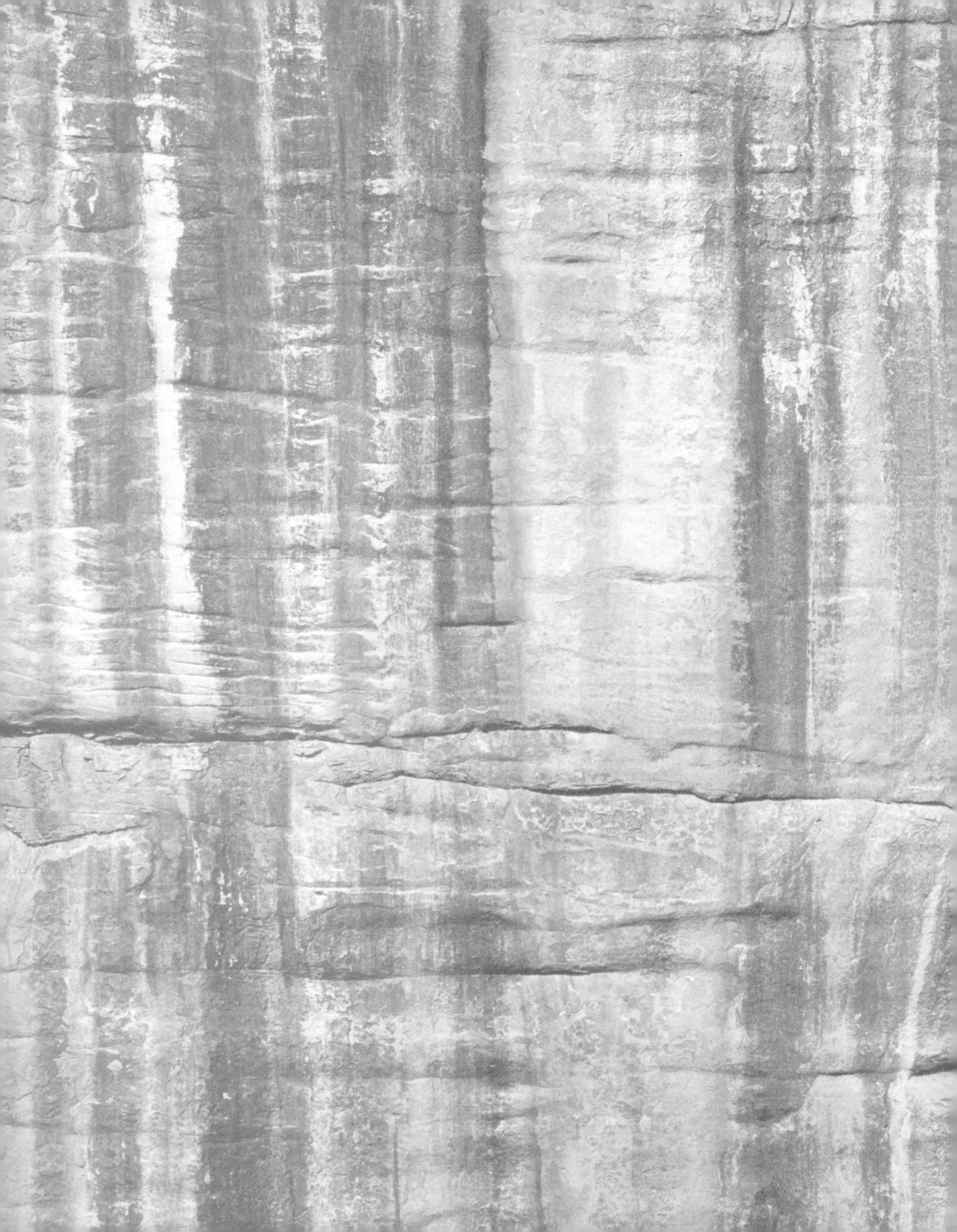